認知臨床心理学の父
ジョージ・ケリーを読む

●パーソナル・コンストラクト理論への招待

フェイ・フランセラ
Fay Fransella
菅村玄二 監訳
Genji Sugamura

Key Figures in Counselling and Psychotherapy series
GEORGE KELLY

北大路書房

GEORGE KELLY by Fay Fransella

English language edition published by Sage Publications
of London, Thousand Oaks and New Delhi and Singapore,

Japanese translation published by arrangement with
Sage Publications Ltd. through The English Agency (Japan) Ltd.

監訳者まえがき

本書は、1995年に出版された*"George Kelly"*の邦訳である。合理情動行動療法で著名なウィンディ・ドライデン（Windy Dryden）が編者を務めた"Key Figures in Counselling and Psychotherapy"（Sage Publications）というシリーズの1冊である。シリーズ題名にあるように「カウンセリングと心理療法の鍵を握る人物」の生涯やその理論と実践についてまとめられており、その1人として、ジョージ・A・ケリーが取りあげられている。

＊＊＊＊＊

本シリーズでは、ケリーを含めて13名が選出されている。監訳者の知る限り、シリーズの半分ほどは邦訳も出版されている。そのリストが以下である。

- Sigmund Freud（1856-1939）
- Carl Gustav Jung（1875-1961）
- Melanie Klein（1882-1960）『メラニー・クライン：その生涯と精神分析臨床』（誠信書房、2007年）
- Fritz Perls（1893-1970）
- J. L. Moreno（1889-1974）
- D. W. Winnicott（1896-1971）

- Milton H. Erickson（1901-1980）『ミルトン・エリクソン：その生涯と治療技法』（金剛出版、2003年）
- Carl Rogers（1902-1987）『カール・ロジャーズ』（コスモス・ライブラリー、2003年）
- George Kelly（1905-1967）本書
- Eric Berne（1910-1970）『エリック・バーン：交流分析の誕生と発展』（チーム医療、1998年）
- Joseph Wolpe（1915-1997）
- Albert Ellis（1913-2007）『アルバート・エリス　人と業績：論理療法の誕生とその展開』（川島書店、1998年）
- Aaron T. Beck（1921-）『アーロン・T・ベック：認知療法の成立と展開』（創元社、2009年）

これらの人物は、まぎれもなく世界的に著名な心理療法の先駆者であるが、このなかにあって、ジョージ・ケリーはやや異質の存在として映るかもしれない。

第1に、これはとりわけ日本国内の事情ではあるが、他の人物がいずれも、臨床心理学の世界では知らない者がいないほど著名であるのに対して、ケリーの心理療法については、これまで日本では十分に紹介されてこなかった。そのため、パーソナル・コンストラクト療法をテーマとするどころか、それに言及する書籍も日本では限られており、少なくとも、たとえば交流分析や認知療法と同程度に知られているとは言いがたい状況にある。

第2に、ケリーは他の人物と異なり、そもそも「カウンセリングと心理療法」の分野に特化していない。むしろ、ケリーの主題はパーソナル・コンストラクトの「心理学」であり、「パーソン」の本質を解き明かすことに関心があった。本書でも繰り返し述べられているが、ケリーにとっての心理療法とは、いかにして自分の理論が人間理解に応用されるかを示す一例にすぎなかった。

第3の点は、ケリーの理論の射程の広さとそのユニークさとも密接に関係しているが、専門家の間でもケリーに関する見解が大きく異なっていることである。たとえば、ケリーは、パーソナリティ心理学の代表論者の1人として紹介されることも非常に多い。実際、代表作である『パーソナル・コンストラクトの心理学』の第1巻の副題は「パーソナリティの理論」と銘打たれており、[a]傑出したパーソナリティ研究者として知られるウォルター・ミシェル（Walter Mischel, 1930-）も、ケリーの影響を強く受けた弟子の1人である。

また、心理学史的には、ケリーは「認知臨床心理学の父」と形容されることが一般的である。なかには、ウルリック・ナイサー（Ulric Neisser, 1928-2012）と並ぶ「認知心理学の父」といわれることもある。ナイサーが“cognitive psychology”（認知心理学）を提唱したのが1967年であることを考えると、ケリーがそれよりも一回り先んじて1955年に2巻の著書を上梓していたことは看過されるべきでない。

しかし、この点に関して、何よりも重要なのは、ケリーは精緻な認知理論を作りあげながらも、その理論が「認知的」とみなされることを嫌い、認知と感情、そして行動を分割せずに統合的にとらえる枠組みとして「パーソナル・コンストラクト」という次元を提唱したことである。ケリーがこうしたホリスティックな人間観をもっていたという点では、人間性心理学の伝統に位置づけられることも少なくない。1946年に、ケリーがカール・ロジャーズの後任としてオハイオ州立大学の臨床心理学プログラムの主任として着任したことは興味深い偶然であるが、アメリカ心理学会の人間性心理学部門で、ケリーの流れを受け継ぐ構成主義心理学が重要なテーマの1つに位置づけられていることはけっして偶然ではない。

［a］1955年版では“A Theory of Personality”となっているが、1991年の復刻版では“Theory and Personality”に変わっている。

このこととも関係するが、個人的な私的世界の意味次元を重視したという点では、ケリーの理論は現象学的心理学や実存主義心理学として理解されることもある。ケリー自身は自分の立場をこれらとは区別しているが、実存主義心理療法の第一人者であるジェームズ・ブーゲンタル（James Bugental, 1915-2008）もまたケリーの弟子の1人であり、自身のアプローチをケリーの流れを汲むものだと明言している。

＊＊＊＊＊

このように、ジョージ・ケリーは、他の著名なセラピストと比べても、ユニークな立ち位置にあるといってよいだろう。本シリーズの書籍はどれも、それぞれのアプローチについて最もよく知る研究者が執筆を任されているが、本書の原著者は、フェイ・フランセラ（Fay Fransella）である。彼女の経歴についての詳細は、原著者紹介欄を参照されたいが、ロンドンのパーソナル・コンストラクト心理学センターの創立者であり、ケリーの理論を吃音の治療に応用して成功を収めたことで著名である。ケリーは61歳という若さで1967年に死去したが、1925年生まれのフランセラ博士は生前のケリーと個人的な交流のあった数少ない心理学者の1人であり、そういう意味でも本書を執筆する適任者であった。

一方、私が本書の監訳者を務めることには、それほどの必然性はなく、フランセラ博士ともまったく面識はなかった（監訳者となる経緯は「監訳者あとがき」参照）。本書を翻訳していた当時、フランセラ博士はもうすぐ85歳というご高齢にもかかわらず、執筆やセンターの仕事に精力的に取り組まれていた。そうしたなか、厚かましくも日本語版への序文をお願いしたところ、非常にありがたいことに、ご快諾いただけた。それは2010年の9月のことだった。そのころ、監訳作業の大半は終わっており、2011年春に脱稿するスケジュールで動いていたため、2011年の3月までに日本語版への序文を送っていただくことになった。

しかし、たいへん残念なことに、そのやりとりを最後に、フランセラ博士は、その後、ご病気を患い、2011年1月14日に永眠された。ここにご冥福をお祈りいたします。

訳者を代表して

菅村　玄二

序 文

本書のシリーズ編者であるウィンディ・ドライデン教授とセージ出版の編集者の方の忍耐力がなければ，本書はできあがらなかった。心理療法に対するケリーの貢献を探し出すことは難しいことではなかったが，ケリーという人物像に迫るのは難しかった。とりあえず，真ん中の章から書き始めることにした。中間は常によい出発点である。すべてがうまく進んでいた。座礁に乗り上げたのは，第1章に取りかかったときである。ケリーの妻であったグレイディス・ケリー氏の許可を得て，ケリー自身が書いた簡単な自叙伝の大部分をもとにして，それに自分の見解を書いていた。草稿を読んだウィンディからは，まあよいのではないかという返事をもらったが，「ケリーその人はどこに出てくるんですか？」と書かれていた。

大きなショックを受けた。ケリー自身について書かれたものは何もなかったため，ジョージ・ケリーという人間像が第1章のどこにもないことにハッと気づいた。ケリーは人前に出たがらなかったため，彼について書かれたものはほとんどなかった。私自身と彼との個人的な関係は，あまりにも限られていた。ほとんどパニックになってしばらくした後，これをするしかない，と決心した。それはケリーの元学生の人たちに手紙を書き，彼についての印象やエピソード，意見を求めることであった。また，ケリーの出版物だけでなく未刊行の原稿を探し，そのなかに「ケリーその人」に迫ることができるものがないかを調べることにした。

最終的に18人のリストになった。全員から返事がきたわけでもなく，なかには参考にされるほどケリーのことをよく知らないと答えた者もいた。しかし，数人からはたいへん貴重な情報をもらった。まず誰よりも，ルー・クロムウェルに感謝しなければならない。筆者の調査にも参加してくれた彼の協力なしには，この章を書き上げることはできなかった。それから、ブレンダン・マー、アル・ランドフィールド、ウィリアム・ペリー、フランツ・エプティング、エスター・ケイヴァは、ジョージ・ケリーとのやりとりや、ケリーについての意見など、多くの例を示してくれた。

こうした情報と、ケリー自身の著作から得られた重要な手がかりをもとに、ジョージ・ケリーその人がどのような人物であったのかというパズルを1つひとつ組み合わせていった。問題は、どこまで書くかということに変わった。新しく得られるパズルのピースは、どれも別の道筋を切り開いていた。筆者がいま確信しているのは、ジョージ・ケリーという人物は、当初思っていたよりもずっとたくさん、彼自身の著作のなかに見ることができるということである。しかし、紙面の制約から書きやめなければならなかった。ここで書いたことが「真実」に近いとはいうつもりはないが、おそらくケリーはそのような人物だったはずである。ジョージ・ケリーは、きわめて独創的な思想家であり、その影響は今日でも続いている。また彼は、心理療法を含む臨床心理学という職業の確立に深く関わった人物でもある。この点に関しては、とくにブレンダン・マーに重要な情報を教えてもらったことに感謝したい。

さまざまな理論的な点に関して非常に有益な手助けをしてくれた人たちもいる。ケリーの研究の哲学的な側面に関しては、とりわけ、ビル・ウォレンを頼みにした。筆者は哲学を専攻したことがないため、この領域を深く掘り下げる自信がない。筆者らが哲学のジャングルをさまよっていたとき、ビルが根気強く見守ってくれた。文責は、もちろん完全に筆者の私にある。レイ・エバンスとクリス・ソーマンは、ケリーの研究の詳細な点について多くのことを教えてくれた。フィル・サーモンは、「ケリーは自分自身をどのような教師だと考えていたか」という情報を送ってくれた。これは、後に最も重要な情報となったが、「ケリーが自分自身をどのような人物だと考えていたか」というウィリアム・ペリーの問いと密接に結びついていた。グレイディス・ケリーには最大の感謝の意を表したい。今から数年前になるが、彼女のおかげで、筆者はケリーの未刊行の原稿が入ったいくつもの箱を調べ、そこから気にとまったものは何でもコピーし、それを本書に使用することができた。読み進めればすぐにおわかりになるだろうが、その原稿をふんだんに使わせていただいている。

本書の形式

本書を読めば、すぐに引用文の多さにお気づきになるだろう。これには、ジョージ・ケリーが才気あふれた書き手であり、筆者よりもずっと的確にポイントを表現しているという理由もある。しかし、それと同じくらい、筆者はできる限り「その人」の雰囲気を伝えたいという意図があった。多くの著者からの引用とは別に、元学生の人たちによる説明も使っている。ただ、あまりにもたくさん「私信」と書くのを避けるため、そのような情報を使う場合、あえて私信であるとは記さないことにした。

ジョージ・ケリーの考えをまとめることは、他の心理療法家の考えを要約するよりも難しい。なぜなら、ケリーは心理療法家として書いていないからである。ケリーは、心理学者として、日々の生活を営む私たちすべてに適用できる理論と哲学を記した。心理療法は、その理論と哲学のたんなる1つの応用にすぎない。本書で取りあげるトピックを選ぶ際は、その実用性と、セラピストやカウンセラーにとっての潜在的な関心を基準にした。

本書は、ジョージ・ケリーとその著作について、完全かつ正確な記述を意図したものではない。ケリーの考えと研究例は、外聞をはばからず、批判することなくそのまま示した。理論のある特定の部分が妥当であるかどうかを検討することよりも、ケリーがどのように考えていたかということと、それを使って他の研究者が何を行なったかということが重要であるように思えたからである。ケリーのコンストラクティヴ・オルタナティヴィズムという哲学は、科学の探究に応用されると、さらなる問いを立てるために、新たに問いを提起していくことがうながされる。一番最後の問いでさえ新しいエビデンスが出てくるやいなや上書きされるということを百も承知のうえで、問い続けるのである。

ジェンダーに関する用語や一人称と三人称の使い分けも常に問題になる。本書では、性差別になり得る表現はできるだけ避け、一人称と三人称は文脈に応じてどちらも使うことにした。[a]

最後になったが、ジョージ・ケリーの2巻からなる著作である『パーソナル・コンストラクトの心理学』(Kelly, 1955a) は、1991年にロンドンのパーソナル・コンストラクト心理学センターの協力で、ラウトレッジ出版より再版された。そのため、本書に記したページは1991年版のものにした。

本書の構成

本書は、本シリーズの他書と同じ構成をとっている。[b] 本書の場合は、第1章と第2章（日本語版第1部と第2部）が、他の2倍の長さになっている。第1章は、ジョージ・ケリーの人生と人となり、そしてそれが彼の研究にどのように関わっているかを書いた。第1章の長さは、おそらくここまでたどり着いた苦闘を反映している。また、書かれることが多いほど、そのことについて知られていることが少ないという法則も示すものである。

第2章（日本語版第2部）は、心理療法に対するケリーのおもな理論的な貢献である。ケリーの貢献は、理論的視点と実践的視点によるものの2つがあり、多岐にわたっているため、2つのパートからなる。前半（日本語版第3章）は心理療法全般の理論に対するケリーの貢献を論じ、後半（日本語版第4章）は心理療法の実践に対する理論的な貢献に焦点を当てている。

第3章（日本語版第3部）は、心理療法に対するケリーの実践的な貢献である。ケリーの主たるアセスメントのツールである、レパートリー・グリッドがこれである。しかし、「グリッド」とは何かという概説以上のことは書いていない。これまでは、ある意味、グリッドが、ケリーの理論と哲学の影を薄くしてしまいがちであった。だが、あくまでグリッドは役立ちそうなときにセラピストが使うツールにすぎない。それはパーソナル・コンストラクト療法の本質的な要素ではないのである。

第4章（日本語版第7章）は、ケリーの理論への批判とそれに対する反論である。興味深いのは、批判のなかには、パーソナル・コンストラクト心理学の研究者が同じ研究仲間に向けたものがあることである。これはケリーの理論と哲学が生きたものであることを示しているように思われる。

第5章（日本語版第8章）は、心理療法へのケリーの貢献とその後の発展の概観である。難しかったのは、ケリーの研究から派生したいかなる発展をここに含めるかという問題であった。その際、何年もかけて研究され続けているトピックを選ぶという基準を設けることにした。その結果、イギリスにおける研究例の割合がずいぶん大きくなった。それは、パーソナル・コンストラクト心理学の研究が、どの国よりも早くイギリスで始められ、ずっと長く研究されてきたためだと考えられる。

[a] 訳出する際は、「I」という一人称の表現は、基本的に「筆者」とした。
[b] 日本語版では、1つの章の分量としては長すぎたため、全体の整合性との関係を考慮しつつ、次のように構成しなおした。

原書（英語版）
第1章　ケリーの人生
第2章　理論への貢献
第3章　実践への貢献
第4章　批判と反論
第5章　ケリーが与えた影響

翻訳書（日本語版）
第1部（第1章〜第2章）
第2部（第3章〜第4章）
第3部（第5章〜第6章）
第4部（第7章）
第4部（第8章）

謝辞

筆者と出版社は、下記のコンテンツの転載の許諾をくださった方々に謝意を表します。

グレイディス・ケリーには、故ジョージ・ケリーの未公刊の資料のほとんどを本書に使用する許可をくださったことに感謝いたします。とくに、ケリーの教育や仕事人生の詳細が書かれた個人的なメモを大量に使用させていただきました。その文章すべてと図1と図2は、ジョージ・ケリーの遺産として著作権があるものです。

ロンドンのパーソナル・コンストラクト心理学センターには、「パーソナル・コンストラクト心理学の要点の紹介」、「行動は実験である」、「価値、知識、社会統制」、「心理療法における解釈の機能Ｉ：生き方としての解釈」からの抜粋の許可をいただき、感謝いたします。

ジョージ・ケリーの2巻からなる著作、『パーソナル・コンストラクトの心理学』（初版1955年）は、1991年にロンドンのパーソナル・コンストラクト心理学センターの協力で、ラウトレッジ出版より再版されました。ラウトレッジ社には、協力関係のもと、この2巻の書物から幅広く引用する許可をいただきました。

ジョン・ウィリー&サンズ出版には、ランドフィールドとライトナーが編集した『パーソナル・コンストラクト心理学：心理療法とパーソナリティ』に収載されているボブ・ニーマイアーの第5章の抜粋の許諾をいただきました。

最後に、ジョージ・ケリーその人についての見解をくださった数多くの元学生と友人の方々がいなければ、第1章（日本語版第1部）を書きあげることができませんでした。とくに、ルー・クロムウェル、ブレンダー・マー、アル・ランドフィールド、ウィリアム・ペリー、フランツ・エプティング、エスター・ケイヴァに感謝申し上げます。

目次

【凡例】脚注番号［1］［2］［3］は原著者注、［a］［b］［c］は監訳者注を示す。

第1部　ジョージ・ケリーの人生

第1章 ケリーの遍歴

誰かケリーを見ていない？
K・E・LL・Y
できるものなら見つけてごらん
置いてけぼりにされちゃった　エイ　オー
何もかもが私たち任せ　エイ　オー
誰かケリーを見ていない？
できるものなら見つけてごらん！
―Has anybody here seen Kelly?（C. W. Murphy & Will Letters, 1909）

第1節　多次元的な人物

この英語の歌は、ジョージ・ケリー（George Kelly）に関して、たびたび引用されてきた。本書でケリーの人物像を描こうとすると、この歌がとても的を射たものになる。「できるものなら見つけてごらん！」

ジョージ・ケリーその人について書かれたものは驚くほど少ない。ここで書くことは、筆者自身のケリーについてのわずかな知識と、未公刊の自伝的なメモなどのケリー自身の著作に基づいている。しかし、大部分は、筆者の依頼に応じてくれたケリーの学生や同僚だった人がケリーという人について、そしてケリーと一緒にいた体験について語った話がもとになっている。[1]

ジョージ・ケリーは対照性(contrasts)をもつ人物であった。妻のグレディス・ケリー(Gladys Kelly)にとっては、「すばらしき夫であり父」であったが、当時の学生のなかには、どこか怖いとか、威張っているとか、たんに不親切だとか思った者もいれば、数少ない「真」に偉大な教師の1人と思った者もいた。筆者自身を含め、多くの者にとっては、非常に親切な人物であった。そしてケリーは、非言語的な手がかりを読み取る並外れた能力ももっていた。また、才能ある俳優であり、詩人であり、風刺画家であった。時として、驚くほど若者のようなふるまいをすることもあった。

ケリーは幅広い創造性をもつ人物であったと評されている。多くの人にとって天才であったが、けっして人前で「自分自身」をあらわにしようとはしなかったようである。この点について、ケリーは実際に妻に対して、自分の手紙や書き物をすべて破棄するよう指示したらしい。その理由は、第三者に言及している場合は合意なしに公表すべきではない、と考えていたからだといわれている。あるいは、たんに誰にも「知られたくなかった」と考える人もいる。

ケリーはほとんど自力で自宅を建てたといわれている。ドン・バニスター（Don Bannister）はケリーが作った「ほぞ」と「ほぞ穴」の接合がプロ並みの外観であったと述べている！

［1］第1部でとくに引用元を明示していない引用はすべて、1994年から1995年にかけての私信からである。

ケリーには明らかにユーモアのセンスがあった。それを「辛辣なウィット」と呼ぶ人もいた。このことはケリーの論文にはっきり現れている（Maher, 1969 参照）。スケッチや詩でもユーモアを使っている。図1と図2は、ケリーの著書『わかる心理学（*Understandable Psychology*）』のなかに描かれた風刺画である。

一時的に第二次性徴が復活して若返っている！

図1　ケリーの『わかる心理学』（1932 年）の挿絵

どのように人は知識を得るのか？

図2　ケリーの『わかる心理学』（1932 年）の挿絵

この本が出版されることはなかったが、１９３２年と記されている。図１は移植やホルモンの議論に関係するものである。図２は「『どのようにして人は知ることができるのか』という心理学における２番めに重要な問題」に関する議論である。読者に対して、その問題を次のように説明している。

今まさにあなたはある体験の真っ只中にいます！　あなたという物質の塊は、印刷された線の意味を意識している。一体どうやっているのだろうか？

「どうして」と聞くと、「印刷されたページを見る（look）と、そこに黒い記号があるのが見え（see）、それが意味するものがわかる（know）んです」と答えるだろう。

そう、その分析は基本的に正しく、すべてのプロセスは認知プロセスであり、それが体験を形作るのである。（Kelly, 1932, p.34）

第2節　証拠や証言とその解釈

ジョージ・ケリーについて調べていくなかで出てくる問題の1つは、非凡な人物が成し遂げたことよりも、短所ばかり注目される今日の傾向である。この章のために、ジョージ・ケリーについての個人的な、そして時にネガティヴな経験を語ってくれた人たちについて言っているのではない。他者を理解しようとしている筆者のような人に向けて言っているのである。このことは、今回の場合のように直接的な証拠がほとんどなく、心理療法とは違って裏づけのためにその人に直接会うことができない場合によく起こる。

筆者は、個人的には、ある人を理解するためには、その人自身の観点に立つ必要があると考えている。つまり、その人が自分自身の言葉で、何をしていると思っているのかが大切である。ある人は、ある時代の、ある文化のなかで、その人自身の歴史とともに生きた人間として評価されるべきである。欠点は、複雑な人間の一部である。大人（とくに偉人）を丸裸にすれば、欠点の1つや2つは見つかるだろう。逆に、心理療法を行ない、短所を取り除くことができれば、偉人はそれでも偉人なのだろうか。

そこで、ここでは近代の哲学的な人間観に従って、弁証法を使うことにする。これはパーソナル・コンストラクト理論（personal construct theory）の重要なポイントでもある。つまり、長所を犠牲にして短所のみに注目したり、逆に短所を無視して長所のみに焦点を当てたりすることはしない。その代わり、ジンテーゼ（統合）として、ジョージ・ケリーは、断片化し（fragmented）、矛盾した人間であり、おそらくは1つの一貫した（coherent）アイデンティティをもっていない、と考えることにする。

ここで意図しているのは、現存する証拠や証言などから、ケリーをできる限り理解することであって、ケリーを評価することではない。ウィリアム・ペリー（William Perry）の言葉を借りれば、「問題は、『ジョージ・ケリーとは誰か？』ということではなく、『ジョージ・ケリーは自分自身をどのような人間だと考えていたのか？』」ということである。

本章では、ジョージ・ケリーの生涯、ケリーについて語られていること、そしてケリーが自分自身について語っていることについて書き記していきたい。このことは、翻っては、ケリーの理論や哲学に関係している。最後に、真にリフレクシヴ（reflexive）なやり方で、筆者がケリーに関して集めたものを、あたかも心理療法の新しいクライエントの事例史である「かのように」みなし、筆者なりの推移的診断（transitive diagnosis）を行なう。それが「推移的」なのは、ジョージ・ケリーの人生における変遷と関連しているからであり、またケリー自身が言っているように、「クライエントの現在と未来をつなぐ橋を探し求めている」からである（Kelly, 1955/1991, Vol. 2, p.153）。クライエントが変化するのと同じように、推移的診断も変化し得る。したがって、集められる限りの証拠で最初の推移的診断を行なうが、新しい情報が出てくると、別の診断に置き換えられることになる。

通常、セラピストは、クライエントが心理療法を望む場合にのみ、クライエントを引き受ける、と筆者は十分に自覚している。ジョージ・ケリーはプライバシーに侵入されることを望んでいただろうか。それはどうかわからない。ケリーは自叙伝や、自身の「ある理論の自叙伝」（Kelly, 1969a）を書いており、「混乱と時計」というエッセイ（Kelly, 1978）の複写も許可している。たとえ「それが意図した以上に自伝的であっても」構わないと述べている（Kelly, 1966）。ケリーが本書でなされるようなプライバシーの侵害を期待していたという証言もある。アル・ランドフィールド（Al Landfield）は、ケリーが１９６４年にブルネル大学で講演をするべくイングランドに行った後に、ニール・ウォーレン（Neil Warren）に宛てた一通の貴重な手紙（Kelly, 1969f）に触れている。この手紙は、今は紛失しているが、ランドフィールドは、そのなかでケリーは死後にその手紙が公表されても構わないと言っていたと記憶している。

結局のところ、ジョージ・ケリーはアンビバレントな人物であったように筆者は感じている。筆者としては、偉大であると認識され、ケリー自身とケリーの考えに触れた多くの人に深い影響を及ぼしたとされるケリーを、ただ正当に評価しようとするのみである。

第３節　幼少期の生活と教育

いつ書かれたかも記されていない、未公刊の自伝的なメモで[2]、ケリーは自身について次のように述べて

［2］第１部でとくに引用元を明示していないケリーの引用はすべて、グレディス・ケリーによって保管されている資料のなかにある自伝からである。

いる。

私はカンザス州のパースの近くにある牧場で、1905年4月28日に生まれた。シオドア・ビンセント・ケリー（Theodore Vincent Kelly）とエルフリダ・メリアム・ケリー（Elfleda Merriam Kelly）の間にできた一人っ子であった。父はパーソンズ大学や、マコーミック神学校、プリンストン神学校で、教会の牧師になるための教育を受けていた。母は、母の父に連れられて移り住んだ英領西インドのバルバドスに生まれた。蒸気船の普及により、母の父が乗っていた帆船では大西洋貿易ができなくなった後の出来事である。その後、メリアム船長は、サウスダコタ州でインドの外交員となった。父と母が出会ったのは、ミネソタ州のブラウン峡谷との州境の町であった。父は結婚して間もなく、牧師をやめ、若い2人はそろって牧場に引っ越した。

ドン・バニスターはこのカンザスの農場について次のように語っている。

カンザスのパースに訪れるのに、200マイルの回り道をしました。そこにたどり着いたかどうかも本当のところは定かではありません。標識には「パースまで7マイル」と書かれてありました。だから、私は車の走行距離計をセットしました。巨大なビリヤード台のような場所の真ん中にいました。たくさんの墓石がある共同墓地を通りすぎました。以前、そこに何かがあったに違いありませんが、それはずっと昔のことのようでした。遠くに農場がありました。その途中で農場を4つくらい通りすぎました。しかし、イングランドでは、そのような何もない空間を見ることがありません。［中略］ずっと前に、誰かが私にサルトルのことを話してくれました。パリ育ちのサルトルは、たくさんの屋根、家々、アパート、大勢でごった返す群衆を見渡して育ったそうです。それで、突然、私はコントラスト（対照性）という意味を理解したのです。カンザスの農場では、何かを想像しなければ、そこにはほとんど何もないということです。そこでは、みずから何かを作りあげなければならないのです。(Bannister, 1979; Neimeyer, 1985a, p.11 にある私信)

幼少期のジョージ・ケリーが、地平線の向こうにあるものを想像し、見通しを立て、そして知りたいと思う能力を発達させる機会に恵まれていたことは容易に推測できる。さらに、ケリーがすでに世界をオルタナティヴ（alternatives）に満ちたものとみなす準備ができていたことを理解するのはそれほど難しいことではない。このことは自叙伝のなかの教育に関する部分からうかがえる。それは４歳のときからはじまっている。

１９０９年、父は木材用の荷馬車を幌馬車に改造し、西部の開拓移民に与えられた、最後の無料の土地の権利を獲得するため、家族とともにコロラド州の東部に引っ越した。この冒険は不成功に終わった。というのも、その土地には地下水がなかったからである。そして両親は再びカンザス州の農場にもどった。

通学はイレギュラーで、コロラドでは、両親が街で過ごす数週間だけに限られていた。しかし、両親には教養があったので、責任をもって勉強を教えてくれた。

高校時代は、小学校のときのようにごちゃごちゃしていた。何週間か地元の高校に通った後、ウィチタに行くことになった。こうして私は13歳以降のほとんどの時間を、家から離れたところで暮らし、４つの異なる高校に通った。

ここから、おそらく、ケリーが社会に適応したり、（両親以外で）長く続く人間関係を構築したりする機会にかなり恵まれていなかったことがうかがえる。一緒に遊ぶ仲間や関わりをもつ大人がほとんどいなかったため、才能に恵まれたこの子どもが、地平線まで、さらには地平線を越えて、想像の世界を膨らませたとしても不思議ではない。

しかしながら、もう1人、ケリーの世界でひょっとしたら重要だったかもしれない大人がいる。北大西洋で貿易をしていた船長の祖父である。祖父は孫に対し、この広大で刺激的な世界をどのように語ったのだろう。どうやら祖父の船は、実際に火事にあったらしい。若きケリーはジョセフ・コンラッド（Joseph Conrad）の小説のような話を聞いたのだろうか。どのように船を愛し、ケアし、扱ったのだろうか。あたかも船が人間であるかのように。

そうだ、船はよく理解してご機嫌をとってやる必要がある。船の女性的な性質からくる神秘には、思いやりにあふれた扱いをしなければならない。そうすれば、終わることのないさまざまな自然の力を前に、奮闘しながらも前に進み、船は忠誠をもって人間の味方をするだろう。もし打ち負かされたとしても、それはけっして恥ではないのだ。人間と船との関係は真面目な関係である。船には船の権利がある。呼吸し、しゃべれるのではないかと思えるほどだ。いや、それどころか、ことわざにもあるように、正しく扱ってくれる人間のためなら、「ものこそ言わねど何でもする」船があるのだ。

（Conrad, 1906, p.56　木宮訳、１９９１、pp. 81－82）

船旅をするケリーの祖父がわくわくするような話を聞かせていたという証拠は、ケリーが心臓発作に見舞われた直後に書いた「混乱と時計」に見ることができる。次のように述べている。

数週間後に生まれる予定の初孫のことが思い浮んだ。もう見られないかもしれないし，孫だったら絶対聞くべき，すばらしい話をしてあげることができないかもしれない。（Kelly, 1978, p.226）

さらに，ケリーの人生に祖父が影響していたことは，著作で航海のメタファーやアナロジーを多く用いていることからも明らかである。たとえば，「個人のプロセスは，出来事の予期の仕方によって心理的に航路を切り拓かれる」という基本公準で述べているように，どのようにして予測がはたらくかについて例証するためにも航海のメタファーを用いている。予期されたり，予測されたりするものがどのようなものなのか，ケリーは次のように説明している。

北極に行ったことのない航海士でも，その座標を十分に知っているため，そこで，どのようなことが起こるのか予測できる。ある意味，航海士が思い描くのは，その出来事それ自体ではなく，むしろ出来事の属性である。案の定，航海士が予測した29日後，予測したとおりの属性をもった出来事を体験するのである。属性というのは，時間や太陽の傾きなどであり，互いに関連しながら生じるものである。時間や空間といった属性のエビデンスを集めて，仲間に叫ぶ。「ほら見ろ，着いたぞ！」。予測は十分に確証される。

このことは明確にしておく必要がある。人間が予測するのは，完全に生《なま》の出来事ではなく，たんになんらかの属性の集合体が共通に交差するものである。（Kelly, 1955/1991, Vol. 1, p.85）

第４節　大学時代

ケリーは４つの高校に通った後に自分が受けた教育について、次のように書いている。

16歳のころ、ウィチタのフレンズ大学アカデミーに転校した。そこで、大学とアカデミーの両方の単位を取りはじめた。だから、実際には高校を卒業していない。事実というのは、時として説明が難しいものだ。

１９２６年、フレンズ大学で3年、そしてミズーリのパーク大学で1年過ごした後、物理学と数学を専攻し、学士号を取得した。

ケリーの物理学と数学の知識は、パーソナル・コンストラクト理論に深い影響を与えている（Fransella, 1983）。ケリーが物理学を学んでいたとき、アインシュタインと量子力学にみられる考えを支持する研究者が、それまで支持されていたニュートン物理学へのオルタナティヴを提唱していた。いわゆる「新物理学」が論じたのは、とりわけ、現実への接近不可能性である。私たちは「真実」を直接知る手段がない。このことは、「どのような出来事でもオルタナティヴな見方がある」（本書 p. 22参照）という、ケリーのコンストラクティヴ・オルタナティヴィズム（constructive alternativism：構成的代替主義）の哲学と明らかに関連している。実際、ランドフィールドから伝え聞いたところによると、後に社会心理学者となった、物理学者のポーラ・ゴールデン（Paula Golden）は、私のパーソナル・コンストラクト心理学（personal construct psychology: PCP）のセミナーに参加して、ケリーの理論は物理学の優れた理論とみなせるとコメントしていたらしい。

第5節　大学院時代

ケリーの自叙伝では、物理学と数学を専攻していた学部時代から、どのようにして心理学やスピーチを教育するにいたったかが続けられている。

大学卒業後に工学課程を修了する予定であったが、関心事や大学間ディベート大会でちょっとした成功を収めたことから、社会問題に興味が沸き、一番なりたいのがエンジニアであるということに疑問をもつようになった。そのため、次の学期にカンザス大学に教育社会学を学ぶために入学し、副専攻で労使関係と社会学を学んだ。修士論文は、カンザス市の労働者の余暇の時間の使い方についての研究であった。

1927年の秋、いまだ論文は未完成で、たくさん応募したにもかかわらず仕事がなかった私は、ミネアポリスに向かった。そこで、私は3つの夜間学校で、週に一度教えることで何とか生計を立てた。それは米国銀行協会と労働組合のためのスピーチクラスと、市民権を取得したい人のための帰化クラスであった。私はミネソタ大学に入学し、社会学と計量生物学を学んだが、何週間か後に授業料が払えないことが発覚し、これ以上、授業に出席できないと告げられた。

1927年に「1000人の労働者とその余暇」という論文で修士号を得た後のことについて、ケリーはこう記している。

1927年から1928年にかけての晩冬、私はアイオワ州のシールドンにあるシールドン短期大学で演技法の指導をしながら、心理学とスピーチを教える仕事を得た。当時、創立2年目であったその短大の学生は素行が悪く、以前この短大で働いていた教員は、乱暴な学生が原因で町から逃げ出していた。どうやら学長は、学問の質は二の次だと決意し、私を雇うことに決めたようだった。

ジョージ・ケリーに、そのような規律上の問題に対処することができるように見える、どのような資質があったのか知る由はない。だが、22歳のときに、すでに学生をコントロールする能力をもっている、と周りから見えていたと推測される。

このシールドン短大に関する部分で、ケリーは演劇とスピーチをうまくこなせるようになったと述べている。そのため、ロールプレイやエナクトメント（enactment：演技、行為化の意）が、ケリーの治療的アプローチの重要な部分を占め、その方法が「固定役割セラピー」（fixed role therapy）と呼ばれる具体的な治療法の中心になっていることは、驚くべきことではない。後に示唆されるように、ケリーが自分のために作った「決められた役柄」（固定役割）は、他の人の目から見たジョージ・ケリーという人を作りあげるために、なくてはならなかった。

ケリーは教育について、次のように締めくくる。

その場所で、1年半過ごし、夏にはミネソタ大学で社会学を学び、経営不振のワトキンス航空会社の航空エンジニアとして数か月間ウィチタにもどり、応力分析を担当した。その後、交換特別奨学生としてエディンバラに渡った。

数年後、ケリーはエディンバラ大学で教育の学士号を、そして心理学の博士号をアイオワ大学で取得した。学士号の論文は、成功する授業の予測についてであり、心理学の博士論文は、「読解障害とスピーチ障害の共通要因（Common factors in reading and speech disabilities）」についてであった。博士号を取得した2日後に、グレディス・トンプソン（Gladys Thompson）と結婚した。

第６節　教員時代

この時期の後に就いた最初の仕事について、ケリーは次のように語っている。

１９３１年の秋、フォートヘイズカンザス州立大学で教鞭をとるため、私たち夫婦はカンザス州へイズに行った。結局、そこで12年間過ごした。生理心理学の仕事をする機会がほとんどないことがわかり、最も必要と思われた心理的援助（psychological services）に興味が移行した。これがとりわけ州立学校で求められていた臨床心理学であった。すぐに、私たちは出張クリニックのプログラムのための法的な支援を受けた。そのクリニックのおかげで、私や私の学生は、ストレス状態（distressed）にある人と密接に関わる際の心理学的な考え方を生み出す機会を得た。

以上はフォートヘイズに移ってすぐの日々か、あるいはケリーが『わかる心理学』（Kelly, 1932）という教科書を執筆する少し前のことに違いない。

ルー・クロムウェル（Rue Cromwell）は、ケリーがフォートヘイズのことをどのような意味で「奥地」と呼び、「新入り」であったケリーが、どのようにして学生を選抜する仕事を得たかについて次のように語る。

茶目っ気のある笑顔で、目を輝かせて、ケリーは毎年学生の得点を分析し、トップクラスの学生を見つけ、彼らを研究室に呼んでこう言っていました。「何で呼ばれたと思う？　君たちは心理学を専攻することになるからだよ」と。そして、心理学クラスの成績優秀者の名前を呼びあげました。このような方法で学生を集めていました。

「目の輝き」のような言いまわしは、筆者に送られてきた数々の話に現れる。それは、ケリーが組織を「利用」し、それに「抵抗」し、さらに「挑戦」している人として見られることがあったことと関係しているようである。

ケリーが心理学に影響を及ぼしはじめたのは、フォートヘイズのときである。学齢児童や学内の大学生を心理学的に評価する臨床プログラムを開発した。これには心理療法や、職業と学業のカウンセリング、学業スキル支援、言語療法（speech therapy）が含まれていた。

ここから、コミュニティ内での心理的援助の需要が高まった。こうして作られたカンザスの田舎の出張クリニックが、後に作られることになるほとんどの地方の学校臨床のモデルとなった。そこでは、診断と相談の業務がおもだった。そのころ、出張クリニックには専属スタッフがいなかった。ケリーと4〜5人の学部生と大学院生だけだった。

クリーンゾウスら（Cleanthous et al., 1982）は、このころに書かれた重要な文献について論じている。それは『臨床実践ハンドブック』（Kelly, 1936）である。これはもともと学生のために書かれたものであり、継続的に改訂されている。そこにはクリニックで働く人の「規則」も書かれている。この規則は、アメリカ心理学会（American Psychological Association: APA）が今日採用している倫理規定に酷似しているといわれている。

出張クリニックでは、時間がきわめて重要であった。目標は1日に12人の子どもを見て、評価することであった。この時間的なプレッシャーに加え、態度の測定と変容に対する興味が相まって、5件法での両極の項目からなる評定尺度が開発された（Jackson et al., 1982）。つまり、その『ハンドブック』は、1936年よりもずっと以前からケリーが5件法の両極評定尺度を使用していたことを示している。これはチャールズ・E・オズグッドら（Osgood et al., 1957）がSD（Semantic Differential）法を発表する20年以上も前のことである。ケリーのアイデアがどのように展開したかという研究では重要になるが、この両極の形式は「レパートリー・グリッド」として知られるレパートリー・グリッド評定において、今日広く用いられている。また、これによって、ケリーが弁証法を重視した初期の展開を知ることができる。それはパーソナル・コンストラクト理論の「二項対立性の定理（Dichotomy Corollary）」のもとになっている。すなわち、「個人のコンストラクト・システムは、有限個の二項対立のコンストラクトからなる」というものである。

よくわからないが、どうにかして、この『ハンドブック』を執筆しながら、地方での学校臨床を展開させ、多くの大学院生を指導し、ワーノックと『帰納的三角法』（Kelly & Warnock, 1935）の原稿を書く時間も見つけた。それは「三角法の教科書、ワークブック、診断テスト、および治療的エクササイズ」と説明されている。筆者が持っているこの文書のコピーにざっと目を通すと、それは数十年後に非常に人気を博すことになるプログラム型学習教材の先駆けであるように見える。しかし、その本が出版されることはなかった。

ケリーが「ある理論の自叙伝」（Kelly, 1969a）で書いているのは、1930年代という不況の時代、フォートヘイズで働いていた最初のころに、日常生活上の実際の問題を抱える人に、どのように対応する必要があったか、そしてフロイト派の解釈がうまくいく場合があることをどのように発見したか、である。しかし、その後、自分自身の解釈もうまくいくことを見いだした、とケリーは述べている。ただし、その解釈が、（a）当該の問題に関連し、（b）問題に対するオルタナティヴな見方を提供できれば、である。ここに、ケリーの哲学である「コンストラクティヴ・オルタナティヴィズム」や、彼が書き記して唯一有名になった心理療法である「固定役割セラピー」の発展を見ることができる。ケリーは、1955年の著作（Kelly, 1955a）で、実りの多いフォートヘイズ時代に書いた、2本の初期の論文を引き合いに出している。固定役割セラピーの評価というテーマで、1939年と1940年に書かれたものである。また、ケリーがフォートヘイズでスピーチやドラマワークにも関わっていたことも特筆に値する。

ケリーは次のように自伝を続ける。

戦雲が1930年代後半に現れはじめ、私は民間航空管理局によって指定された大学の飛行訓練プログラムの責任者をすることになった。そして、私自身も飛行機の操縦を学ぶことになった。1943年の秋、アメリカ海軍学校の予備隊に任命され、医学・外科局に駐在した。

この時期のケリーの仕事について、クロムウェルの貴重な洞察がある。海空軍士官学校生を選抜する方法を検討していた海空軍の心理学者のグループに、ケリーがどのように加わったのか語っている。「誰も聞いたことがない、カンザスの大学から来た無名の心理学者として、このグループに入ったケリーが、戦争が終わるころには、彼ら全員から尊敬を得ていたことを、ケリーの発言から探り出すのは容易です」。1945年の戦争終結時までのケリーの著作物のリストは、ケリーの才能の幅広さを表している。「英海軍学校生の飛行訓練の諸問題」（1944年の米海軍への報告書）、「航空計器盤のデザインにおける知覚的統合」（1945年の米海軍医学・外科局航空医学部門心理学分科会への報告書）、「許容差のコンピュータの設計：アナログコンピュータのためのデザイン計算とその仕様」（１９４５年の米海軍航空局特殊機器部門への報告書）。

ここで検討すべきは、軍務に5年就いていたことがジョージ・ケリーに及ぼした影響である。ケリーの著作には、訓練に関するものがいくつかあった。規律の重要性について思い知ったのは、ここでのことだったのだろうか。ブレンダン・マー（Brendan Maher）も同じことを考え、この軍務経験と、効率的に物事を行なうようにするというエンジニアの目標が合わさり、ケリーがそうすべきだと思うやり方で物事に取り組まない人に対して、あまり寛大でなくなったのではないか、と述べている。

ジョージ・ケリーはメリーランド大学で1年過ごし、１９４５年にオハイオ州立大学で教授に任命され、１９４６年に臨床心理学の主任になった。１９６５年までオハイオ州立大学で過ごし、その後、ブランダイス大学で理論心理学の特別顧問の教授の職に就いた。１９６７年に死去するまでの短い間をそこで過ごした。

第7節　人と業績

1．『パーソナル・コンストラクトの心理学』の出版

１９５５年に出版された『パーソナル・コンストラクトの心理学』[a]が執筆されはじめた時期を、正確に

［a］日本では、２０１６年に、辻平治郎（訳）『パーソナル・コンストラクトの心理学（第１巻）：理論とパーソナリティ』（北大路書房）が出版されている。

推測することは難しい。おそらく、１９３０年代ではないかと考えられるが、ケリーの画期的な考えは、それ以前に芽生えていたことはまちがいない。

１９５５年、パーソナル・コンストラクト理論を世に送り、ジョージ・ケリーの生活が一変した、というのがマーの見方である。ケリーは広く知られるようになり、世界中で引っ張りだこになった。マーは、ケリーの最高傑作について次のように述べる。

> 私が知る限り、ジョージはどの出版社ともまったく接触しませんでした。その原稿はまるで非常に長い研究報告書のようでもあり、出版予定の本のようでもありました。ついに書きあげたときは、原稿は、当時複写をするのに用いられていた、紫色の「カーボン紙」にタイプされていました。コピーが12部作られ、包装され、一流の出版社の宛先が書かれ、ジョージが学生と一緒にステーションワゴンで郵便局に持って行きました（出版社に対する事前の連絡は何もしなかったはずです）。
>
> それからしばらくして、私はたまたま何かの用でアポイントメントをとりました。研究室を訪ねたとき、ジョージは本当にびっくりした様子で、うれしそうに机の前に座っていました。複数の出版社からの契約書が机の上にありました。その本が出版されるだけでなく、出版社を選ぶことができたのです。喜びや驚きを露わにしていました。もし12社すべてから却下されたとしても、彼は全然驚きもしなかっただろう、と私は思います。
>
> ジョージの業績には、ウサギを追い越したカメのような功績があります。長い間、臨床心理学の分野外にいる人のほとんどが、彼の業績を知りませんでした。ほとんど論文を発表しませんでしたし、学会でも定期的に発表していなかったからです。ジョージの著書への反応は、同僚にとっても、ジョージ自身にとっても、驚きであったと思います。

ケリーは、自分の研究を出版することについて、確実にアンビバレントな感情を抱いていた。１９５５年の本は、出版するために書いた5冊のうちのたった1冊であり、それだけ出版したことはまちがいだったかもしれない、と筆者に話してくれた（Kelly, 1966）。自分のラディカルな考えが他の心理学者に受け入れられるにはあまりに早すぎると感じたのではないか、という意見もあれば、むしろケリーが自分の著作に無頓着であったと思う者もいる。しかし、ケリーが情熱的に自分の理論に専念したことは明らかである。１９６４年にケリーがウォーレンに宛てた手紙はすでに紛失しているものの、ランドフィールドはそれを読んだ後に、こう言っている。「理論に対するケリーの望みが、普通の野心を超えていたことは、誰の目にも明らかでした。彼は高い望みをもっていたと思います」。また、この手紙は、ケリーが「英国の学問を大いに尊重し、自分の理論は英国の領海で溺れてしまうか、泳ぎまわるかのどちらかになる、と明らかに感じており、もし英国の学者が関心をもったなら、この理論は広い科学界でチャンスを得られる」と思っていたことを示している。この予言がほとんど当たったことを知ったら、ケリーはうれしく思ったことだろう。英国での成功は、バニスターの活躍によるところが大きい。

この2巻からなる理論書を書くことは、それまでの10年かそこらの期間で十分な仕事であっただろうし、骨の折れる仕事であったことは言うまでもない。しかし、ケリーは１９４０年代の終わりから１９５０年代のはじめにかけて、教室でのテレビ映像の効果についても、幅広く研究し、執筆している。これについては、「教員教育におけるテレビ映像の使用の包括的研究計画」（Kelly, 1953a）と、ローレンス・コンラッド（Lawrence Conrad）と共著の「教室のテレビ映像についての報告」（Kelly & Conrad, 1954）がある。また別の原稿として、「教室の出入口でのテレビの設置」（Kelly, 1955b）がある。これらはすべて未公刊である。

2. ケリーの理論のように幅広い視野

「コンストラクティヴ・オルタナティヴィズム」の哲学とケリーが考えた弁証法の重要性が、幼少期の家庭での生活と変化に富んだ教育に由来していることは、容易に推測できる。その視野の広さは明白で、1950年代までのいかなる心理学とも完全に異なるものであった。ケリーは次のようにコンストラクティヴ・オルタナティヴィズムの哲学を要約している。

> 他の理論と同じように、パーソナル・コンストラクト心理学は、ある哲学的な仮定を提供している。ここでの仮定というのは、本質がどのようなものであろうと、最終的に真理の追究がどのような結果になろうとも、今、私たちの目の前にある事象というのは、私たちの知性が作り出せる限りの、さまざまなコンストラクト（construction）によって影響を受ける、というものである。これは、あるコンストラクトが他のコンストラクトと同じくらい優れているといっているわけではなく、またある時点で人間の現実理解が存在に対して最大限に近づくということを否定しているわけでもない。しかし、このことが私たちに気づかせるのは、私たちが今、行なっている知覚はすべて疑問の余地があり、再検討の余地があるということである。そして、もしも私たちが日常生活での出来事を違ったふうに理解（construe）できるのであれば、たとえ日々の生活の疑う余地のない物事でさえ、まったく違って見えるかもしれない、ということを意味している。（Kelly, 1970a, p.1　傍点は著者フランセラによる）

ケリーはさらに大胆な考えを押し進める。大胆というのは、その当時の心理学界の大部分に対してである。

> 私たちが存在すると仮定している世界（universe）には、もう1つの重要な特徴がある。それは統合したものだということである。つまり、相互に精密な関係があり、考えられるすべての部分をもった1つのユニットとして、世界が機能しているという意味である。このことは、一見、やや信じがたいことかもしれない。なぜなら、普通は、指の動作とタイプライターのキーの動きとの関係のほうが、たとえば、指の動作とチベットのヤクミルクの値段との関係や、ヤクミルクの値段とタイプライターのキーの動きとの関係よりも、密接な関係があるように見えるからである。［中略］単純に言えば、時間があらゆる関係性を究極的に結びつけているのである。（Kelly, 1955/1991, Vol.1, p.5　傍点は原著者ケリーによる）

ウィリアム・ペリー（William Perry）は、「ケリーが提案した見方は、私にとって非常に印象的であり、とても広範にわたっており、時代をいち早く先取りしていたので、新しい聖書でも手にしているような感じがした」とコメントしている。

ケリーの元学生であるデニス・ヒンクル（Dennis Hinkle）は、「パーソナル・コンストラクトのゲーム」と題された章で、自分の理論について、ジョージ・ケリーと会話したことを次のように語っている（Hinkle, 1970）。

> 「人間にとっての単なる答えを理解しようとするのではなく、人間にとっての問いを理解しようとしなさい」というのが、ジョージ・ケリーからのアドバイスだった。『パーソナル・コンストラクトの心理学』を執筆することによって、どのような問いを探究していたのか尋ねたとき、ケリーは神聖なインスピレーションを得たかのように、情熱的に目を輝かせて、「アメリカの心理学者が気の毒な

運命をもっているように見えていたんです。人間の不可思議さや人間関係の真理を理解しようとしなくなった状態を想像してみてください！　コンストラクト理論を書いているとき、人間が自分自身を発見する手助けになるような、しかも科学的にも適切な方法を考案できないか考えていました」と言った。１９６６年、２巻の著書の出版から10年以上が経ち、出版後の状況を踏まえ、今だったらどのように訂正したいと思うか、ケリーに尋ねた。すると、方法論を重視する研究者によって、理論の貢献が不明瞭になってしまったと映っているらしく、まずはレパートリー・グリッドに関する部分を削除する、と述べた。そして、残念そうに次のように続けた。「当時すでに、それが心理学として認められるには、主流からはあまりに離れているかもしれないと気にかけていましたが、今となっては、そのことをもっと正直に書けばよかったと思っています」。

もっと正直に？　ケリーがそう言ったとき、何を言おうとしていたのだろうか。ケリーとの私信によると、「［中略］私は、本当の意味で心理学に基づいた社会を心に描いています。つまり、人間一人ひとりの体験や創造性、人間関係が重要な課題となる社会です」。

そして、最後に「パーソナル・コンストラクト理論は、根本的には、人間の活動（action）の理論なのです」と話した。

こうした発言は、ケリーという偉人が提起した問題についての非常に興味深いパズル内の数ピースでしかない。またこれらは本章の出発点であり、魅惑的なパーソナル・コンストラクト理論という望遠鏡（付属品は万華鏡！）が見据える到着点でもある。(Hinkle, 1970, p.91)

こうした点に関して、ヒンクルの議論を追っていくことは、本書の目的ではないが、ケリー自身の考えを理解する手立てにはなる。たとえば、心理学者は「人間の不可思議さや人間関係の真理を理解しようとしなくなった！」とケリーが感じていたことなどである。これまで論じてきたように、ケリーは、人と関わりをもつうえで自分が抱える問題を認めており、パーソナル・コンストラクト理論を作りあげる原動力の1つは、自分自身の理解過程[b]（construing）を精緻化（elaborate）することであった。ケリーは、究極的には、理論とは、常にその理論家の理解過程を反映するものだと述べている。

ケリーはまた、レパートリー・グリッドについても非常にアンビバレントな感情をもっており、レパートリー・グリッドによって理論がわかりにくくなったと思っていたことが知られている。筆者も含め、グリッドをとおしてケリーの著作に出会い、パーソナル・コンストラクト理論を知った人も結構いるため、ケリーのその見方はまちがっているのではないか、と指摘したことがある。

ミラー・メアー（Miller Mair）は、ケリーの見方について、さらに詳しく論じている。

ある種の冒険が、パーソナル・コンストラクト心理学の中心テーマとなっているように思われるが、それは「大物狩り」でも「エベレスト征服」のようなものでもない。その冒険はもっと気楽であると同時に、もっと無謀なものである。ケリーが主張していたことは、おそらく「未開拓地での生活」のようなものである。つまり、自分自身の体験のなかの未開拓地で暮らすことであって、こぢんまりと落ち着いた慣習のなかや、多少なりとも伝統に縛られる犠牲者として暮らすことではなかったのだろ

［b］パーソナル・コンストラクト心理学における“constru(e)-ing”は「解釈（する）」と訳されることが多い。しかし、本書では、基本的に“interpret”を「解釈（する）」とし、動詞の“construe”を「理解（する）」、名詞の“construing”を「理解過程」と訳した。それと区別するために、“understand”や“grasp”は「把握（する）」や「とらえる」などと訳すようにした。詳しい理由は「監訳者あとがき」参照。

う。ケリーの著作を読むにつれて、新たな牧草地と生活のための広い敷地を求め、「西へと向かう幌馬車」の音が聞こえてきそうである。(Mair, 1997, p.268)

ジョージ・ケリーの若きころの世界には、広大な海原を渡る巨船の話があった。大海原では水平線だけが唯一の境界であり、そこで人々は愛や憎しみを体験し、わくわくするような冒険をし、おそらく恐怖の瞬間もあっただろう。一方で、ケリーの世界には、地平線のみが唯一の境界となる大平原の孤立した牧場があった。その大平原で、家畜の牛にミルクをやりながら日が昇るのを見たことだろう。ひょっとしたら、「真理」も人生も、知識も、まさにその地平線の向こう側にずっとあったのではないだろうか。それは「未開拓地での生活」というよりも、「地平線上かその向こう側での生活」である。ケリーが答えの探究について語ったとき、ほとんど自分自身のことを暗に述べている。

未知の世界では、体験を求めよ。全力でそうせよ。すなわち、前に進み、自分を巻き込み、「中略」思い切って自分にコミット（commit）し、その結果をできる限り体系的に評価するようにし、そしてお気に入りの心理主義と主知主義を捨てる勇気を身につけ、人生をまとめて理解しなおす（reconstrue）ならば、自分が正しかったかどうかはわからないかもしれないが、あなたを左右しているように見える、こうした「自明」の事実を、自由に超越する機会が得られるであろう。そうすれば、地平線の向こうのどこかにある真理に少しだけ近づくことができるかもしれない。(Kelly, 1977, p.19)

3．両極活動としての理解過程

ケリーは、1930年代初頭に、形容詞対を用いた尺度を使っていたことがわかっている。ここでは、過去にそのような関心につながる証左があるかどうかを見てみることにする。もしかしたら、自分自身の人生のなかで、正反対のものが引っ張り合うということに気づいたのかもしれない。

あたかも2人のジョージ・ケリーがいたかのようである。その哲学に示される幅広い視野をもつケリーと、やたら細かいところに執着するケリーである。このことは、ケリーの理論の二重構造にも表れている。一方では、人間がどのように現在の出来事を意味づけし、将来の出来事を予測するかについての骨子が説明されている。どれもきわめて詳細に、時として単調なまでに説明されている。他方では、『人間の感情』（Kelly, 1966）と題する予定だったが完成を見なかった本に表されているように、人間の体験過程（experiencing）についての説明もしている。

これが1つのコンストラクトとなり、「視野の広さ」対「細部への注目」となっている。ジョージ・ケリーの細部へのこだわりがどこからきているのかを正確に知ることは難しい。ひょっとしたら、聖職者だった父の影響であろうか。父親についてのコメントはわずかしかないが、その1つにケリーが筆者に宛てた手紙がある。そのなかでケリーは、古道具を話題にしている。

先週は作業場で工具を詰めたりしていました。そのなかに、古い締め金がありました。父がその場しのぎで、木片を使って鞍頭を取り替えたものです。子どものころ、それを農場で使ったことがあり、父に対して反発心をもったことを思い出しました。というのは、締め金も含め、父の道具はどれも作りが粗く、継ぎ接ぎだらけに見えたからです。しかし、父が節約してくれたおかげで私は大学へ進学

できたのです。（Kelly, 1965）

おそらく、父親からの教育に、宗教に関することが含まれていたのだろう。明らかにケリーは聖書を熟知していた。宗教のメタファーがあちこちで用いられている。本章でも後に見るように、それは時として大きな効果をもたらした。ひょっとしたら、想像の世界へと旅立った後に、なんらかの錨が必要だということに気づいていたのかもしれない。その理由が何であれ、後に「創造サイクル（creativity cycle）」となったものの根幹がここにある。創造サイクルとは、創造する喜びと、行為というコミットメントとその苦しみとの絶え間ないフローである。

4. 科学・数学・コミットメントの役割の影響

パーソナル・コンストラクト理論の哲学的基盤に影響を与えたかはともかく、ケリーが受けた物理学と数学の教育によって、私たちすべてを存在（being）とみなす人間観が系統立てて作られた。人間は科学者であり、科学者が行なうような類のことを行なっている。人間をあたかも科学者である「かのように」見ることで、理論に2つのラディカルな要素がもたらされた。人間は、出来事に対する自分の理解過程を検証するために、独自の個人実験（personal experiment）を行なっている。私たちは真に科学的なやり方で仮説を検証している。しかし、私たちの検証手段は、行動である。行動が個人実験となる。詳しくはこの後に触れたい。

「科学者としての人間」のもう1つの重要な特徴は、コミットメント（commitment）である。あなたが個人実験にみずからコミットしなければ▼[c]、個人実験を行なうことはできない。このことはすべて、「体験サイクル（cycle of experience）」で明確に述べられている。ケリーはコミットメントを心理学の研究に関連づけている。たんに実験に参加するだけでは十分ではないのである。

コミットメントがある。人間の探索は受動的な行為ではなく、理解もまた、感覚体験のみから生じるものではない。口のなか、あるいは絶えず手を動かして、周りの世界を操作する子どもにとっても、人を使って何かをすることによってのみ人間を知る心理学者にとっても同様である。よって、人間は自分の行為にみずからコミットする。そうしなければ、人は、自分自身の人生のコンストラクトと他者が生きる人生がどのように関連するかを知ることができない。

ひしひしと感じているのだが、コミットメントが意味するのは、攻撃性、とりわけ個人的な攻撃である。コミットメントの結果として、役割を侵害した感じがするならば、心理学者は罪悪感を覚えるだろう。このように、コミットメントは、自身の価値観を危険にさらし、時にそれを失うことなしには生じ得ない。また、悪役になる可能性もあるし、時にはそうなってしまわなければ、コミットメントは生じ得ない。よって、心理学の研究では、心理学者はコミットすることで重大なリスクを背負わなければならない。人間に対して重大な責任を負うことなく、科学者になって表彰されたいなどと多くの人が思うのは不思議なことではない。（Kelly, 1969f, p.130）

このようなコミットメントが「科学者としての人間」の一部をなし、ジョージ・ケリーという人物の大

［c］この部分は、“commit oneself to”であり、通常は、「～に身を委ねる」や「～の義務を負う」などの意味であるが、ここでは、「コミットメント」という本書のキーワードとのつながりをわかりやすくするため、このように訳出した。

部分を占めていたことには少しの疑いもない。ケリーが臨床心理学に貢献し、また臨床心理学を専門職として確立することにコミットしていた、というマーの証言がある。

ジョージは、ある研究会のメンバーとして非常に活発に活動していました。その研究会は「ボウルダー会議（Boulder Conference）」を企画・運営しており、そこで臨床心理士養成のための一般的な基準を整備し、アメリカの主要な大学はどこも、この博士課程の臨床プログラムを採用しました。後に知られるようになった、［中略］ボウルダー・モデルは、職業上の倫理や専門家としてのふるまい、臨床心理学が専門職として確立される必要性を強調しました。つまり、臨床心理士の活動が精神科医によってスーパーバイズされなければならないという法的要件を除去することです（なかには、この要件として、スーパーバイザーが、精神医学の資格すらもっていない内科医でもよいとする州もあった！）。［中略］この件に関して、ケリーをはじめ、大勢からなる古くからの臨床心理士のグループは、［中略］「アメリカ職業心理学審査官協議会（American Board of Examiners in Professional Psychology: ABEPP）を合同で創設しました。ABEPPは臨床実践の高度な基準を作るための非法定団体であり、実践上の審査を実施したり、高い評価を得た候補者（臨床心理学で博士号を取得しており、加えて、少なくとも2年間フルタイムで、ポストドクターとしての臨床経験を積んでいるか、それと同等の人物）に修了証書を与えたりしました。ジョージはABEPPの中心的メンバーの1人であり、しばしばABEPPやアメリカ心理学会から、会員による倫理違反の問題に関して、顧問として助言を求められていました。

マーは、コミットメントとロールプレイとの関連をさらに綴っている。

5．役者としての才能・非言語的理解過程・ロールプレイ

ケリーは演技に関心があり、実際に関わったことから、ヤコブ・モレノ（Jacob L. Moreno）が開発した心理劇（たとえば、Moreno, 1964）を学ぶようになった。このことは、ケリーが日々の生活でロールプレイを使っていたことからもわかる。ケリーは意識的に異なる役を演じていたと思われる。たいていは「昔ながらの教授」の役である。ある特徴を作り出すために自分の行動を変えた。マーは、ケリーが「オンステージ」と「オフステージ」の役を演じていたことについて語っている。「オンステージ」の役は、教員が負うべき多くの責任に対処するのに役立った。ケリーがこうした責任にコミットすることで、時には自分の評判を落とすような行動をせざるを得なかった。たとえば、臨床心理学の道に進みたいが、その準備が不十分に見える学生について、マーは次のように語っている。

ジョージは出来の悪い学生と、その学生が将来受けもつかもしれないクライエントに対して、責任を感じており、その事実が明白なとき、ジョージは進んで必要な措置を講じました。周りの人のなかには、薄情だと思う人もいたでしょう。しかし、私が１９５５年に教員としてオハイオ州にもどり、臨床心理学の教員の教授会に出たとき、年輩の教授が自分で出来の悪い学生を見つけ、学生にそのことを知らせる、という嫌な仕事をいつもジョージに押しつけていたことは、一目瞭然でした。ジョージは臨床家養成の主任である以上、この責任を負わなければならないと思っていました。当然の結果として、ジョージは学生とその友人の敵意の的となりました。一方で、その学生は、非公開の場では退学を力説していた教員陣からさえも同情を受けていました。

学生を退学させる仕事がきたときに、ジョージ・ケリーはどのようにロールプレイを用いたのだろうか。それを示す一例を、クロムウェルがあげている。クロムウェルはこのことが本当に起きたことなのかは自信がないと言っているが、少なくとも学生はそう信じており、そのことが重要なのである。

伝えられているところによれば、臨床心理学プログラムには、学業の継続が不適当と判断され、前主任から引き継がれている多くの学生がいました。ある日、ケリーがオーバーオールと農夫が着る青い作業服を着て仕事にきました。彼は学生を1人ずつ呼びあげ、臨床心理士養成プログラムから追い出しました。それからしばらくして、小屋の肥料を片づけるときは、それにふさわしい服装をしなければならない、と何気なく言いました。［中略］この話は、私がオハイオ州立大学にいた時代のケリーに対する畏敬と恐怖を含め、たしかにケリーの多くの特徴をうまくまとめています。

しかし、クロムウェルは次のように続ける。

しかしながら、ここで私が伝えたいのは、今日の臨床心理学の基礎は、とくにアメリカの場合、ケリーとその世代の心理学者の汚れなき態度にある、ということです。当時の学生に対する厳しい措置は、恩恵をもたらしたのです。今日のほとんどの臨床心理士は、こうした恩恵を自覚せず、それを当然のことのように思っています。

ケリー自身のコミットメントは内面的かつ個人的な事柄であり、言葉でよりも行動でそれを示していた。このことはケリーのプライバシーの一部、あるいはネガティヴな特徴として見ることができる。たとえば、ペリーは次のように述べる。

> ケリーは学内での多くの政治問題に関わることを明らかに避けていました。人道的活動や人権擁護活動に署名することさえ断っていました。このことに関して、60年代にオハイオ州立大学で政治活動が何度も起きたことに触れておくことはきわめて重要でしょう。そこには、60年代の中盤から後半にかけて、社会科学部と人文学部からの人材流出を招く、度を超した「学内の言論の自由闘争」もありました。ケリーはその真っ只中にいたが、人前で一度たりとも、何一つ話すことはありませんでした。（傍点はペリーによる）

ここでも、ロールプレイと同じく、ケリーは言葉よりも行動で答えた。

6. 反骨精神

ジョージ・ケリーは、どのように人間が体験し、世界と関わるかについての革命的な理論を生み出すだけでなく、理論のなかで個人を「パーソナル・アナーキスト（personal anarchist）」と表現した（McWilliams, 1988）。ケリーは、個人の心理を説明したが、それは、主流であった行動主義や、フロイトとその支持者が行なったような精神力動的アプローチに対して、反旗を翻すものであった。マックウィリアムズは、次のような意味で、パーソナル・アナーキストというメタファーを用いている。

個人的な反乱は、コンストラクティヴ・オルタナティヴィズムを個人的に応用することである。なぜなら、その反乱は、コンストラクトが改訂可能であり、かつ取り替え可能であるという、ケリーの仮定に通じる挑戦的なアプローチだからである。その目的は、現実の世界に効果的に対応する能力を潰すことではない。生き生きとオープンな状態でいるために、また既存のルールに縛られることなく、一瞬一瞬の現実に対して、新しい効果的なやり方で、常に対応できるようにするために、個人の機能を継続的に差異化し、精緻化することを促進することである。（McWilliams, 1988, p.21）

ケリーが反骨精神をもっていた、あるいは反逆者でいることを楽しんでいたという証拠が何かあるだろうか。ケリーはたしかに物理学で起きつつあった革命を楽しんでいたようである。しかし、それよりも以前にヒントがあるかもしれない。ひょっとすると、高校時代に、「のけ者」や「場違いな人」、あるいはたんに「変わった人」として自分を理解するよりも、むしろ反逆者になることを選んだのだろうか。目が輝きはじめたのは、このころからだろうか？

ケリーが、オーソドックスでない教育歴について生き生きと語っていた、とコメントした人が何名もいる。クロムウェルは次のように語る。

ケリーが貧乏学者として転々とした経歴について語るとき、非常に楽しそうでした。［中略］思い出すのは、ミネソタ大学で初めて統計学の授業を受けたときに、一銭も学費を払わなかったことを、たいへんうれしそうに語ったことです。

ケリーの自叙伝には、旺盛な知識欲を満たすために、いかに組織をうまく扱おうとしたかについて書かれてある。この行動がモラルに反するとか、「不正行為」とかという人がいるかもしれない。しかし、ケリーはそれを明らかに作戦勝ちだと思っていた。フォートヘイズでトップクラスの学生全員を心理学専攻に選抜したことは、クロムウェルが言うには、「倫理すれすれ」である。ケリーは好んで規則を曲げたり、破ったりした。

ランドフィールドは、このことについて、こう述べる。

ケリーはとても堅苦しい人に見せかけて、革命的でした。彼が驚くべき人物であった理由はおそらくそこにあります。心を病んだ女性は、高級娼婦よりもずっと幸せかもしれないということをほのめかす、ケリーのエピソードがあるのです。

筆者はしばしば、ケリーが実に広大な視野をもち、革命的な思想家であったことを、話したり書いたりしてきた。しかし、またケリーは相当な自信家で、気取ることさえあったはずだ、とも思っている。なぜなら、誰もこれまでにしようとしなかった、人間の体験の全体を網羅する理論を書きあげたからである。ジョージ・ケリーに気取った側面があったと考える人が他にもいる。クロムウェルは、学生とのある会合について、次のように話す。

本が書きあがり、まだ出版されていなかったとき、ケリーはもっともな批判に答えていました。その批判とは、本に誰も引用しておらず、パーソナル・コンストラクト理論のルーツや先駆者を明示していなかったことです。彼は冗談めかして、この本に「護教論（Apologetics）」と題する章を、すぐにでも加筆したいと言っていました。護教論というのが、キリスト教の弁護と証明を論じる神学の分野である、と彼が説明しなければ、このコメントがユーモアだということがわかりませんでした。

このことは、さらに論じる必要のある重要な問題を提起している。ケリーの思想のなかで、宗教の役割とはどのようなものだったのだろうか。

7．宗教的背景

ケリーは宗教的正統主義に深く染まっており、また前述したように、その著作に関しては、自身のことを大げさにとらえていたことを、筆者は知っていた。そのため、2人の学生が別個にケリーについて語ったコメントに対するペリーの考えを聞いても、驚かなかった。どうやら、ケリーは講義のなかで、「パーソナル・コンストラクト理論とは、神が人間の目をとおして現実を見るために、人間の眼鏡をかける試みである」と語ったらしい。

ジョージ・ケリーは、キリスト教を実践しており、聖書と宗教的な問題全般に深く通じており、絶対禁酒主義者であったことが知られている。しかし、自分の見方を他人に押しつけたりするというような意味で、厳格だったのではない。たとえば、ケリーは定期的に執筆中の内容を学生のグループと議論していた。このことに関して、クロムウェルは語っている。

ケリーは、学生と集まる際、ビールを飲めるようにすれば、出席者がより多く集まり、議論が活発になることをいち早く見いだしました。なので、彼は毎週、ビールケースを車のトランクに乗せて運び、学生のアパートに集まりました。すでにケリーはこの時点で絶対禁酒主義者だったので、自分用にはアイスティーを魔法瓶に入れて持参しました。

オハイオ州立大学で、ケリーが「積極的に教会に通っていたとき、自由主義者、無神論者、不可知論者の教員からは、たいてい白い目で見られていました」とクロムウェルは述べている。またしても、ケリーは時勢に逆らうこととなった。

ケリーの２巻からなる著作は、聖書の例でいっぱいである。次に示すのは、ケリーの死後に出版された「罪と心理療法」という論文からの抜粋である。この論文は、主著の『パーソナル・コンストラクトの心理学』のなかで用いられている表現とは対照的に、エッセイで用いていたような、くだけた文体で書かれている。その論文の終わりにかけて、ケリーが論じているのは、なんらかの悪事により、有罪を申し立てられた人に対する私たちの反応を、私たち自身が見るときに、何が生じるかということである。

悪事を働いた人に対する最も原始的な方法は、復讐をすることである。ある人がなんらかの悪事を働けば、それがその人に跳ね返ってくることになる。みずからトラブルを起こした張本人はもちろん除くが、この方法により、ほぼ誰もが満足する。この手続きには、２つの心理的な効果がある。第１に、同じことをして返す度胸がなかった人に、誰もがほしがるような特権を与え、第２に、同じような悪事を働こうとしている人に対し、警告することである。

イエスの生涯で起きたある事件がこの適例である。イエスは、石を投げて女を殺そうとしている人々に出くわした。その女は、姦通の現場で捕らえられていた。イエスは集団に対し、本当に正しいやり方で行ないたいならば、これまで罪を犯したことがない者が最初に石を投げよ、と言った。彼らはみな身に覚えがあり、イエスが言わんとしていることが、よくわかったのだろう。誰もが他の仲間の前で、そのようなことをまったくしたことがない、と認めたくなかったのではないか。もちろん、不倫をしたことがない人もいたかもしれないが。結果として、集団は石を投げるのをやめたが、もしかすると、その場を立ち去って、別の場所でなんらかの悪さをしたのかもしれない。しかし、この時までに起きたことは、その女にも、その女が犯した（commit）罪にも、ほとんど関係がないのである。（Kelly, 1969b, pp.180-181）

続けて、ケリーは「私たちの文化では、罰と報酬として知られるような、赤信号と青信号によって、行動がコントロールされている、と一般的に考えられている」と述べている（Kelly, 1969b, p.182）。そして、このことを、宗教に拡張している。

これと同じようなことが、神学的な規範のもとに行なわれる。人間はまちがいを犯す。そのことが神の機嫌を損ねる。どのように人間が神の機嫌を損ねるのかについては、意見の食い違いがある。ある人は、神の怒りを買うからだと言い、またある人は神を落胆させるからだと言う。いずれの場合も、神の心の平静を取りもどすために、人間が何をするかにかかっている。ゆえに、人間は、自分自身であれ、誰であれ、まちがいを犯した者を罰する。神は心からこのことを承認している。そうすることで、神は非常に温かく寛大な心をもち、すべてを水に流せる。神は、罪深い行為によって引き起こされた損害賠償の責任さえも負う。こうした神学的な規範のもとに、人間は、天国お抱えの道化師という、昔ながらの役割を演じるのである。（Kelly, 1969b, p.182）

クロムウェルは、自問している。「これは、キリスト教原理主義的で禁酒主義の父親に対する反抗なのだろうか。あるいは、宗教のもつ神話的な構造の根本についてひらめいた、理屈や宗教的な考えなどを、父親と話し合っていたのだろうか？」

ケリーの理論と宗教の間になんらかの関係があったのかどうか、筆者がランドフィールドに尋ねたとき、こう答えた。

ええ、もちろん、ケリーは自分の理論に信仰や宗教が関連していることに気づいていたと思います。［中略］しかし、それは文字どおりの宗教ではありません。話の流れは思い出せませんが、科学と宗教は、森羅万象を拡張し、意味づけを行なう2つの手段だ、とケリーが言っていたのを覚えています。ケリーは、科学と同様、宗教でも、変化と発展が生じると考えていました。

ケリーはおそらく、「宗教なき科学は歩き進めない。科学なき宗教は目が見えない」（Frank, 1947, p.285）と述べたアインシュタインのように、科学と宗教の融合を求めたのだろう。ケリーが深い宗教心をもっていたのかという筆者の質問の答えとして、ランドフィールドは次のように述べている。

そう思います。ですが、彼にとっての宗教はドグマではありませんでした。生きることの原動力は、創造的な探究であり、外の世界に手を拡げたり、内面を見据えたりすることだと考えていたのだと思います。創造的な科学と、創造的な宗教の両方を重んじていたと思います。けれども、科学や宗教における政治的なリーダーになる気はなかったと思います。ケリーは、時として学者が名声を獲得し、認められるためにするようには、自分の理論を前面に出さなかったのです。ケリーは変化がゆっくり起こると信じていたように思います。偉大な思想は、ゆっくりと育つものです。彼はこの事実を知っていたのでしょうか？　それとも、そもそも内向的だったのでしょうか？　あるいは、自分の大胆さに脅えていたのでしょうか？　その全部なのかもしれません。

ケリーの大胆さが再び取りあげられている。ランドフィールドは、「天才」に関する研究を記したマッキンノン（MacKinnon, 1962）の論文について話している。その結論の1つは、高度な創造力をもつ人は、ひそかに自分が森羅万象の鍵を握っているのではないかと感じる傾向にある、というものである。ジョージ・ケリーもそうだったと考えても、あながち無理からぬ話ではないだろう。

第2章 ケリーの複雑さ

第1節　ケリーと社会的相互作用

第1章では、ジョージ・ケリーの個人史が、どのように自身のみならず、理論にも影響を及ぼしたかということを見てきた。本章では、他の人から見たジョージ・ケリーという人物について詳しく見ていく。

ジョージ・ケリーには、少なくとも3つの注目すべき側面があるように思われる。第1に、他者との関係においては、明らかに2人のジョージ・ケリーがいたようである。すなわち、規則に縛られたケリーと、遊び好きで創造的なケリーである。また、一方から他方に、瞬時に切り替えることができた。第2に、学生に対するケリーのふるまい方が人によって大きく異なり、ケリーがどのように見られていたのかも学生によって顕著な違いがある。第3に、なんらかの感情表現が必要な場合には、ケリーは居心地が悪そうにしていた、とみられている。

1. 対人関係

パーソナル・コンストラクト理論における対人関係の重要な特徴は、役割（role）という考え方である。もし他者の目をとおして物事を見ようとするならば、他者との関わりにおいて、ある役柄を演じている（play a role）といわれる。セラピストとは、ケリー派の言う役者（role player）のこの上ない好例である。

ケリーは、時おり他者の立場を理解することが難しかった、と多くの情報提供者がみなしていることは明らかである。アル・ランドフィールドは、次のように述べている。

ケリーは自分と他者の間に壁があると感じていた、と思います。ひょっとしたら、その壁は、かなり孤独な環境で、一人っ子として育てられたことと関連しているのかもしれません。また、自分がもっている膨大な知識と、他の多くの人たちの知識との間にある、大きな溝にも気づいていたのかもしれません。おそらく、他者が自分を理解するのは難しいということに気づいていたために、ケリーは他者を理解する必要があったのでしょう。（「社会性の定理」）

筆者にコメントやエピソードを快く送ってくれた人たち全員から、明らかに伝わってくる特徴の1つは、ケリーが「教員」としての顔をもち、規則に従った行動にこだわっていたということである。ケリーが、学生に対して、博士論文が受理されるまでは、自分のことを「教授」と呼ばせ、学生のことを「ミスター」、「ミス」、「ミセス」と呼ぶようにした、ということに触れない人はいなかった。博士論文が受理された瞬間から、「ジョージ」と呼ばせ、ケリーも彼らをファーストネームで呼んだ。

時おり、大学院生の間で、話題にのぼるエピソードがある。ケリーは、自分用の固定役割のスケッチ（概略）を書いていたらしい。それには誰にも関わらせようとはしなかった。通常、セラピストは、クライエント用に、一定期間演じる固定役割のスケッチを書くが、そのためには、その役柄が演じるにふさわしい人物である、とクライエントが受け入れる必要がある。このように、固定役割のスケッチを書きあげるには、普通は少なくとも2人が必要である。誰かが言っているように、ケリーが自分で作った規則を破って、自分のために行なった固定役割セラピーは、「誰もが知っている、非常に保守的な人物［中略］、自分自身を分析したフロイト」に影響を受けたのかもしれない。「フロイトは、他の誰にも自分を分析させなかった。ケリーは同じまちがいを犯したのかもしれない。2人とも自分の多くのことを他者に知られるのを、なんと『個人的』に怖れたのだろうか」。

堅苦しく、規則に縛られた人物の正反対になるのは、とても温かくて興味津々だったと伝えられる、知的好奇心にあふれた創造的な人物であった。この才気あふれる人物がひらめきに関心をもったということは驚くべきことではない。たとえば、ケリーがイングランドを訪れたとき、ドン・バニスターと一緒に、深夜0時すぎに筆者の家の玄関口に着いた。うかつにも、コーヒーを切らしていたため、ココアを出した。ケリーと同じく、バニスターはアイデア遊びが好きだった。暖炉の周りで彼らは互いに議論しはじめ、最後には「セレンディピティの心理学（psychology of serendipity）」という講座を計画して終わった。テープ・レコーダーで録音していなかったことが悔やまれる。

2人のジョージ・ケリーが混じり合っていると感じた個人的な体験がある。筆者がアメリカを訪れたときのことである。筆者を空港に迎えに来て、ブランダイス大学へ連れて行ってくれた。そこでは、ケリーの博士課程の学生全員が大きなテーブルを囲んでいた。コーヒーが出された。筆者は、吃音者を相手にする仕事と自分の考えについて、学生たちに話すことになっていた。ある時点で、自分が何かたいへんなことをやらかしたか、何か言ってしまったような、静まり返った空気を感じた。テーブルの端にいたジョージ・

ケリーのほうを見た。彼は、目をきらっと輝かせて、「イギリス式コーヒーはいかがですか？」と言った。「とてもおいしいですね」というようなことを言おうとして、筆者は突然それがココアであったことに気がついた。ケリーは、ココアを作ろうとしてコーヒーパーコレーターを2台も壊していたのである！

ケリーと一緒にいるときに、厄介だったと言われるのは、ケリーが「温かくて、活発で、アイデアを生み出すことに没頭している人」から、堅苦しくて、規則に縛られた人物に切り替わり、またすぐにもどっていた、ということである。このため、パーソナル・コンストラクト上のケリーの呼び名は、「ガタガタスロット（slot-rattling）」である。

ランドフィールドは、極端な気分の変化の実例をあげている。

私は、彼が誰よりも複雑な人だと思いました。突然、堅苦しくなくなり、人を驚かすかもしれません。私には、他の教授よりもずっと［彼が堅苦しく］映りました。しかし、私といるときに何度か堅苦しくなくなり、驚いたことがあります。博士論文について相談しはじめたとき、彼は急にその午後のアポイントをすべてキャンセルしました。おもちゃを手にした子どものように、ふるまっていました。私たちの間にある壁を全部取り去るような感じで、私と関わってくれました。その午後の間は、私は彼と対等であると感じました。その後、再び何もかも、もとにもどりました。そのときの関わりを否定するかのように、私はミスター・ランドフィールドになったのです。

当時の別の学生は、違う文脈で、このような行動の変化が、どのような対人関係の問題を引き起こしたかという例をあげている。1955年に『パーソナル・コンストラクトの心理学』が出版された直後、その学生は、第1巻にケリーのサインを頼んだ。ケリーは次のように書いた。

前途有望な学生へ
私には確信がもてない
あなたが本当に有望なのか
しかし、あなたはきっと創造するだろう
何か価値のあるものを
あなたと関わる人のために

この学生は、どれほど最初の1行が希望を与え、続く2行がそれを奪い去り、最後の3行であいまいな内容になってしまったか、を述べている。「別の表現をすれば、甘い言葉（最初の行）の後には、辛辣な言葉（続く2行）が続き、そして敬意を表す言葉が最後を飾る、といえます。まさに、これがケリーと関わろうとする人を怒らせるのです。ある種の受容、それから拒絶があり、そして、たいていは、ちょっととげとげしく、少し突っかかるような印象を受ける礼儀正しさがそれに続きました」。なかには、このような行動によって、大きな問題が生じた学生もいた。

2. 教員としてのケリー

以下に示す『オハイオ州立大学大学院臨床心理士養成課程学生要項』（Kelly, 1953b）からの抜粋のなかで、ケリーはこの課程をどのように考えているのかを述べている。

養成プログラムは、よい意味で、リベラルになるように組まれている。来たる数十年のうちに、科学者が用いている概念的枠組みに多くの変化が起きそうである。「ゲシュタルト理論」や「非指示主義」、あるいは「精神分析」といった、1つの領域の訓練を受けている学生は、それが有効性を失ったずっと後に、自分の分類法で行き詰まる危険性が非常に高い。このプログラムでは、学生が2つ以上の概念体系を自由に使えるようになることを狙いとしているだけではなく、学生が仕事をするうえで、必要に応じて、自身の概念体系を自由に再構成（re-constitute）できるようになることが望まれている。このように、授業によって、学生が学ぶ概念を定着させると同時に、そこから自由になれるように設計されている。（Kelly, 1953b, p.22）

ケリーは、受けもっていた一人ひとりの学生に対してコミットするよりも、臨床心理の専門職の発展にコミットしていた、といわれている。ケリーがみずから選択した職業にコミットしていたということは疑いがない。これに関して、非常に矛盾する話があるため、ジョージ・ケリーがどのようなタイプの教員であったのかということについて、いくつかの仮説を立てたほうがよいだろう。ケリーのことを数少ないの「真」の教師の1人であると述べている当時の学生が何名かいる。ブレンダン・マーは、次のように述べている。

まちがいなくケリーは、私が出会った数少ない真の教師です。彼は喜んで学生のアイデアを聞き、学生がうまくできるように励まし、後押ししました。これは、学生を機械的に真似るだけの人間にしないということであり、また、狭い意味での自分の弟子にもしないということです。ケリーがそうしたことによって、私たちの多くは尊重されていると感じ、彼に遠慮なく反対意見を言うことができ、彼は自分がまちがっているかもしれない可能性を常に頭の片隅にもっている、と感じました。それによって、私たちは生涯の友人となり、ケリーという人物を敬服し、私たちの信念に誤りがある可能性に気づき、私たちがいけると思ったアイデアを自由に追究できました。そうすることが、ケリーの教育に敬意を払うことになる、と思っていました。

一方で、自分たちに対するケリーの扱いが非常に冷淡であったと受け取る人もいた。当時の学生が語った、教師としてのケリーの例をいくつかあげよう。その例には、ケリーに対して怖いと思ったり、気をもんだり、あるいはとげとげしく感じた者がいたことが表されている。

たとえば、ウィリアム・ペリーは、ケリーと出くわしたときのエピソードを語っている。

1963年、パロアルトでの1年間のインターンシップからオハイオ州にもどってきたとき、私はあごひげを生やしはじめたところでした（歴史的に、この時代は「ビートニク」と出はじめの「ヒッピー」世代が混ざり合ったばかりの時代でした）。私がもどってきた直後のある日、アープス・ホールのクリニックにケリーが入ってきたとき、ジュールズ・ロッター（Julian Rotter）教授[a]は、私のあごひげに「不愉快な態度」を示していました。ロッターは、ケリーに対して、皮肉を言いました。「ちょうど、ミスター・ペリー（ケリーがこだわってそのような呼称を使っている、と私たちの多くは思っていました）に、ひげを生やした若い男は、実のところ、権力に対して反抗しているんだ、という私の考えを話していたところですよ」。ケリーはすぐに言い返しました。「え？　ひげを生やした若い男は、権力に対してどのように反抗していいのかを知らないのだ、と思っていました」。このエピソー

［a］社会的学習理論の先取的貢献や統制の所在の提唱で知られるジュリアン・ロッター。20世紀の心理学のジャーナルでは、18番めに多く引用されている。仲間内では、ジュールズ（Jules）と呼ばれていた。

ドを私は次のように理解しています。ロッターは、私を挑発しながらも、なんらかの反応を求めていました。ケリーの返答は、それ以上の言葉を拒否するものでした。ケリーが歩き去りながら、肩越しにそう言っていたことを思い出します。

ケリーは明らかに、ロールプレイという形で、演技のスキルをしばしば利用しており、時として学生に不快感を与えていた。ルー・クロムウェルが、その例をあげている。

賛成か不賛成かを示すために、ケリーはよく非言語行動を用いいました。すごくよいアイデアを聞いたとき、彼は唇をほとんど閉じたままで息を吸い込み、にっこりしました。［中略］何かの集まりで、あるアイデアに不賛成であれば、そのグループが教員であろうと学生であろうと、かなり目立つようにメガネを外し、あたかもその場にいることを恥じるかのように頭を垂れて、メガネのつるをくわえ、頭を垂れたその姿勢から、尊敬できる見識をもった人を探して、（あたかもメガネの上から見るかのように）頭をあげて部屋中を見渡した。それから、彼らに向かって、静かに、そして心得顔で、あたかも「これまで生きてきて、これほど馬鹿げたことを聞いたことがあるか？」と言うかのように、笑いました。もしケリーが、このジェスチャーをしようして、あなたを見つければ、あなたには見識があることになります。あなたが話しているときに、ケリーがそのようなジェスチャーをすれば、あなたは厳しい状況にあることになります。その年クリニックで働いている間に何度も見たものですが、こうしたドラマチックなジェスチャーは、彼が演劇に携わっていた時代から影響を受けたものだと思います。そのときに、彼はノンバーバルな表現のパワーを学んだのでしょう。

エスター・ケイヴァ（Esther Cava）は、彼女のクラスで、ケリーが学生の心をかき乱すような行動をした例をあげている。

彼はフロイト派の心理学に対する興味や、あるいは拒絶さえも、口に出すことはほとんどなかったにもかかわらず、人間の行動のなかには、精神分析学的な、なんらかの深層の病理が原因のものがあるという考えを楽しんでいるように見えました。たとえば、私たちのクラスは、10人ぐらいで、ケリーのセミナーを受けたのですが、クラスの前で、彼は唯一の黒人学生であるB・Pさんが、口のなかで爪楊枝をまわし続けるのは、フロイト派が言うようなかなり深く根ざした原因があるに違いない、と意地悪く言いました。私たちは全員、B・Pさんのために、決まりの悪い思いをさせられました。私もまた腕を組んでいたために、同じような解釈をほのめかされ、クラスの注目を浴びてしまいました。

彼女は、ある学生が「もしケリーの仮面を取ったら、悪魔の面をしてるんじゃないかしら。そんな感じるがする」と話していた、と言っている。

その背景の話として、ケイヴァは、彼女自身や他の学生が、どのようにケリーのクラスに「割り当て」られたのか、そのことでケリーがどれほど怒っていたのか、を語っている。「学生は自分が何を学ぶべきで、何を学ばざるべきか、誰のもとで学ぶべきで、誰のもとで学ばざるべきか［中略］を決定するにあたって、かなりの自発性を発揮しなければならない」（Kelly, 1958, p.5）とケリーは考えていたために、怒ったのだろう。

ここで疑問に思うのは、ケリーが、学生に対して与えている影響を自覚していたのかどうかである。クロムウェルは、ケリーが学生たちの非言語の手がかりを読んでいなかった、あるいは見ようとしなかったということを示唆するエピソードを語っている。すなわち、ケリーは学生のコンストラクト・プロセス（construction process）を理解していなかった。ひょっとすると、故意に無視していたのかもしれない。しかし、下記のエピソードや他のエピソードが示しているのは、学生が不満をケリーに気づかせようとしたときに、ケリーが進んで変わろうとし、そして変わることができたということである。

オハイオ州立大学で、1年目か2年目のある日、ケリーは学生のグループと一緒にパデュー大学に行き、そこの臨床心理学の学生に会うことを決めました。ケリー博士は、お気に入りの学生の1人に、自分の研究室に来るように伝言を送りました。ケリーはその学生に他の学生と連絡を取り合ってもらい、旅行のプランをまとめるのを手伝ってほしかったのです。しかし、ケリーは伝言では、そのようなことは書きませんでした。呼び出された学生は、もちろん、当時の私たちの多くと同様に、とうとう自分の番が来てしまった、と思いました。結果として、その学生はケリー博士の研究室の前であまりのストレスのために無言で立ち尽くしていた、と他の人から聞きました。

よく覚えているのですが、この出来事は、学生に対する影響にまったく気づいていなかったケリー博士に、甚大な影響を与えました。よくいわれてきたように、このことについて個人的に危機感を感じたケリーは、帰宅し、みずからの役柄を書き換えました。とりわけ、①臨床心理士養成プログラムの主任を辞任、②多くの学生を「切り捨てた」研究室を引っ越し、③新しい研究室用にコーヒーポットを買い、どのような理由であれ、研究室を訪ねて、なかに入れないでいる学生に、必ずコーヒーを出した、④学生とケリーが互いの顔を見られるように、常に研究室のドアを開けっ放しにした、という役割の変化がありました。

ケリーは、自分の行動が学生に及ぼす影響を常に自覚していたとは限らない。あるいは、そういう素振りを見せなかっただけかもしれない。しかし、学生たちもまた、自分の行動がケリーに及ぼす影響を自覚していたとは限らない、という証言がある。次の例は、非常に重要な定例ミーティングのもので、ジョージ・ケリーと学生の関係を示している。そこで、ケリーは自分の著作の最新の原稿を学生に読み聞かせていた。クロムウェルは、次のように思い返す。

私たちは、まだケリーが自分たちの運命を左右すると感じ、彼に対して敵意をもっていたため、よくこの機会を「彼の著作をズタズタに切り裂く」ために用いました。時には、彼はがっかりして立ち去っていくものの、［中略］翌週には私たちの批判に答えるだけではなく、他の批判にも、ものともしないように改稿された原稿を持って、上機嫌でもどってくること［中略］に驚嘆しました。学生に対する接し方には強い非難を覚えますが、この講読は、この上ない最高の教育だったと言わざるを得ません。セミナーを受けていた私たち全員が、その本のなかに、自分たちが手伝ったアイデアや文章を見いだすことができました。ケリーは私たちの指摘に感謝し、そのやりとりで新しいものを生み出したことは明らかでした。それは、私たちの自尊心と知的な成長に大きな役割を果たしました。たんに「伝える」だけではなく、学生と一緒に、ケリーも成長できる場でした。

1958年に書かれた「大学レベルにおける教師と学生の関係」という未公刊の論文のなかで、ケリーはこのグループ体験について語り、個人的にどれほど深く関わっていたかを語っている。この本を書くことを、どのように決め、それがどのような結果になったのかを説明している。

私は、自分が書いたものが嫌いだった。しかし、とにかく、それを書くつもりだった。私は今までとは違うことをした。その週に書いたものを、私が読むのを聞いてくれ、それに対してコメントをしてくれる人は誰でも、学生であっても、毎週木曜の晩に招き入れた。それはとても骨の折れる経験だった。１ページだけ進むときもあれば、もっと進むこともあった。私は書きなおしを強いられた。私が書いたものがまったく意味をなしていない、と言う者もなかにはいた。彼らは、内容を理解することができなかった。無意味だと自信をもって言いもしたが、私にはそのすべてが本当に無意味だとは思えなかった。彼らはこのミーティングを楽しんでいた。私はプログラムをとおして、これほど強烈なグループを受けもったことはなかった。［中略］しばらくした後、次のように言った学生が何名かいる。「先生がそれをなさっているとき(ちなみにこれは3年間続いた。私にとって長きにわたる拷問であった)、ミーティングが終わった後、みんなで一緒に出かけてテーブルを囲み、『今夜こそ、こたえたかな?もう書くのをやめると思う?』と話していたことを知っていますか?」。［中略］それから、その学生たちは、個別に私のところに来ては、「他の人が批判したからといって、あきらめないでください。もっと続けてください。私は先生の味方です」と言った。しかし、彼らもグループでは、私が実際に屈伏したかのように見えるまで、来週もまた私を攻撃することを決めていたのだった。その後、学生たちはまた私を元気づけてくれた。［中略］彼らのほとんどは、今では博士号をもっているが、この体験と私自身をたいへん義理立てしてくれ、私にとってはアドバイスを求めに行ける同僚のように感じている。(Kelly, 1958, pp.13-14)

では、「ケリー自身はどのような教師だと自分では考えていたのか」という疑問に移る前に、クロムウェルのコメントを紹介する。それは、１９５８年の未公刊の論文から筆者が「発見」した文章を彼に送った後に、寄せられたものである。

ケリーは、この定例ミーティングでは辛辣なウィットを用いなかったように記憶しています。彼は、せわしなくノートを取り、私たちの批判をはっきりと理解しようとしていました。振り返ってみると、これがケリーの教歴のなかでベストな時期だったのかもしれません（彼が書き残したものを別にすれば）。彼は、私たちがもっと考えるように挑発しました。ひどい批判を甘んじて受けつつ、私たちのアイデアを組み入れながら、ケリーは私たちに強い自尊心を与えてくれました。なぜなら、私たちは自分自身のアイデアが実際に本になるんだと感じたからです。ケリーは寛大で、わざわざ私たちの名前を明記してくれました。［後略］

ケリー自身は、自分がどのような教師だと考えていたのか。「悪い教師」だと考えていた、という明らかな証拠がある。それは、いつ書かれたのかわからないが、ケリーが書いた詩である。この詩は「年を重ねたチビっ子のためのわらべ唄：ポットの私たちから、ヤカンのあなたたちへ」と題されている。この詩には従来の教師に対する大きな怒りが込められている。多くの人にとって、彼は人間的には、非常に堅苦しい人物に見えた。しかし、ケリーの理論は革命的であり、教育に対する彼のコミットメントは疑う余地がない。ケリーが行なっていたことを、彼自身がどのように考えていたのかを理解するために、この詩は重要であると思われるため、全文を載せる。

先生、先生。先生は教えた、
先生が教えることは私がすべきことだと。

シンプルに、わかりやすく教えてください。
大きなアイデアは重くのしかかるだけです。

目をとおすべきページに印をつけてください。
できたら私にそれを読み聞かせてください。
大事なことだけ話してください。
私が知っていることだけ質問してください。

さっさと単位をください。
波風も立てず、夢を見ることもないチームの一員です。
規定どおり卒業させてください。
そして各学校に推薦してください。

親愛なる先生、先生、私は雇われています。
私が教えることは先生が教えてくれたことです。
私が正当だと断言できる教育です。
しかし、先生の努力はなぜ、すべて無駄になったのでしょうか？

＊＊＊＊＊

先生、先生、先生は教わった、
知的なたわごとを。
このことをちゃんと理解してください、
先生がまだゲームを続けるつもりなら！

悪ガキどもに読み書きと計算を教えてあげてください。
悪ガキがもっているものを拾いあげて、それを大きくしてあげてください。
理屈で語らないでください。
目の前のことをしたくなるようにしてあげてください。

賛否両論のあるテーマは避けてください。
先生が売るものを、悪ガキは買うしかないのですから。
こうして歴史的な価値観になっていくのでしょう。
一風変わった考えはまっとうに扱われることはないのです。

先生、先生、だから先生は雇われたのです。
学んだことをすべて崇拝するように。
私たちがそうだと信じていること以上に
知るべきことなど人生にあるのでしょうか？

＊＊＊＊＊

先生、先生。厳しい教育を受けた先生。
真実とは先生が教わったことです。
矛盾するものは何でも罪です。
だからこそ、規律が必要なのです。

聖者をけっして疑ってはいけません。
聖者以外の人を疑わないといけません。
新しい答えはけっして求めてはいけません。
古くからある答えだけが真実なのです。

融通が利かないぐらい信頼してください、
一歩一歩進むために。
このように、権威に従ったまま、
人生は進み続けるでしょう。

そして、先生、先生…、普通の先生。
夢を捨てて、すべての時計を止めてください。
希望も時間もそう強いいるのですから。

時として、知っていることを疑ってしまうものなのです。

先生、先生、先生は無駄探しをしました。
人類が得たものを堂々と疑い、大胆に考え、
熱心に検証しようとする人を。
こういう申し立てに囲まれて、先生はどこに立っていられるのでしょうか？

生徒が勉強している校舎に行くと
ばかげた、耳障りな、容赦のない声がします。
子どもたちに臆病者の習慣を教えています。
私たちとそっくりです。

それでも、先生は私たちに不可欠な要素です。
私たちの心が安全な欲望を求めたときに否定された部分なのです。
ポカンと口を開けた私たちのなかに先生はいます。
真実が恐怖によって略奪される暗闇のなかではないのです。

先生、先生、もし私たちの
物事を理解しようとする意志が
社会の空洞を満たさないなら、

いかなる意味で私たちは自由になることができるのでしょうか？

＊＊＊＊

評論家、教師、ヤカン、ポット、
間抜け、いじめっ子、そしてわからず屋、
自由を下水に流している間、叫んでください、
「責任は教育にある！」と。

この種の教育では、夢もなければ疑うこともなく、何より、自由を下水に流してしまっていた。1958年の未公刊の論文のなかに、教師のあるべき姿について、ケリーがどのように考えていたのかが書かれている。予想がつくように、それはパーソナル・コンストラクト理論の原理に基づいている。また、学生に対する有害な行動を、すべてではないにしろ、ケリーが自覚していたかもしれないという証拠も含まれている。

高校であれば、教師は生徒をコントロールしようとするだろう。生徒がすべきことをさせようとする。顔をしっかり洗うように、辞書を使うように、百科事典を探すように、あるいは、宿題でない本も読ませようとする。このようにコントロールしようとする。しかし、大学での仕事はそうではなく、学生に刺激を与えることに変化する。学生が今もっている知識がいかにみじめなものであるのかを気づかせることによって、学生は教員に対して、また自分自身の無知に対して、あるいはその他のこと

> への激しい怒りから、外に出て何かを見つける。このように、コントロールすることをやめて、その代わりに刺激を与えることが仕事となる。しかし、刺激を与えようとする努力は、時として、台無しになるだけである。刺激を与えようとする私たちの努力は、ある種のネガティヴな敵意をもったコントロールに陥ってしまうこともある。そして、これはもちろん、私たちにとっての落とし穴である。
>
> 　これが大きな変化である。別の言い方をすると、私たちは、学生に、どのようにして、確実性を不確実性に置き換えるのかを教える必要がある。ミュージカル「王様と私」のなかに、「人が暴力的になるのは、物事がどうなっているか確信できないものの、確信がもてないことを認めたくないがためである」というセリフがある。自分で本当に心地よいと感じる物事に対して、普通はそれほど暴力的になることはない。［中略］ゆえに、教員は学生に、不確実性とともに生きる方法を教える必要があると考える。（Kelly, 1958, p.9　傍点は著者フランセラによる）

学生との「新しい権力関係」を、どのようにして築けるかを例証するために、ケリーは自分の原稿について、学生のグループと議論した自分自身の経験に再び触れている。これは、「学生として来る人たちを、同僚に変えること」である。教員でも理解できないことがあると述べることによって、基本的に権威者としての自己を破壊し、自分が抱えている難問や関心事に、学生を巻き込む。

> 私はまた、教員は学生たちに教えないということを教える必要があると考える。［中略］もし、私たちが問題を解こうとしていたり、何か研究をしていたり、原稿を準備していたりするのであれば、学生と一緒に努力してやっていこう、とうながす必要がある。学生にアイデアをねりあげるのを手伝ってくれるように頼むことは、非常に有益であるが、それはまた非常に苦痛をともなうことである、と

警告しておきたい。（Kelly, 1958, p.12）

ケリーは、コンストラクティヴ・オルタナティヴィズムの哲学を、実践で論証しようと努めていた。実際、ケリーは人間についての信念を堅持していたようである。つまり、いかなることにも常にオルタナティヴな見方が存在し、人間は個人的な実験を行ない、複数の行為のなかから選択できる。ケリーのおもな実験の仕方は、刺激を与えること（challenge）であった。学生とケリーのやりとりについての多くの報告から、ある特徴がはっきりと伝わってくる。すなわち、ケリーの刺激に対して、みずからもケリーに刺激を与えることによってこたえた学生は、そうしなかった学生よりも、ケリーとつきあううえでトラブルがずっと少なかったようだ、ということである。それはさておき、自分自身が反逆者であるケリーは、他者が反抗することを実際に楽しみ、またそのように仕向けていたと考えられる。それゆえ、反抗されなかったときに失望したのだろう。

3. 対人関係と個人的な関わり

パーソナル・コンストラクト理論は、「全体として」の人間という考え方を支持している。情動（感情）と認知（思考）は二項対立（dichotomy）ではない。しかし、私たちの「存在」のすべての側面が、同じようにスムーズに動く理由はない。個人的あるいは情緒的な要素を求められる対人関係になると、ケリーにはいくつか問題があった、という証言がある。ここで、「ジョージ・ケリーは他者を気遣っていたのか？」という疑問が生じる。ケリーは、たしかに他者を気遣っており、深く気遣ってはいたものの、それをはっきりと示せなかったか、あえて示そうとはしなかったか、少なくとも誰にもそれを見せることはなかった、というエピソードが数多く存在する。たとえば，相手にとって何かよいことを言えることなどが，ここに含まれる。クロムウェルは，「私の経験では，ケリーは面と向かって相手を心から励まそうとするとき，いつも決まりが悪そうでした」と語っている。クロムウェルは，自分が試験に失敗した後の，ロッターとケリーの励まし方の違いを話している。

ジュリアン・ロッターは，ドアの窓から覗いて私を見つけ，手を振って私を廊下に呼び出しました。温かい笑みを浮かべ，「まだまだ君を信頼していますよ」と言い，何かの用があるようで，慌ただしく去っていきました。ケリーの励まし方は，ずっと長く，非常に不器用でした。スピーチの準備がほとんどできていない高校生のように，たどたどしく話しました。私が何分かいたのは，ケリーの研究室でしたが，奇妙にも私よりもケリーのほうがかわいそうに思えました。ケリーの誠実さには，疑う余地がありませんでした。しかし，ケリーはこのようなことを行なう役柄をもっていませんでした。ケリーの居心地の悪さや不安は，私の失敗を和らげるよりも，むしろ悪化させました。振り返ってみると，励ますのが苦手なのは，気遣うことや共感するといった要素と関係していると思います。

心臓発作のすぐ後に書かれた「混乱と時計」というエッセイに最も如実に，ケリーが他者への気遣いを示すときの問題が現れている。そのなかで，妻子に対する感情を語っている。『人間の感情』というケリーの著書がある。それは完成していないが，多くの章は1969年にマーが編集した本（Maher, 1969）のなかで見ることができる。その本のある章が「思っていたより自伝っぽくなってしまった」とケリーが筆者に語ったとき，このエッセイのことに触れた。

思い出すのは、妻を見あげながら妻がそのとき体験していたはずのショックについて考えていたときのことである。妻は、やるべきことをやるべく、あれこれしていたが、そのとき、表面的には何のショックも受けた様子がなく、ただ、てきぱきと、すばやく用をすませていた。心に浮かんだのは、妻のことを強く誇りに思っていること、妻はおそらく私がずっと思っていた以上に強いのだということ、そして、人間のパーソナリティには日々の生活で簡単に見落としてしまいがちな大きなリソースがあるということである。［中略］（Kelly, 1978, p.221）

人間関係はどうなるのだろうか。ほとんど何も共有していない人にとっては、あなたがいなくなったとき、その人の記憶には、ほんのかすかに、そのなごりがあるだけである。一方、たくさんのことを共有した人にとっては、あなたがいなくなったとき、その人の記憶には、とても大きな虚無感が残る。［中略］（Kelly, 1978, p.227）

しかし、まだ金曜日の朝だった。娘と息子の顔を思い出す。ひどく心配しているようだったが、私の見る限り、パニックの兆候はなかった。［中略］

無数の考えが頭をよぎった。漠然としたものや大切なものもあった。私は長い間、それを子どもたちと分かち合っていると思っていたが、子どもたちは、もっと幸せな時間を常に求めていたようであった。私は、緊急時に子どもたちが当然父親に期待するような安心感をなんら与えることのできない無力さを呈して、一番父親らしくない姿でそこに横たわっていたり、子どもたちの将来についてきちんと計画もせずに、別れようとしたりしていただけでなく、常に心のなかにあったことを子どもたちに伝えたいという最後の希望すら絶とうとしているところであった。私はこのようなことをすべて感じ

た。ここに書かれているような文章としてではなく、すべてを１つの塊のようなものとして感じた。［中略］

家族の誰かが亡くなるとき、残りの家族はどれほどの罪悪感をいつも感じ、その故人をどれほどひどく扱ったのかということを思い出しては、内心落ちこむのだ、とふと思った。この種の罪の苦しみがどれほどひどいものであるか、また、時期を得た、元気づけるような言葉をどれほどありがたく思うかを理解している。だから、私はそこに立っていた3人の家族を、自分にとっては、申し分なくすばらしい家族だ、と言って元気づけたかった。しかし、「臨終」のシーンをドラマ仕立てにせずに、どうすれば、それを言えるのだろうか！　そうなるよりかはましだと考えて、自分の口を閉じていた。

（Kelly, 1978, p.226）

それは、またしても、幸せな時間ではなかった。

ケリーが感情をオープンに表現しようとしない別の例としては、ケリーと筆者が会ったときの話がある。そのときは、筆者の父の死によって、やりとりがのびのびになっていた。サンフランシスコからニューヨークまで、アメリカを横切る講演旅行の最後に、ケリー夫妻のもとに滞在するよう招待された。ボストンの空港のあちこちを歩いたが、彼を見つけることができなかったため、出口のところで立ち止まり、あたりを見渡した。すると、ガラス越しに彼が見えた。彼は、ガラスを見ながらにっこりしていた。私が彼を見つけると、慌てて、私に顔をかなり近づけて、「それでいい」（That's better）と言った。父の死については、一度も話題にのぼらなかった。しかし、ケリーが私を気遣っているということはわかった。

「舞台裏の行動」の多くの例が示しているように、ケリーの他者に対する気遣いはプライベートの時間に起こった。フランツ・エプティング（Franz Epting）は述べている。

ケリーが亡くなってしばらくした後、オハイオ州立大学の臨床心理学プログラムの教員の1人が、ケリーが私のことを心配して電話をしていたことを知っているかと尋ねました。ケリーはその先生に電話をし、学生たちがよい職を得られたかどうかを尋ねたそうです。学生たちがふさわしい職を見つけられるように手助けしたかったらしいのです。ケリーがその先生に尋ねてくれた学生に私も含まれていました。そして、その先生は、私がフロリダ大学で職を得たと伝えてくれたそうです。これを聞いて私は非常に驚き、当然、この上なくうれしい気持ちになりました。ケリーが私のことを気にとめていてくれていたなんて、知る由もありませんでした。ほとんどの場合、問題は、自分がケリーにどのように思われているのかが、正確にわからないことだったのです。

以下は、マーのコメントである。

ジョージは寛大な人でした。オハイオ州立大学の大学院生のとき、私は妻と出会いました。私たちは2人とも、医学部での臨床のインターンシップに申し込んでいました。非常に魅力的なインターンシップだったので、とても高い倍率でした。2人とも採用されたときには、大喜びしました。インターンシップがはじまる数日前に私たちは結婚しました。私たちが腰を落ち着けられるように、ケリーが臨床プログラムの主任に、私たちがそろって採用されるように、それとなくお願いしてくれていたことを、ずいぶん経ってから知りました。ケリーは私たちに聞かなかったし、一度もそのことに触れませんでした。彼の気遣いを、ずいぶん経ってから、他の人から聞きました。［中略］ジョージは、何も言わずに他の人を助けようとしていました。彼は学生たちが抱えている問題や有しているリソースについて、非常によく知っており、それを口にすることは、まずありませんでしたが、親切にも学生の生活の負担を軽くしようと、いろいろ取り計らいました。彼の以前の秘書は、学生に対してケリーが内緒で優しくしていたが、学生や他の人がそれにほとんど気づくことがなかった、ということについて、繰り返し述べています。

第2節　ケリー自身の理論から見たケリー

筆者は、ジョージ・ケリーを「見つけた」とは思わないが、第1章を書きはじめたときよりは、身近に感じる。ケリーのことをもう知っており、すでに見つけたと思っていることが複雑に入り組んでいるため、ケリー自身の理論に照らし合わせて、まとめてみることにする。ケリーの「臨床的コンストラクト（professional construct）」の観点から見ていく。これは、自分自身や他者を理解するうえで有用である、とケリーが示唆したコンストラクトであり、これにより、前に道が拓けるかもしれない。

クライエントに十分に耳を傾けるためには、自分の理解過程、とくに私たちが重要だと思っている個人的な価値観を脇に置かなければならない。そして、クライエントが生きている世界の、ぼんやりとした感じやイメージをつかむために、「軽信的（credulously）」に傾聴しなければならない。パーソナル・コンストラクト療法のセラピストは、クライエントの語ること、あるいは話すことについて、けっして価値判断をしない。

1．クライエントとしてのケリーのストーリー

筆者には、ケリーが非常に才能に恵まれた子どもであった、というイメージがある。アメリカ中西部の

農場で育ったが、そこは何年も後に主要な「黄塵地帯」として知られることになる場所である。ケリーの世界は1つで、そこには、他の子どもがほとんどおらず、両親を除けば、大人さえもほとんどいなかったようである。ケリーは、とても幼いころに孤独というものを知ったのだろうか。明らかに、自分のことは自分でするということを学んだに違いない。

13歳までの教育は、おもに農場を経営する前に長老教会の牧師をしていた父と母によってなされた。父は農場で働いており、夜明けに牛の乳搾りをしていたことがわかっている。自分の思考の境界を突破する力につながったと思われる影響が2つある。それは、カンザス平野での孤独な生活と、北大西洋を船長として航海していた母方の祖父の話である。両方とも、地平線や水平線が唯一の境界であるという生活に関係しており、自分のことは自分でするということに関係するのである。もしかすると、「真実」、生活、知識は、いつも地平線（水平線）の向こう側にあったのだろうか。

ケリーが長期にわたる正規の教育を最初に受けたのは、ウィチタの高校に通うために家を離れた13歳のときである。それからの4年間に、ケリーは4つの高校に通う。なぜそうなったのかは情報がない。しかし、ジョージ・ケリーが社会化する機会を逃したのは、ほぼ疑いがないだろう。

ここで、2つの疑問が生じる。ケリーは、家を離れて、同年齢の子どもたちに加わる自分自身について、どのように考えていたのか。それと、他の子どもたちは、13歳のケリーのことをどのように思っていたのか。これらの疑問に答えられる情報は、実質上、ほとんどないが、2番めの疑問に対する答えはいくつか推測できる。

通常の社会化が生じるために必要な仲間や大人がいなかった過去があるため、13歳で学校に行ったとき、辛い目にあっただろう、と仮定せざるを得ない。そのような早期の社会的剥奪について記された心理学の文献は意外にも少ない。しかし、子どもたちは、「変わった人」や規範を守らない人を簡単には好きにならないことは知られている。ケリーはまちがいなく，他の子どもとの関わり方の「ルール」を知らない，哀れな子どもだっただろう。他の子どもたちよりも，非常に多くのことを知っており，すぐに自分の殻に閉じこもってしまう子どもだったに違いない。ひょっとして，以前にもましてうぬぼれが強く，反抗的になってしまったのかもしれない。ケリーは，同年齢の子どもより教育的にも知的に進んでいる才能豊かな子どもであったため，退屈だったのだろう。ケリーの行動は秩序を乱すものだったのか。翌年からの４年間で４回も学校を変えたことには，なんらかの理由があったに違いない。

ケリーは，その後も，高校，大学，専攻を変更するという傾向を示している。そのような体験をうれしそうに語ったこともある。また，ケリーが自分には演技のスキルがある，と気づいていたこともわかっている。フォートヘイズカンザス州立大学在職中が，ケリーの初めての安定した時期のようである。そこにいた間に，広大なカンザス平野に点在する学校に心理的援助を提供したり，問題を抱える子どもを援助する新しい方法を発展させたりする，創造的な能力を発揮するチャンスを得た。

援助に5年間携わることで，再び創造性を発揮し，目の前の問題に対する新しいアプローチを開発する機会を得た。しかし，ケリーはまたおそらく初めて，凝り固まった組織のなかで生きるというのはどういうことなのかを知った。そこには，大義名分だけでなく，規律やルールもあっただろう。引き受けたことは何であれ，それに責任をもつ個人が重要であるという感覚と相まって，何年にもわたって規律というテーマが根本となる。

ケリーは，臨床心理学の発展に大きな役割を担いながら，非常に深く，その分野にコミットした。本当かどうかはわからないが，ケリーは臨床心理学を学んでいる一人ひとりの学生よりも，臨床心理学の専門職のほうが大事であると考えていた，といわれている。学生たちが，あらゆる意味で，誰にもひけをとらないようになることを明らかに望んだようだ。なぜなら，そうすることで，臨床心理学も胸をはれるからである。もしかしたら、自分が価値のある人間だということを他者（と自分自身にも？）に証明するために、学生たちにあらゆる意味でベストであることを望んだのかもしれない。

2. ケリーの推移的診断

ジョージ・ケリーの小史はこれくらいにしよう。推移的診断（transitive diagnosis）をすると、どうなるだろうか。臨床プログラムの学生に対するケリーの指導法には、たとえば聖パウロの人物像を呈示し、学生たちにその人についての「推移的診断」を行なわせることなどがあった。パーソナル・コンストラクト療法では、診断は治療の計画段階でなされる。セラピストは診断なしに、クライエントの援助をはじめることはできない。セラピーを導くのは診断なのである。

パーソナル・コンストラクトの推移的診断には、おもに２つの側面がある。１つは、プロセスと概念構造（conceptual structure）に関わるものであり、もう１つは内容に関わるものである。両者を完全に切り離すことは通常は不可能である。

(1) プロセスと構造

プロセスに関して言えば、ケリーは非常にタイトな理解過程（tight construing）から、かなりルーズな理解過程（loose construing）まで使い分けることができた、というイメージがある。▼[b] つまり、ケリーは自分自身と学生をきつくコントロールした。体裁と行動についてのルールがあり、それに強くこだわった。しかし、何かが心をとらえたとき、突然「アイデア遊び」ができる思考モードに変えることができた。ケリーの理論では、これら２つの思考モードを用いて創造サイクル（第４章参照）を調整していた。思考を緩めることができなければ創造性を発揮できないし、そうすることで新しいアイデアを思いつける。真正面からとらえるために、思考をきつく締めなければ、その新しいアイデアを活用できない。もしそのような急激な変化が人前で起これば、他者は非常に困惑することになるだろう。

ケリーの理解過程システム（construing system）の構造は、明らかに複雑である。ここで引き合いに出すことのできるケリーの最適な臨床的コンストラクトは、断片化（fragmentation）である。この定理でも述べられているように、人間は、互いに矛盾していると推論できる、さまざまなコンストラクトの下位システムを連続的に用いることができる。たとえば、「鞭を惜しめば子どもを駄目にする」という理由で息子をひどく殴る愛情に満ちた父親である。断片化は一貫性がない、あるいは不合理なように見えるが、ケリーはこうコメントしている。

> この種の「不合理性」を必ずしも悪であるとは思っていないということをつけ加えておいたほうがよいだろう。人間にとって、論理や推論は、存在論的な探索を導きもするが、その障壁にもなり得る。
> (Kelly, 1970a, p.20)

ケリーの理解過程には、矛盾すると思われる、少なくとも2つの下位システムを見ることができる。ケリーは、先見の明のあった人、偉大な思想家、著述家、世界を変え得る人、時には他者をだしにしてさえ、ユーモアやウィットを楽しんだ人、刺激を求めた人である。これらは明らかに、ケリーが好んだ世界、つ

[b]「タイトールーズ」という理解の次元の詳細については、第4章3節の「3. ルーズな理解過程とタイトな理解過程」参照。

まり、ルーズ（自由）な理解過程の世界であった。それは一生懸命努力した人にのみ越えることのできる地平線の世界であった。因習を打破するジョージ・ケリーが生きたのは、このような世界である。

もう1つの下位システムは、他者がいる世界で、「仕事をこなす」ことと関係している。ルールに縛られた世界で生きていくためには、その下位システムが必要である、と感じていたようである。ケリーが演じた「役割」とルールによって、「個人的」に関わることもなく、多くの職務をこなすことができた。そのようなタイトな理解過程のみでは、ルールに当てはまらない何かが起こったときに、その理解過程の妥当性がなくなり、問題を引き起こすかもしれない。

もしケリーが断片化していたということが理にかなった仮説であるなら、ジョージ・ケリーは、そのような理解過程の下位システムをいくつももっていたために、これほどまでに複雑な人物であると理解されたのではないか、というのが筆者の想像である。

（2）脅威と罪悪感

断片化された理解過程システムをもちながら、人間はどのように自分自身を維持しているのだろうか。人間には、包括的で、上位の、おそらく中核的な役割コンストラクトが、1つ以上あるのだろう。その1つは、ケリーの宗教上の信仰に関連があったかもしれないし、もう1つは、現在の学者としての地位や学問的成功のわりには、教育を十分に受けられなかったという過去がある、と彼自身が考えていたことと関連があるのかもしれない。ケリーが述べた私的なコメントは非常に数少ないが、その1つをランドフィールドが語っている。それによると、ケリーは、「私は絶えず脅威にさらされて人生を生きている」と述べている。脅威とは、中核的な役割を理解しなおしたい（reconstrue）という欲求があちこちで生じ、それが差し迫っているという気づきである。

その脅威は、ケリーの宗教と関連があったのかもしれない。ケリーは、敬虔な信仰がもはや一般的でなくなった時代に、自認するレベルの実践的なキリスト教徒であった。しかし、ケリーは宗教と科学の両方が、創造的なプロセスであると考えた。キリスト教正教徒が腰を抜かしたに違いない宗教的な例を著作に用いた。ケリーは信仰さえも失ったのか。たとえば、次のように述べることで、何を言いたかったのか。「神学は、見てのとおり、先見の明があるが、やがては、きわめていかがわしい実践になり、敏感な人であれば、もはやそれを文字どおり受け取ることを拒むことになる。こうして、かつて確信していたことから、私たちは何度も切り離され、その篤い信仰を仕方なく捨てることを余儀なくされる。本来、その信仰から、実りのある神学をはじめたのであるが」(Kelly, 1977, p.5)。あるいは、時おり、ケリーは知恵を振りしぼり、パーソナル・コンストラクト理論を、キリスト教を拡張する手段とみなしたのか。あるいは、聖書を書きなおしていたのか。もしそうだとすれば、現実に立ち返ったとき、巨大な脅威の感覚が、自身のなかに生まれていたに違いない。

子ども時代にも、別の脅威があったのではないかと考えられる。ケリーは自分自身を「貧乏なよそ者」というようにずっと理解していたのだろうか。ケリー自身の理論からすると、「うまく理解過程を更新できなかった」のか。自分自身や学生、同僚をきつくコントロールしたいという欲求は、ケリーしか知らない幼少期を守り続けようとする欲求と部分的には関連していたのだろうか。ケリーは欲求がそこにあることに気づいていた。自分が成功者であるということと、本当はカンザス出身の貧しい農家の息子にすぎないというケリーの中核的な役割とは調和しなかったのだろうか。とすれば、偽りの姿を演じていたことになる。それは罪悪感（自分の中核的な役割の外に追いやられることへの気づき）と結びついて脅威になり得るだろう。自分が成功しているという証が増えるにつれて、ますます脅威を感じ、自分が実際に世界的に著名な心理学者であると「信じる」ようになると、ケリーはいつも罪悪感を抱いていたのだろう。

パーソナル・コンストラクト理論の別の側面として、これに関係するのが社会性である。社会性とともに、「役割」（役柄）が、次のように再定義されている。ある人が別の人のコンストラクト・プロセスを理解するという限りにおいて、他者を巻き込む社会プロセスのなかで、ある役割を演じているといえる。

ケリーの行動を有害とみなす学生のコンストラクト・プロセスを、ケリーがどの程度理解していたのかについては、これまで議論してきた。学生に時おり有害な影響を与えていたことにケリーが気づいていたことはすでに論じた。ケリーは著作のなかで、人間は他者との関係において、ある「役割」を演じようと試みる、と述べている。しかし、次のようにも述べている。

> 他者を巻き込む社会プロセスのなかで、ある役割を演じるためには、他者のコンストラクト・プロセスを正確に理解する必要はない。仲間のことをひどく誤解し、仲間も誤解されていることに気づいているにもかかわらず、その仲間にも、かなり受け入れられるようなやり方で、効果的に役割を演じている人を知っている。その人は、社会プロセスのなかで、協力的な役割を演じることができ、その人の体験サイクルによって、仲間はみなある所に導かれた。なぜなら、その人は、たんに仲間の顕在的な行為に基づくだけでなく、仲間が理解しているとその人が思っていることに基づいて行動したからである。（Kelly, 1970a, p.24）

このように、他者との関係のなかで、ある社会的役割を演じることは、必ずしも正しく把握することを意味しない。ケリーは時にまちがいを犯すこともあったし、困ったときには変化しようと過激な手段をとったこともある、と認めている証言が多い。学生に対して、ケリーは、刺激的な行動をするよう入念に計画していた。実際、ケリーに関する学生の理解過程についてのケリーの理解過程は、不正確であったのか。

それとも、「刺激を与えて教える」という信念を強くもっていたため、学生がケリーに刺激を与えるまで続けたのだろうか。これらは、もちろん、どれも推測の域を出ない。しかし、推移的診断で行なわれる考え方をうまく表している。

3．ケリーは治療に適した事例か？

ジョージ・ケリーという人物について集めた情報を要約するために、推移的診断を試みたわけだが、ケリーが心理療法を受けたとすれば、それは役立っただろうか。筆者の個人的な答えは「Ｎｏ」である。ケリーは心理療法を求めていなかった。そもそも、ケリーは「問題」と呼ばれるものをもっていたのか。筆者の答えは「Ｙｅｓ」である。たとえば、自分は脅かされている、とケリーは言っていたが、それが何であろうと、それに対応するために援助してもらうことはおそらくできただろう。しかし、ケリーは心理療法を受けることを選択しなかった。ケリーはケリーという人であったからこそ、偉大な思想をくり広げ、偉大な業績を残した偉人なのである。ジョージ・ケリーの言葉で最後を締めくくろう。

> 全体が包含するすべてのことを考慮したうえで、仮に人間が1つの統合された全体であれば、その哀れな人間はせいぜい自分の「生まれたままの自己」にすぎないだろう。しかし、人間を偉大にするのは、コンストラクト・システムの推断されていない断片であることが多い。(Kelly, 1970a, p.20)
>
> 誰かケリーを見ていない？
> できるものなら見つけてごらん！

第2部　理論への貢献

第3章 心理学の理論

1955年、ジョージ・ケリーは、私たちがどのように世界を意味づけ（make sense）、また自分たちに絶えず情報を浴びせる出来事を意味づけようとするか、についての理論を発表した。この作業に援助を求める人も、求めない人もまったく変わりはないとみなされる。その人は、たんに出来事と世界を意味づけることが難しい、と見ているだけである。時おり、私たちは「症状」を作り出してしまう。これは、「混沌とした体験になってしまうものを意味づける」手段の1つである。

ケリーの著作の重要な特徴は、パーソナル・コンストラクト療法が、パーソナル・コンストラクト理論から直接出てきていることである。別の言葉で言うなら、パーソナル・コンストラクト療法は、パーソナル・コンストラクト理論の実践の一例である。

次に移る前に、コンセプト（concept）とコンストラクト（construct）の違いをはっきり述べておくことが大事である。未公刊の『わかる心理学』（Kelly, 1932）のなかで、ケリーの思想に影響を与えたものを見ることができる。ケリーは、心理学を教授法に応用しようと試みた最初の人物として、ヨハン・ヘルバルト（Johan F. Herbart）を引用し、コンセプト（概念）とコンストラクト（構成）の区別をしている。

> ヨハン・フリードリヒ・ヘルバルト（1776-1841）は哲学者であり、科学的な教育学者であった。［中略］統覚量（apperceptive mass）という彼の学説によると、精神は、そのとき意識されている考えに合わなければ、新しい考えを受け入れられない。ある考えを思い出そうとするか、思いつこうとするとき、統覚量、またはそれ以前の体験の背景が、常に考慮されなければならない。知覚とは、つまり知覚以上のものであって、その瞬間の対象のみならず、過去のあらゆる体験が融合した体験であり、それが統覚である。（Kelly, 1932, p.218）

いくつかの点で、「コンストラクト」は、「コンセプト」以上である。ヘルバルトによって提唱されているように、あるコンストラクトは、コンストラクトの「システム」に埋め込まれている。コンストラクトは何年にもわたって作り出され、使われるたびに修正され、時おり何かが欠けていることがわかることもある。また、コンストラクトは両極的（bi-polar）である。コンストラクトが示しているのは、ある状況の様子が、他の状況とどのような点で似ており、そしてそれゆえに、どのような点で他の状況と異なっているか、ということである。たとえば、プレートは、ある点において他のプレートと似ているが、それゆえに、ソーサーとは異なっている。コンセプトは、類似性だけを扱う。たとえば、プレートはプレートであり、世の中の他のどのようなものとも異なっている。最も重要なのは、コンストラクトが予測の基準になることである。このことは、人間はプロセスである、というパーソナル・コンストラクトの考え方の基本である。コンセプトとコンストラクトとの詳細な比較は、別のところですでに論じている（Fransella, 1989）。

　心理療法の理論と実践へのケリーの貢献を調べるには、パーソナル・コンストラクト理論が、１９５５年ごろにあった他の理論と、どのように異なるかを見ればよい。基本的に、当時、主流であった２つの理論的アプローチは、大部分はジークムント・フロイト（Sigmund Freud）の考えに由来し、精神分析のさまざまな形をもたらした精神力動的アプローチと、行動主義であった。行動主義モデルには、おもに2種類あった。イワン・パブロフ（Ivan Pavlov）に由来する古典的条件づけのモデルと、B・F・スキナー（Burrhus F. Skinner）に由来するオペラント条件づけのモデルであった。

このような学問的な文脈において、パーソナル・コンストラクト理論はきわめてラディカルであった。１９９５年現在でもなお、いくつかの点でラディカルである。行動主義を心理学の主流でなくした「認知革命」に及ぼしたケリーの影響は、過小評価されるべきでない。１９９５年にバルセロナで開催された国際パーソナル・コンストラクト心理学会議（International Congress on Personal Construct Psychology）で、傑出した心理学者のジェローム・ブルーナー（Jerome Bruner）は、「ケリーは中西部の黄塵地帯の騎士であり、刺激－反応心理学（S-R psychology）という竜を倒す旅に出て、勝ったのだ！」と述べた。

第１節　パーソナル・コンストラクト心理学の哲学

ある心理学の理論に、明白に規定された哲学があることは、珍しくはないように思われるかもしれない。しかし、１９５５年でも、今でも珍しい。もちろん、人間に関するあらゆる理論には、その理論が説明しようとする人間性についての哲学がある。しかし、そのような哲学は、普通、明示されていないか、覆い隠されている。学問としての心理学は、哲学から生まれ、初期の心理学のほとんどは、哲学とどれほど違っているかということを示すべく奮闘していた。そのため、哲学は心理学の主題の1つであるべきであるというケリーの主張は、心理学とはなじまなかった。少なくとも、１９５５年当時の心理学にはなじまなかった。

しかし、ケリーは哲学と心理学の対立（antithesis）の後に統合（synthesis）が来ることを示した。ケリーのパーソナル・コンストラクト心理学のすべてが、コンストラクティヴ・オルタナティヴィズムという独自の哲学に基づいている。その最も重要な主張は、以下のとおりである。

> あらゆるものに対して、現在行なっている解釈は、いずれも改訂されたり、置き換えられたりされ得る。［中略］世界と関わるなかで、常になんらかのオルタナティヴ・コンストラクト（alternative constructions）を選択することができる。誰も自分自身を窮地に追い込む必要はなく、誰も周囲の環境に身動きがとれないほど閉じ込められる必要もなく、そして誰も自分の人生史（biography）の犠牲になる必要はない。（Kelly, 1955/1991, Vol.1, p.11）

ケリーは後に最後の主張の意味を広げ、もしも私たちが自分の人生史の犠牲者だと理解するならば、本当にそうなり得る、と述べた。ケリーは、目新しく複雑な専門用語を作り出す、というアメリカの科学界の遊びが気に入っていた。このことがよくわかるのは、コンストラクティヴ・オルタナティヴィズムがオルタナティヴなコンストラクトとどのように関係しているかが論じられるときである。

これは、既存の考えを継ぎ接ぎするような、ありふれた哲学ではない。その哲学は、ケリーが「哲学の素養のある人」であったことを示している（Warren, 1989, p.298）。このことは、未公刊の『わかる心理学』（Kelly, 1932）の「心理学の歴史とその体系」と題された章に裏づけされており、そのなかで、アリストテレスの時代から１９３２年までの哲学を、心理学に当てはめるようにたどっている。

ケリーの哲学には、２つの基本的側面があり、それぞれが関係している。１つは、真実と知識の性質についてであり、もう１つは現実の性質についてである。これらは明らかに重なり合っている。

1．真実と知識の性質

　ケリーは、ここで、哲学的な危険地帯に踏み込んだ。この問題は、認識論と形而上学の議論を巻き起こしている分野と関わっており、「私たちはどのように現実を知り得るのか」ということと、「現実の究極の性質」という相互に関連した問題を問いかけている。ビル・ウォーレン（Bill Warren）によれば、ケリーは、「真実」について話すとき、その２つの分野を行ったり来たりするという、哲学者が体験するのと同じ困難を体験しているように見えたらしい。ケリーがしようとしたことは、真実に関する自分の考え方を用いて、哲学上の論争を巻き起こしている２つの分野を結びつけることである。これは、ケリーが哲学上の論争に尻込みするような人物ではなかったということの一例である。

　ケリーが、「外界に真の現実はない」とは言っていないことは、特記すべきである。ケリーは、自分が「観念論者」ではないことを四苦八苦して主張した。ケリーは、「現実とは、私たちが今語っている現実の世界であり、人間の思考という儚いものによってのみ作られている世界ではない」ということを初めから明確に述べている（Kelly, 1955/1991, Vol.1, p.5）。誰も直接的に真実に近づくことはできない、ということになる。これを読む人はみな、それぞれの理解をするだろう。パーソナル・コンストラクト理論の「個人性の定理（Individuality Corollary）」が示すように、私たちはみな、出来事が生じる世界について、異なる理解をしている。私たちは、当然のことながら、なんらかの共通基盤をもっている。その「共通性の定理（Commonality Corollary）」がなければ、私たちは、まったくコミュニケーションできないだろう。しかし、この共通基盤は１００％にはなり得ない。同じ出来事であっても、人はその出来事を違うふうに見る。個々人がそのステージの中央に、異なった「自己」をおいている、と想定されるからである。誰のステージが「真」のステージなのだろうか？

「この出来事についての、私の知覚が真であり、あなたの知覚が偽である」とは、誰も言えないと主張するなかで、ケリーは哲学者のカントの思想をたどっている。『わかる心理学』（Kelly, 1932）では、カントの哲学について、たった1か所のみ参照していることは興味深い。

偉大なドイツの哲学者であるイマヌエル・カント（Immanuel Kant, 1724-1804）は、ライプニッツ（Gottfried Wilhelm Leibniz, 1646-1716）のモナド理論を捨て、体験がそこに到達する以前の精神の性質に注目した。体験が果たす役割にあまり興味をもたなかったため、カントの哲学は、心理学の流れから切り離されることになった。（Kelly, 1932, p.218）

ケリーはまた、自分の考えに影響を与えたものとして、ハンス・ファイヒンガー（Hans Vaihinger, 1852-1933）の「かのように（as if）」の哲学（Vaihinger, 1924）についても言及している。

この本のなかで、ファイヒンガーは、神と現実が、それぞれパラダイムとしてうまくとらえられる思想体系を提示した。これは、人間の意識の領域で、神または現実のいずれかが、他のものよりも不確かである、と言っているのではなく、人間が直面するあらゆる物事は、仮説的な方法によって、最もうまくとらえられる、と言っているのである。（Kelly, 1969c, p.149）

ケリーは、アルフレッド・アドラー（Alfred Adler, 1870-1937）もまた、ファイヒンガーの哲学から影響を受けた、と指摘している。アドラーは、人間がしばしば、あたかも周囲の状況が、完全に真実である「かのように」ふるまうというファイヒンガーの意見に賛成している。たとえば、「人生は危険だ」とか、「私は弱い」とか、「他人は信じられない」というふうにである。こうした「フィクション的な観念（fictive notions）」が揺さぶられるとき、人間は問題を抱える。ケリーは、アドラーが次のように言っているのを引用している。

「劣等感」の発案者である私は、劣等感が患者の意識にも無意識にも存在せず、私自身の意識のなかにあるということを知っているため、劣等感を心のなかの何かとみなしたことは一度もなく、むしろ患者が自分の態度を首尾一貫して見ることができるよう、わかりやすさから、その言葉を使っている。（Adler, 1937, p.774）

「仮説言語」（Kelly, 1969c）という論文で、ケリーは、「真」の現実とは何か、について考えることをあきらめてしまう問題の1つは、私たちが直説法という言葉を使うことであると示唆している。直説法において、ｂｅ動詞のさまざまな形を使うことによって、「これがまぎれもない事実である（That is a fact of life）」とか、「彼は統合失調症で苦しんでいる（He is suffering from schizophrenia）」と言うことができる。そのように言うことによって、ある状況があるとき、その原因がその対象に対する私たちの解釈よりも対象そのものにあると考えてしまう。ケリーは、仮定法を使えば、「真実」というものに私たちの手が届かないということを受け入れやすくなるだろうと論じている。それに関して、ケリーは以下のように述べている。

私たちが使う動詞は、仮定法になり得ると考えてみよう。つまり、客観的な発話である一般的な直説法を使う代わりに［中略］聞き手にとって、対象に対する新しい解釈を検討できるように、動詞を変化させることができる。たとえば、「床をあたかも硬いものであるかのようにみなしている、と考えてみてはどうだろう」と言ってもよいだろう。
もしもそのように述べるなら、すぐに興味深い立ち位置にいることに気がつく。この発言は、話し手と聴き手の双方から離れ、話し手と聞き手がなんらかの結論をもっておらず、予測する心構えになっている。つまり、私たちが床はあたかも硬いものであるかのように考えたら、どうなるだろうか。仮定法の動詞は［中略］たんに現在や過去でなく、未来を指し示す効果がある。それは、続いて起こることを予測するためのステージを用意する。それは、床に対するさまざまな解釈やコンストラクトが開かれている、ということを暗に意味している。それによって、聞き手は、取り巻く状況（この場合は床）に新しいやり方で対処できるようになる。しかし、これ以上に、床を何か硬いものであるかのようにとらえることは、私たちに外から押しつけるものでもなければ、現象学が主張するように、外部の根拠から切り離されているのでもなく、その後に追究され、検証され、棄却され、また再考され得ることを意味している。（Kelly, 1969c, p.149）

言葉をそのように変えると、自分の発言に責任をもたなければならなくなる。哲学者は長年にわたって、ｂｅ動詞を使う問題について論考してきた。これは、一般意味論の提唱者のアルフレッド・コージブスキー（Alfred Korzybski, 1879-1950）が取りあげた（Korzybski, 1933）。ケリーは、自分の考えに影響を与えた１人として、コージブスキーを引用している。「ある理論の自叙伝」でこう言っている。

コージブスキーの新刊の『科学と正気』は、言語と思考との相互関連の仕方について問題を提起した。［中略］

使用する単語によって、その人の思考の構造が生じ、またそれが維持される。とりわけ、人が自分自身を呼ぶ名前によっても、その人のパーソナリティの構造が生じ、それが維持される。私たちはみな、名前にある種の特別な意味を付与している。何千年もの間そうであった。自分自身が「サウロ」だとわかっていた人は、「パウロ」として殉教した。もし、彼が「サウロ」であることに、あくまでもこだわっていたら、おそらく殉教できなかっただろう。[a]（Kelly, 1969a, p.56）

マックウィリアムズ（McWilliams, 1993）は、こうした議論をｂｅ動詞なしの英語（E-prime）と呼ばれる、一般意味論によるアプローチと結びつけた（Bourland & Johnston, 1991）。基本的に、ｂｅ動詞なしの英語を使えば、仮定法のように、個人は発言に責任を負うことになる。たとえば、「彼は馬鹿だ（He is an idiot）」と言えば、言葉上はそう見えるにもかかわらず、その発言は「真実」にはならない。もしも、私たちがその発言を、「彼は馬鹿に見える（He looks like an idiot）」や、「彼は馬鹿のようにふるまっている（He behaves like an idiot）」と変えるならば、暗に「私にとって（to me）」という単語をつけ加えたことになる。アルバート・エリス（Albert Ellis）は、ｂｅ動詞なしの英語がもつ力に気づいており、クライエントが個人的に傷つく言いまわしに注意するようにした、とマックウィリアムズは指摘している。エリスは、合理情動療法に関する何冊もの改訂版で、ｂｅ動詞なしの英語を使用している（たとえば、Ellis, 1975, 1976, 1977）。

2. 現実の性質

ケリーにとって、理解過程の本質とは、私たちが知覚する現実に対して、私たち自身のコンストラクトをもつことである。その意味で、私たちの現実は、自分自身によって作りあげられる。つまり、現実とは、私たち自身が作っているものである。

生きるということは、自分が生きている環境を思い描く（represent）[b] 個人と切り離せない。私たちは、自分自身にとっての世界を思い描くことができるため、その世界に対するオルタナティヴ・コンストラクトをもつことができる。期待に添わないときは、私たちは、環境や世界に対する自分のコンストラクトを変えることができる。

> ［中略］この理論は［中略］たんに環境に反応するだけでなく、環境を表象するという生物の創造的な能力を強調する。生物は自分の環境を表象することができるため、それに対するオルタナティヴ・コンストラクトをもったり、もし現実が自分に合わないなら、環境になんらかのはたらきかけをしたりできる。したがって、生きとし生ける者にとって、あらゆるものは現実であるが、そのように理解（construe）しようと決めない限り、変えられないものではない。（Kelly, 1955/1991, Vol.1, p.6）

こう言うと、あたかも私たちが出来事を不正確に記述している（misrepresent）かのように思われるかもしれない。しかし、それはまちがいである。第三者の目からのみ不正確な記述なのであって、当事者に

［a］ユダヤ教徒であったサウロは、はじめはキリスト教を迫害する立場にあったが、後にキリスト教に改宗し、パウロと名乗るようになり、最期は殉教した。

［b］“represent”は、哲学や心理学で「表象」と訳されるが、ここではわかりやすさを第一に考えて、「思い描く」という訳語を使った。ただ、生物全体を指す場合には、語弊のないよう「表象」と訳した。

とっては現実である。妄想や幻覚は、それを体験している人にとっては現実であり、真実である。他者を理解するためには、私たちは彼らの見方を身につけ、彼らが自分自身にとって世界をどのように表象しているかを知らなければならない。

現実の本質についてのおもな議論は、現実の本質が「現実」（実在論）であるのか、それとも「精神のなかにある」（観念論）のか、ということに関係している。行動主義における実在論は、ケリーには合わなかった。また、その対極にある観念論もケリーには合わなかった。ライシュラック（Rychlak, 1968）は、ケリーについて、こう述べている。

> ケリーは明らかな観念論者としてみなされることを好まなかったが、その理論を実在論の極よりも観念論の極に近いものと理解しても、不当ではないだろう。事実、ケリーは自分がよりどころとする次元の対極が何か、名指しで呼んでいる。［中略］ケリーは、はっきりと述べている。「しかし、私はもはや実在論者ではない。私は、クライエントかセラピストのどちらかが事実に屈しなければならないとは思わないし、また事実によってすべてを決められる必要があるとも思わない」。（Kelly, 1969d, p.227; Rychlak, 1968, p.21）

１９２９年から１９４５年までの間だと思うが、このテーマに関係すると思われる、ある詩をケリーが書いている。それは今でも未公刊の著作の１つである。

ONTA

1

（パルメニデス）そうなんだ！

ものをつかんでしっかり握って、人々はこう言った、
「ほら見ろ、これが現実だ。
堅い。はっきりしている、鮮明だ。
明日のもろい道はずっと真っすぐだろう
もし見ようとするならね
それだけだ、それはここだ、ここにあるのだ」。

これについて私は何と言おうか？

同意するほかない。

たしかに私もここにいる。

2

（アレクサンドロス）しかしなぜ人間が？

賢くあるべくどんどん話す人
夜の闇に大声でぺちゃくちゃしゃべり続ける人
そして見知らぬ者に絶えず怒鳴り散らす人。
独りで、彼らは真剣なまなざしで夢を守ろうとしている
夜明けまでか、死までか、あるいはその両方が訪れるまで
彼らはその夢が正しいことを証明しなければならない
そしてしまいには正しくないことが正しいことになるだろう。

だが、１人が口に出そうとするまで誰が真実を口にするのか？

夢を守るためには彼ら全員が論争しなければならない。

自分の世界は自分から形づくられるだろう！

3

（パウロ）生きる。死ぬ。そのあと何が？

夢を手にするために遠く離れた高みに登る人、
そこから時間を超えた空間を心に描くために。
1つの方向へ進む流れのように過去と未来を描き、
流れのなかで生まれ、困難を乗り越えて、汝みずからを見つけよ。
そうして、生命のなかで大きな運命が1つになり、
自己の不滅が見られる。

そして私？　なぜ私は思い切ってもっと大きな力と調和しないのか？

実際は、すべては失われ、その壮大な道筋からそれる。

ある一本の糸の上の真実と神々のどちらにも私はぶら下がらないだろう！

4

（ゼノン）かつてこれに気づいた、また、忘れてしまっていた
生きるべく生きた人、その名前は捨てられた年月のなかでわからなくなった、
学者さえ取りあげない。その人たちの言葉は別々の物事を意味しないが

自分のことに引きつけて描くことができた。
彼らにとっての自己とは，女性の声，小さな手，嵐，涙，
愛のなかに描かれた悲しみであった。彼らは芸術という財産を残さなかった，
だが頭上で彼らの子どもたちが階段をのぼっているのが聞こえる。

彼ら以外の誰にとって現実がそれほど近く接近したのか？

ここは見知らぬ世界ではない。その鍵は私の心のなかにある。

私は触れ，私は試し，私は調べ，私は感じ，
そしてつまずきながら私の階段をのぼっていく。

理解過程のもつ重要な側面の１つに，抽象化がある。ケリーはここでもまた，コージブスキーの影響について語っている。コージブスキーは，自分たちを取り巻く生の流れを抽象化し，そこから素材を選ぶことで，現実を作りあげている，と述べた。この見解によれば，世界についての心的表象や抽象化は，「それが本当はどのようなものであるか」ということと同一でない。したがって，私たちは，このような抽象化にラベルを貼るために言葉を作る。

スチュワートとバリー（Stewart & Barry, 1991）は，コージブスキーが物理学者のエルンスト・マッハ（Ernst Mach, 1938-1916）の考えに大きく傾いている，と言っている。ケリーが物理学を学んでいたときに，マッハの考えに出会っていたのではないか，とも考えられる。おそらく，マッハの考えによって，ケリー

の想像力がかき立てられたが，当時はそれがどう関係してくるのかわからなかったのだろう。

ケリーが物理学を学んでいたのは，アインシュタイン（Albert Einstein, 1879-1955）や量子力学が，ニュートン的科学観に対して，異議を唱えていたときであった。そのため，現実の性質についてのケリーの哲学的見解と，アインシュタインの見解とを比較することは興味深い。

物理学上の概念は，人間の精神が自由に生み出したものであり，それは外部世界によってのみ決定されるように見えるとしても，実はそうではない。現実を理解しようと努力する点で，私たちは蓋が閉まった時計のメカニズムを理解しようとしている人に，どこか似ている。表面や動いている針を見たり，カチカチと音を立てているのを聞いたりもするが，その蓋を開ける術をもたない。もし頭がよければ，自分が観察するすべてのことを説明し得るメカニズムのなんらかの図案を描くことができるかもしれないが，その図案が自分の観察したことを説明し得る唯一の図案だとはまったく自信をもてないだろう。自分の図案と実際のメカニズムを比較することはけっしてできないだろうし，そのような比較が可能かどうかといったことや，それがもつ意味も想像することさえできない。（Einstein & Infeld, 1938, p.33）

数十年後，ケリーは次のように言っている。

現実に対する私の唯一のアプローチが，現実に対して応答できる，なんらかのコンストラクトを試みることにあるといっても，現実がそこにある，と仮定できないということにはならない。人間にとっての開かれた質問は，現実が存在するかどうかではなく，人間が現実をどのように作りあげることが

できるか、である。（Kelly, 1969e, p.25）

現実がどのように理解されるかということは、科学がどのように理解されるかということと、ケリーの枠組みにおいては、クライエントがどのように理解されるかということを暗に意味している。

アイザック・ニュートン（Isaac Newton, 1643-1727）と行動主義者が述べた実在論では、科学とは現実世界を探究することであり、少なくとも測量され得るものだとみなされていた。実在論者から見た科学の役割とは、世界についての「事実」を明らかにすることである。それは、実験によって行なわれる。

科学に対する実在論的な見方をするニュートン派を表すために、ケリーは断片蓄積主義（accumulative fragmentalism）という、一風変わった別の専門用語を作った。ニュートン学派の科学者は、世界を現実そのものとみなし、ある仮説を検証しようと努めている。つまり、世界が現実そのものであるということが、いい本当に真実であるかどうかを確認するためにである。ケリーはこう言っている。

> 断片蓄積主義者にとって、次のステップは、もう一片の真実を探すことである。［中略］このことについて、さらなる問いを検討する理由は、自分がまちがっていたという証拠のみである。このような問題がいつでも起こり得るため、注意深く追試を行ない、問いに対する答えが、絶対に明確で取り消せないくらい正しいことを確認する！（Kelly, 1969f, p.126）

現代の理論物理学者のデヴィッド・ボーム（David Bohm, 1917-1992）は、私たちの世界のさまざまな側面を扱いやすいかたまりにわけることは、本来まちがっていないが、人間に適用するときに害が生じる、と指摘している。

そして、断片的世界観に支配された人間は、世界や自分自身をその世界観にふさわしいように破壊することになり、すべてのものが自分の考え方に一致するように見えはじめてくる。かくして人びとは、みずからと世界を断片化して見ることの正当性があたかも証拠立てられたかのように思い込むことになる。ついには断片化が、人びとの意志や欲望から独立した自律的な存在であるかのように受け取られることになる。そのため、断片化をもたらしたのは、断片的世界観に従って行為している自分自身なのだ、という事実が見過ごされてしまうのである。(Bohm, 1980, pp.2-3　井上・伊藤・佐野訳、2005、p. 26)

一方で、観念論者は科学と実験にまったく関わろうとしない。ケリーは、他とは異なる、中庸的な立場をとった。つまり、現実は存在するが、私たちがみずから作り出した現実に近づく可能性をもっているだけである、というものである。コンストラクティヴ・オルタナティヴィズムに基礎をおく科学モデルの場合、科学者は予測を確認しようとしている、とみられる。

コンストラクティヴ・オルタナティヴィストにとって、次のステップとは、自分の仮説を改良できるかどうかを見きわめることである。たとえば、最終的な実験の結論を書きあげるときに、新しいやり方で問題を公式化したり、ふと思いついた新しいアイデアが示唆するものを追究したりする。(Kelly, 1969f, p.127)

このようなことが、すべて、どのように心理療法に直接的に関連しているか、ケリーは次のように述べている。

これまでに科学者について論じてきたが、述べてきたことはすべて、科学者であると思っていない人々にも、同様に当てはまるものである。「よい習慣」、「賢い解決」、「正しい知識」、「達成された行動」のトークンのような断片を蓄積する心理療法の患者は、自分が獲得してきたものを忘れる以前の話として、みずからの人生をとても不幸にしがちな傾向がある。そして、失いはじめると、すぐに何もかもが崩壊してしまうように見える。いったん、自分の結論が正しいことが確認されると、真であると証明済みのものをさらに追究することに意味はない、と患者は思い込んでいたのである。

さらに悪いことに、担当のセラピストが提案したり、励ましたりする命題が、どれも脅威となる。それは患者の生き方が、全面的に妥当性を失うということと、すでに患者を飲み込んでいる混沌が拡大することを暗に意味するからである。セラピストは、そのような人が思いきって新しいことに挑戦できるぐらいの知力を得られるように援助するという、卓越したスキルをトレーニングすることの必要性に気づくだろう。（Kelly, 1969f, p.127）

すでにコンストラクティヴ・オルタナティヴィストの見方を身につけているか、セラピーを受けている間に、そのような見方をできるようになったクライエントは、これからの自分がどのように変化するかということに関して、脅威を感じずにすむ。そういうクライエントは、ある仮説を考慮する際に、別の仮説を放棄する必要はないことがわかっている。クライエントは、実際の生活を使って、実験ができるし、それを自発的に行なっている。これがケリーの哲学の不可欠な側面であり、パーソナル・コンストラクト療法の中心的な役割を担っている。

パーソナル・コンストラクト・アプローチの心理療法やカウンセリングのトレーニングを受けたい人は誰でも、この哲学的観点からはじめなければいけない。

３．ケリーの理論と哲学

ケリーが哲学の素養のある人だったことは明らかである。ケリーの著作を用いて、ケリー独自のコンストラクティヴ・オルタナティヴィズムと理論を、他の哲学の文脈で位置づけることが可能である。パーソナル・コンストラクト理論は、現象学的な理論として説明されることが、最も一般的である。ケリーは、１９３２年という早い段階で、未公刊の『わかる心理学』の「心理学の歴史とその体系」という最終章で、現象学に言及している。

> ブレンターノ（Franz C. H. H. Brentano, 1838-1917）は、作用心理学者の流れで次にくるカール・シュトゥンプ（Carl Stumph, 1848-1936）に影響を与えた。シュトゥンプの最大の関心事は音楽であったが、その関心を学問に結びつけた。ドイツでは、心理学が哲学の一分野と考えられていたため、彼は哲学者になり、音楽心理学の分野で重要な貢献を果たした。［中略］シュトゥンプは作用心理学（act psychology）というブレンターノの伝統を進展させたが、彼の学生の1人であったフッサール（Edmund G. A. Husserl, 1859-1938）は、その学説を少し変更した。彼は、作用と現象を区別した。この区別をもとにして、現象学と呼ばれる心理学の一体系が発展した。純粋な作用心理学においては、心理学のテーマになるのは有機体の作用であり、現象学では、作用が指し示す事象であった。（Kelly, 1932, pp.220-223）

その後、１９５９年、ケリーは自身の理論について再びこう言及している。

これは現象学的な理論なのか？　仮に［中略］現象学にさまざまな形や幅があるとしても、パーソナル・コンストラクト理論の（基本）公準では、通常の現象学的なコミットメントをしていない。たとえば、人が自分の知覚のみに取り巻かれているとは言っていない。事実、誰しも自分の状況に取り巻かれている感覚（sense）がある、という主張から議論をはじめている。また、個々人のもつ世界が、孤島のような世界であるとも言っていない。「個人的な（personal）」と「私的な（private）」という単語は、明らかに同義語ではない。他の木と同じように、原生林でも木が倒れると、ドスンという音がする、と私は考えている。さらに言えば、現時点では、どのようになるかは言えないが、何世紀も前には、誰も聞いたことがなかったものに関心が集まり、ついにはそこから科学的に重要なものが生まれるかもしれない。（Kelly, 1959a, p.6）

ウォーレンは、哲学一般の文脈のなかで、コンストラクティヴ・オルタナティヴィズムを分析している（Warren, 1989）。彼は、ハイデガー（Martin Heidegger, 1889-1976）の思想と結びついた、フッサールの後期思想が、実存的現象学になったことを指摘している。実存的現象学とは、「生活世界（Lebenswelt; life world）」という専門用語でたくみに表現され、現象におけるとくに人間の側面を主題としている。個人と集団の「生活世界」を理解しようとしている、この後期の発展のほうが、ケリーは自分にずっと合っていると思っていたのではないか、とウォーレンは考えている。そして、哲学がプロセスや変化にいっそう関心をもつようになるにつれて、「パーソナル・コンストラクト理論がますます注目され、その哲学的な統合性がより明白になる」と結論づけている（Warren, 1989, p.287）。

１９８０年代に注目が高まった「構成主義（constructivism）」とコンストラクティヴ・オルタナティヴィズムとの関係については、第４部で取りあげる。

第2節　全体としての人間

20世紀の心理学の主要な動向を見ると、人間の異なった側面に焦点を当ててきたことがわかる。人間を理解するにあたって、精神力動的アプローチは、人間の情動と動機づけに注意を多く払っているが、思考プロセスにはほとんど触れていない。行動的アプローチは、明らかに行動に焦点を当て、また欲求と衝動の観点から、しばしば動機づけに焦点を当てているが、行動との関係を除けば、情動についてほとんど触れていない。

自己理解と他者理解に対するケリーの最も重要な貢献には、心身二元論の否定がある。ケリーにとって、考えること（thinking）と感じること（feeling）は不可分であった。

ケリーはパーソナル・コンストラクトという単一の理論の枠組みで、人間の体験過程のあらゆる側面を包含しようとした。人間は動いている。人間は体験し、生きている存在である。人間は感情であり、思考であり、「無意識のプロセス」である。ケリーは、学習、動機づけ、情動、知覚など、人間であることに関するすべての説明を、自分の理論に組み込もうとした。精神と身体を分けると、私たちの誰もが危害をこうむる、というケリーの強烈な実感は、けっして一般的に受け入れられた見方ではなかった。パーソナル・コンストラクト療法が認知療法の一種だと論じる人（第４部参照）は、ケリーが人間の体験過程についての理論を公式化したという意味をつかみ損ねている。これは、それが本質的に変化についての理論であり、プロセスについての理論であるということを意味している。理解すること（construing）は、「考えること」でも「感じること」でもない。それは体験的に区別するという行為（act）である。私たちの周りの特定の事象が、同じように繰り返しており、そのことによって他の事象と異なっているということを、私たちはある気づき（awareness）のレベルで知覚している。いったん、私たちがある事象と別の事象との（区別された）類似性と相違性に気がつけば、私たちは将来の事象を予期できる。体験過程（experiencing）と理解過程（construing）は、同じプロセスの一部であり、一組のものである。理解せずには体験できないのと同様に、体験せずには理解できない。

> これら2つのコンストラクト（情動と認知）を分けるという伝統的な区分が、かつては有効であった他の伝統的な区分と同じように、微妙な問題を扱う心理学研究の障壁になってしまっている。人間の体験をそのように分割してしまうと、心理学という科学に新しい命を吹き込む、ホリスティックな息吹を、最大限に活用することが難しくなる。（Kelly, 1969g, p.140）

ケリーは、みずからの理論のなかに、情動経験を統合している。人間の理解過程システムが推移（transition）しているか、あるいは直面する事象を理解するには不完全であるという気づきと、情動経験を関連づけたのである。その推移、または不完全さを体験するのであって、考えるのではない。

ここで、パーソナル・コンストラクトの理論と、個人の理解過程を区別しておくことは重要である。理解過程とは、思考と感情の両方に関するものだと理論でいわれているからといって、私たち、あるいはクライエントが、それをそのように見る（理解する）必要があるということを意味するわけではない。クライエントが、身体と精神は「相互に作用し合っている」と理解するのももっともである。私たちが臨床家として「身体と精神は相互作用する」と言っても意味をなさないが、クライエントにとっては意味をなすであろうし、それこそ私たちがとらえようとしているクライエント自身の理解過程である。

ケリーが定義した情動の詳細は、次章で述べる。

心理学では、身体と精神の区別が事実である、すなわち現実である、と主張する人は多い。ケリーは、その区別が事実ではなく、人間の複雑さに対する意味の与え方の１つにすぎない、と言った。多くの心理学者はデカルト的な二元論の見方以外では考えられないようである。パーソナル・コンストラクト理論を使えば、このような心理学者のなかには、敵対的な人がいることを示すことができるだろう。つまり、彼らはある気づきのレベルで、心身二元論に対するオルタナティヴな見方があることを知っている一方で、その二元論が健在であるという見方を裏づける証拠を強引に引き出し続けている。

第3節　明確な人間モデル

ケリーの教育歴を考慮するなら、ケリーの人間のモデルが科学者のモデルであることは、驚くべきことではない。予期と予測があらゆる科学の中心にある。

ケリーは、心理学者がみずからを科学者だとみなしたがることを指摘した。心理学者は、出来事を予測し、制御できるようになることを望んでいる。ケリーは、なぜ心理学者が、実験の「対象者（subject）」が出来事を予測したり制御したりする権利をもつことを否定したのか、と問うた。私たちが自分たち一人ひとりを、あたかも科学者である「かのように」みなすならば、どうなるだろうか、と問うた。誰もが自分に関係する出来事の経過を予測し、制御し、個々人が理論をもち、誰もがこれらの理論から導かれた仮説を検証し、そして、誰もが実験で得られた証拠を評価しようとしている。

このモデルには、１９５５年の主著を出版してしばらく経つまで、ケリーが詳細に論じなかった含意がある。通常の心理学実験では、従属変数は行動である。予測し、制御しようとする最終結果が行動である。しかし、ケリーは実験のパラダイムの範囲内で、行動の性質を変えた。たとえば、ある気づきのレベルで、私の目の前にいるクライエントとよい関係を築いているという理論をもっている、としよう。そして、クライエントの問題が父親との関係にある、と私が思っている場合、次のように仮説を立てる。もし私が彼の父親との関係について尋ねるならば、彼は私に話してくれるだろう。私とクライエントとの関係が仮説どおりであると知る唯一の方法は、行動することである。つまり、私が彼に尋ねることである。ケリーは、これを「行動とは実験である」という論文で詳細に述べている。

たとえば、逆に蛇をかわいくする実験（the reverse snake charming experiment）をあげよう。それは行動療法のよく知られた典型である。課題は、蛇を見て脅える人に、いかに蛇がかわいいかをわからせることである。最初のステップは、その仮説を検証することである。［中略］次のステップは、行動に出ることである。すなわち、疑問を行動で示すのである。（Kelly, 1970b, p.268）

行動療法家がすることとは、科学者（クライエント）が、自分の実験によって仮説が妥当であったかどうかがわかるように、一つひとつの実験の境界を設けることである。

行動を最終結果（答え）というより、むしろ実験（問い）としてみなすと、他者理解だけでなく、心理療法のプロセス全体に重大な影響を及ぼす。私たちは、行動に基づいて人間を「判断」しているのではない。なんらかの個人的な理論に基づいて、人間の行動を「解釈」しているのではない。その代わりに、クライエントが行動することで疑問を投げかけるように、私たちは問いを立てるのである。それゆえ、こう自問する。「私のクライエントはどのような実験を行なっているのだろうか。どのような実験のために、クライエントはこのようにふるまっているのだろうか？」。もう１つ、奥深い重要な示唆がある。仮にクライエントの行動を、自分の人生がどのようなものであるかということについての、個人的な理論を検証する手段とみなすならば、セラピスト自身の行動が、クライエントの理解過程が妥当であるかどうかを示す手段になる。セラピストがクライエントとどのように関わるかということが，そのプロセスできわめて重要になる。

第４節　能動的存在としての人間[c]

ケリーが最も嫌った精神力動的理論と行動理論に共通する側面は，人間を，あたかも私たちはみな出来事に押され，引っ張られている「かのように」扱っているという点であり，自分のことを自分で決める存在であるとはとらえていない点である。これは，誰もがやりたいことをそのままできるということを意味しない。私たちは，自分たちが生活している社会的文脈と物理的文脈に制約され，また，どのようにその状況を自身に表象するかということによっても，制約を受ける。しかし，私たちはまた，このような表象とは別に，自分を尊重することができる。自分によりフィットし，将来の同じような出来事をうまく制御できるようになるような，別の理解の仕方がないかを見るためには，時として，セラピストの手を借りることもある。私たちは自分自身の現実を作りあげ，自分自身をも作りあげるのである。

[c] ここでいう「能動的存在」とは，“actor”の訳である。フランセラによると，“reactor”（受動的存在）との対比である。第４部でも触れられている構成主義の文脈では，同様の意味で，“active agent”や“proactive being”といった表現がされることがある。ただ，“actor”には「役者」という意味もあり，この概念はケリーの理論を理解するうえで示唆的である。

第5節　動機づけという概念の放棄

ケリーは、他の理論家が物体はなんらかの力で動かさなければ動かないと仮定しているように、物理科学を模倣する必要はない、と感じた。行動主義者は、私たちが何かをする先天性の、あるいは学習性の衝動や「欲求」を引き合いに出した。フロイトは、物理エネルギーという概念から、「心的エネルギー」という概念を導き出した。「無意識」は、あらゆる心的エネルギーが存在するところにあるとみなされ、そこから、それがパーソナリティのすべての部分にエネルギーを供給し、そして、心的プロセスを活性化していると考えられた。

ケリーは、物理科学をまねる必要はないと論じた。私たちは、動かない物体ではなく、生きているものに関わっており、生命体がもつきわめて重要な側面は、それが動くということである。なぜそれがそうなるのか、どうしてそれが特定の方向へ動くのかを説明する必要はない。

> 生命そのものは、プロセスまたは動きの一形態であると定義され得る。したがって、人間を心理学の研究対象とすると、動きが人間存在にとって欠かせない特性であり、これらを別のものとして説明すべきではない、と考えるのが当然だろう。私たちは、動きの一形態である人間について語っているのであり、動機づけが必要なものについて語っているのではない。（Kelly, 1969h, p.80）

ケリーが動機づけの概念を取り除くことが重要だと感じたもう1つの理由は、私たちが人間の行動を解釈する際に、その原因を「動機」に帰属しても、その人間に対する理解は深まらないからである。私たちは、「怠け者」という言葉で誰かを表すことができるが、その人が実際にやっていることを観察したとき、その人が非常に「能動的（active）」であることがわかる。その人がしているべきであると私たちが考えていることを、その人がしないだけである。

ケリーは、人間の動機づけの側面を、「選択性の定理（Choice Corollary）」に組み込んだ。人間は自分のために自分のシステムを規定し拡張する可能性が高い選択肢（alternative）を、二項対立のコンストラクトのなかから選ぶ。

私たち一人ひとりが、世界をもっと予測可能にし、したがって、個人的にずっと意味のあるものにしようとしている。私たちが選択することは、他者にとっては必ずしも論理的であるようにみられるわけではない。この定理では、私たちが、たとえどれほど変化したいと感じても、私たちはそういう人物であることを選択するとされている。そのクライエントの問題は、ある意味選択されているのである。なぜなら、それがクライエントのコンストラクト・システムを拡張し、規定する大きな可能性を秘めているためである。

私たちはみな、なんらかの行為と別の行為との間で選択してきた。変わるという選択をするまで、どう選択するかで行き詰まっている。パーソナル・コンストラクト療法ではよくあることだが、まず越えるべき山は、クライエントを説得し、あたかもある選択を自分で行なった「かのように」、ふるまわせることである。誰もクライエントが自分のままでいることを押しつけてはいない。クライエントは、自分がおかれた窮地に対して、なんらかの責任を負わなければならない。セラピーにおいては、ある時点で、クライエントは自分がおかれている状況の被害者であるとか、「私のせいではない」という弁明を放棄しなければならない。長引く問題に対する新しい見方を手に入れるために選択性の定理を使う一例は、第8章で吃音者について述べる際に紹介する。ここで強調しておきたいのは、「選択をすること」が、意識的な選択と同義ではないことである。理解過程のほとんどは、認知的な気づき（cognitive awareness）の低次レベルで進行する。このことは、第４章で詳しく述べる。

選択の自由というこのテーマと、自分の行為に対して責任をもつ個人という考え方は、ケリーの著作のきわめて早い時期からあった。１９２７年に、「学校管理への学生参加に関するフレンズ大学社会化計画」と題された文書を書いている。その序文で、ケリーは、自分の学位がフレンズ大学で取得したものではなかったが、学部の３年間をそこで過ごし、「他のどの大学よりもこの大学での教育によって、私は多くのものを得ることができた」と思っている、と書いている。学生協議会のメンバーであり、学生自治会憲章改正委員会の議長でもあった。この未公刊の文書の第５章は、「生じつつある不満：組織よりもむしろ問題に基づいて」というタイトルがつけられている。そのなかで、ケリーは以下のように述べている。


参加システムはすべて、実際に存在しており、存在しているように感じられる問題に基づかなければならない。学生は、心から解決策を見つけようとしなければ、満足しない点に気づくべきである。学生は、学部が今までに問題とみなしたことを解決する責任を負わなければならない。学生は、授業がどのように実施されるかに関心をもつため、教員は、学生が邪魔をしていると感じる理由は何もない。事実、授業の実施の仕方は、教師よりも学生にとってずっと重要である。それは学生が受ける教育であり、貴重な時間と労力が必要であるにもかかわらず、なぜ学生は関心がないのか。(Kelly, 1927)

学生が自分の人生に責任をもつようにうながす、というこれと同じテーマに関連して、第２章でケリー自身の教育方針を述べた。

マックウィリアムズは、選択性の定理における動機づけの側面と、本章の初めのほうで論じた科学的アプローチのタイプがつながっていると示唆した（McWilliams, 1980）。コンストラクティヴ・オルタナティヴィストが、拡張に焦点を当てているのに対し、断片蓄積主義者は、パーソナル・コンストラクト・システムを規定することに焦点を当てている。もちろん、相互に排他的なカテゴリーではない。人間は、他のアプローチではなく、あるアプローチで満足し、そのアプローチを使って、人生のある側面や人生におけるある時期を理解することが役に立つと思うかもしれない。ここで述べられていることは、存在の仕方と世界への関係づけ方という２つの異なった点である。個人の手に選択を委ねると、私たちは何とかして自分の行為に責任をもつようになるという効果がある。

第６節　弁証法の強調

アリストテレスより前の時代から長きにわたって、哲学者は弁証法的推論と弁証法的プロセスの利点と欠点について、激しく論じてきた。その最も一般的な意味において、弁証法は以下のように定義されてきた。

弁証法とは、概念的対立、社会的対立、相互連関、変化のもつ、およそ複雑なプロセスである。そのプロセスでは、世代や相互浸透、対立するもの同士の衝突によって、より完全な、またはより十分な思考の形態や生の形式になり、自己超越へと向かい、それが重要な役割を果たす。しかし、弁証法そのものが、哲学と社会学における思想史に登場するなかで、最も複雑で、最も激しく議論された概念である。（Harré & Lamb, 1983, p.155）

パーソナル・コンストラクト理論が弁証法的理論でないと論じる人は、いたとしてもごく少数だろう。

それは徹底的に弁証法的である。そもそも、パーソナル・コンストラクト理論では、すべてのコンストラクトは、心理学的に言えば、両極的であると仮定されている。パーソナル・コンストラクトを理解するためには、人は対象の間にみられる類似性が基本であることを知らなければならないだけでなく、相違性も基本になっているということも理解しなければならない。類似性と対照性（コントラスト）をいずれも要件とする。そのため、私たちは、あることが互いに類似していると判断されるような物事の基礎を探し、同様に、使い勝手のよいコンストラクトの範囲内で、他の物事に対して意味のあるコントラストを探す。ケリーは、それをこのように言っている。

ヘーゲル哲学で言うと、つまり、アンチテーゼなくしてテーゼは完全たり得ないということである。この弁証法の形式が、ヘーゲル（Georg W. F. Hegel, 1770-1831）よりもはるかに昔の、おそらくソクラテス以前の哲学者アナクシマンドロスくらいまでさかのぼることを自覚している、と言い添えておきたい。そうだとしても、弁証法の古典的な論理には、それほど関心がない。なぜなら、人間の機能の特徴を記述することの心理学的な妥当性に関心があるからである。（Kelly, 1969b, p.169）

ライシュラック（Rychlak, 1981）は、弁証法的推論のアンチテーゼを論証的推論とみなすと、これらの関連がよくわかる、と提案している。アリストテレスの論証的推論によると、「Aは非Aではない」。馬は馬でないものではない。ケリーは、コンセプトとコンストラクトの違いで、このことを指摘し、コンストラクトという言葉を使用した理由を述べている。どちらも抽象化を必要とする。しかし、さらにコンストラクトは、その抽象化においてコントラストを含む。そこには、個人的な行為に関連する「知覚表象（percept）」という概念が入っている。そして、それが予測の基盤となる。言い換えれば、論証的推論は、事実は事実であるという実在論者の考え方にみられる。私たちは、自分たちが話していることの基本的な事実を論証しなければならない。推測では駄目である。ニュートン物理学と科学の断片蓄積主義は、全般的に20世紀初頭までは明らかに論証的であった。

ケリーは、クライエントに対して、この両極性（bi-polarity）をどのように活用するかという一例をあげ、コンストラクトの「潜在極（submerged poles）」を扱うための臨床的コンストラクト（professional construct）に結びつけている。そのクライエントは、「世の中良いことばかりです。悪いことなんて何もないです」と言っている。

> そのクライエントは、さまざまな言い方ができただろう。彼女は、以前は悪いこともあったが、今は良いことばかりだと言うことができただろう。「良い－悪い」という次元が、意味のある次元であることを否定できただろうし、その次元の一端がすべてであると言い張って、そのようにする選択もできただろう。自分を除けば、良いことばかりだと言うことができただろう。あるいは、そのクライエントは、他の人が悪いことばかり探すのに対して、自分は何でも良いことばかり探す人だと言うことができただろう。結局、そのクライエントは、この2つの意味で、自分のコンストラクトを表現した。「みんなを良い人だと思おうとする長所が私にはあっても、自分が悪いのではないかと疑い、私が悪い人だと思われているのではないかと思ってしまいます」と言った。［中略］
>
> おそらく、この例は、さしあたり、臨床家がクライエントを相手にする際に、「二項対立性の定理（Dichotomy Corollary）」が、どのように役立つかを示すのに十分だろう。クライエントを、対立し合う本能的な力同士の潜在的な衝突の犠牲者であるとみなす代わりに、臨床家は、二項対立が思考自体の不可欠な特徴であるとみなす。臨床家がクライエントの言おうとしていることを理解しようとしな

がら、コンストラクトという文脈のなかで、その要素を探すのである。形式論理の立場から人間の思考にアプローチする限りは、臨床家は人間が言語化できない考えを理解できない。しかし、人間の思考に心理学的にアプローチするとき、臨床的で、かつ、もっと断片的な検査法を使えば、人間のコンストラクトが類似性と対照性に収斂するという操作的な二項対立を理解することができる。(Kelly, 1955/1991, Vol.1, pp.43-44)

他者の理解過程を把握するときに、重要なコンストラクトの対極が何なのかを見つけ出すことがきわめて重要である。それなくして、真の理解はあり得ない。たとえば、多くのクライエントは成功についてのコンストラクトをもっているだろう。しかし、その対極が、失敗や現状への満足、未成功と思っている人は、成功しているということに関して、まったく異なる世界に暮らしている。これは行動にもそのまま当てはまる。この場合、「この変わったふるまいをすることで、私のクライエントがしていないことは何だろうか?」と自問することになる。

パーソナル・コンストラクト理論の大部分が、二項対立性の定理に基づいている。たとえば、選択に関係する中心的な定理は以下である。人間は自分のために自分のシステムを規定し拡張する可能性が高い選択肢(alternative)を、二項対立のコンストラクトのなかから選ぶ。「ここが、内なる混乱がかなり頻繁に現れるところである。ある人は、安全と冒険のどちらを選ぶだろうか。目下の手堅さにつながるほうを選択するだろうか、あるいは、ゆくゆくは幅広い理解を得られる可能性のあるほうを選択するだろうか?」(Kelly, 1955/1991, Vol.1, p.45)。

第７節　予期的な行動

ケリーは、『パーソナル・コンストラクトの心理学』のなかで、ジョン・デューイ（John Dewey, 1859-1952）から受けた影響について、３点言及している。どれも、その影響が甚大だとケリーが思っていたことを示している。まず、「デューイは、行動が予期的な性質をもっていることと、人間が考えるときに仮説を使うということを強調した。パーソナル・コンストラクト心理学は、この点でデューイに従っている」（Kelly, 1955/1991, Vol.1, p.90）と言っている。

おそらく、ケリーがデューイに最初に言及したのは、『わかる心理学』のなかであり、その本で、デューイがウィリアム・ジェームス（William James, 1842-1910）の機能心理学を発展させたということと、「たぶん、デューイがおそらく存命する哲学者のなかで、少なくとも存命の教育哲学者のなかでは、最も偉大である」と述べている（Kelly, 1932, p.227）。

ジョン・ノバック（Novak, 1983）は、ケリーとデューイの関係について、教育者の見解から考察している。ノバックは、デューイを「熱烈な好奇心、豊かな想像力、実験的探究によって特徴づけられる、子どもの動機をもった自然な態度は、科学的精神態度に近い、実に近い」（Dewey, 1933, p.v. 植田訳、１９５０、p. 5を一部改変）と評している。ノバックは、仮説を立て、検証し、再公式化しようとする生来の傾向が、デューイの著書である『思考の方法』（Dewey, 1933）と、『論理学：探究の理論』（Dewey, 1938）という著書の中心的なテーマである、と指摘している。

ケリーは、その後に、デューイの考えをどのように拡張したのか、説明を続けている。「私たちは予期することをとおして事象を理解する、とデューイが述べた箇所に、人間が完全に事象の予期を志向している、ということを書き加えるだろう。人間は世界をいっそう予測可能なものにするように動き、普通は、すでに予測可能になった世界のなかだけに、ますますとどまろうとしなくなる」（Kelly, 1955/1991, Vol.1, p.110）。

ノバックは、ここでのおもな違いが、体験を3段階とするデューイの見解にある、とみなしている。第3段階は、「探究し続け、さらに深く探究するために必要な社会的相互作用」と、理解過程とをつなげることと関係がある。ノバックは、探究が「集合的知識の社会的必要性と［中略］密接につながっている」（Novak, 1983, p.327）と見ている。それは、ケリーが関心をもたなかったことである。ケリーの心理学と社会的理解過程（social construing）の関係については、第４部で取りあげる。

第8節　最小限の価値観

パーソナル・コンストラクト理論には、絶対的に良い行動も悪い行動もほとんどない。すなわち、理解の仕方に良いも悪いもほとんどなく、「存在」の仕方にも良いも悪いもほとんどない。もちろん、個人としての私たち、あるいは社会としての私たちは、あるふるまい方や理解の仕方、体験の仕方が、良いか悪いかを明確に言うことができる。ケリーは、価値や知識について論じる際に、この点について述べている。

長い間、大学院生を直に見てきて、知識の世界での自分の限界を強く自覚してきた。しかし、私には価値観があるということを信じてほしい。私には、その価値観が何なのかということが隠れた謎のようにずっと思えてきたが、価値観をもっていることに疑いはない。事実、何か面白いことをはじめるときはいつでも、価値観がそこにあるのである！（Kelly, 1959b, p.1）

価値観に大きく影響されないものが理論である。しかし、それに「価値観がない」と言うことは、あまりに行きすぎた発言であり、価値観がまったくないなどということはない。西洋文化全体が、相当な価値を含んだものである。

ベヴァリー・ウォーカー（Beverly Walker）は、ケリーの論文に埋め込まれた価値観を探し、それらが「科学者」というメタファーにつながっていることを見いだした。以下のように述べている。

　コンストラクティヴ・オルタナティヴィストの立場に内在しているリベラリズムは、それ自体重要ではあるが、進歩することこそ重要であると強調することで和らげられている。ケリー（Kelly, 1980）は、セラピーの長期的な目標が「この存在論的な冒険における援助」を提供することだ、とはっきり述べた。［中略］時として盲目的に、しかし少なくともたまには、勇敢さや想像力をもって、私たちがまだ知らないことに手を伸ばそうと模索し続けることに意味がある、とケリーは主張した。これは、私たちがどのようにあるべきか、ということである。（Walker, 1992, p.268）

ケリーがセラピストに提供したのは、これらの埋め込まれた文化的価値観に対する武装の仕方である。パーソナル・コンストラクト療法のセラピストは、自分自身の価値観を保留し、クライエントの価値観だけを聞くようにトレーニングされる。それは、けっして簡単に学べる技術ではない。

たとえば、あるセラピストは、ヒンドゥー教のクライエントを傾聴するとき、当惑するような発言を耳にするかもしれないが、これらを無関係だとして、はねつけることもせず、西洋文化の言語で解釈しなおすこともせず、やりすごすこともないだろう。その発言の意味は、クライエントの理解過程のなかにあるだろう。

このことは、パーソナル・コンストラクト療法と異文化カウンセリングの目標を論じる第４章で取りあげる。

第９節　リフレクシヴな理論

私たちは、自分が考え、推論することを知っている。私たちは、それ自体に注意をもどし、私たち自身が熟慮していることを熟慮することができる。リフレクシヴィティ[d]という考え方は、ケリーの思想全体の中心にある。

驚くべきことのように思えるかもしれないが、多くの心理学者は、彼らの理論や研究のなかにリフレクシヴィティを取り込むことが難しい、と考えていた。私たちの内省能力を認めないという点で、最も大きな影響力があるのは、行動主義者、とくにジョン・ワトソン（John B. Watson）や、その後のスキナーであった。このような理論家や実験主義者は、人間の意識、思考、感情が、彼らが考える科学と矛盾する、と思っていた。このことの極端な形が、１９１３年にワトソンによって、以下のように表現されている。

> 行動主義者から見た心理学とは、自然科学の一分野であり、純粋に客観的で実験的な分野である。その理論的目標は、行動の予測と制御である。内観は、その方法の不可欠な要素でもなければ、意識という観点から、どのように解釈するかによって異なるデータの科学的な評価でもない。行動主義者は、動物の反応に関する一元的な図式を得ようと試みるなかで、人間と獣とは線引きできないと考える。（Watson, 1913, p.158）

ケリーが心理学を学びはじめたとき，このような風潮であったことは，心にとめておく価値がある。オリバーとランドフィールドが，「リフレクシヴィティ：心理学がいまだ直面していない問題」（Oliver & Landfield, 1962）という論文を発表した，１９６２年の心理学界では，行動主義がまだ続いていた。そして，１９６６年にバニスターは，アメリカの心理学者のある集まりで講演をし，リフレクシヴィティの力を使えば，心理学から私たち自身という個人的な概念をなくさずにすむということを指摘した。以下のように述べている。

冗談のレベルでは，心理学者は，ある精神分析家が自分の性本能を昇華させるために，論文を書いている，と言うかもしれないし，ある学習理論家によって書かれた本が，その学習理論家が反応制止を経験している証拠である，とふざけて言ったりするかもしれない。しかし，真剣なレベルでは，心理学者が説明者であり，予測者であり，実験者であるという逆説的な見方を好むように思える。神の祝福はあるものの，人間は，神とはまったく勝手が違うはずであるが。［中略］ジョージ・ケリーのパーソナル・コンストラクト理論が，明らかにリフレクシヴな理論であるため，私たちの多くが魅きつけられ，示唆を得る。化学者は，酸とアルカリの性質についての論文を書く際，その酸とアルカリの区別という観点から，自分が論文を書くという行動を説明する責任はない。しかし，心理学者はそのような恵まれた立場にない。

［d］リフレクシヴィティ（reflexivity）は，「再帰性」，「自省」，「省察」と訳されることもある。リフレクシヴ（reflexive）とは，明らかとされているような前提を疑うことで，別の見方を受け入れ，さまざまな見方を考慮しようとする，という意味で使われている。

> このリフレクシヴィティの問題を別の面から説明するとすれば、ある種のＳＦ小説で繰り返されるテーマを思い出す。ある化学者がついに、試験管で、ブクブクした緑色のスライムを作り出した。それは、すごく可能性を秘めているが、その属性は謎に満ちている。彼は、試験管を手に持ち、そのブクブクした緑色のスライムをどうすべきかあれこれ考えながら、実験室にただじっとしている。しだいに、そのブクブクした緑色のスライムが、彼をどうすべきかあれこれ考えながら、試験管のなかにただじっとしているのだ、と彼はゆっくりわかりはじめる。その化学者が見たこの変わった悪夢は、心理学者にとって延々と続く日常の世界である。ブクブクした緑色のスライムは、いつもあなたをどうすべきか、あれこれ思いをめぐらせているのである。（Bannister, 1966, pp.21-22）

もちろん、リフレクシヴィティには、心理療法の実践や指導に関する重要な示唆がある。パーソナル・コンストラクト療法は、クライエントにとっては学ぶという体験である。クライエントは、より有能なパーソナル・サイエンティストになる方法を学んでいく。セラピストは、問題に取り組む方法をクライエントにいくつか示すことで、このプロセスを援助していく。

パーソナル・コンストラクト療法は、クライエントとセラピストとの相互作用の文脈で行なわれる。その相互作用とは、次のようなものである。まず、クライエントの世界に対する個人的な理解過程を、セラピストが暫定的に知ることによって（仮定することによって）、クライエントと相互に影響し合う。その後に、セラピスト自身のコンストラクトが、セラピストによるクライエントの観察と関わっていることを知りつつ、クライエントを観察するのである。クライエントとセラピストとの関係性については、第4章で詳しく触れる。

パーソナル・コンストラクト療法を学ぶ人は、学問的に、かつ体験的に、理論や実践について知らなければならない。それを学ぶ人だけでなくクライエントも，この個人的な体験知を得ることで，ケリーの理論のもつ，真にリフレクシヴな性質を理解するようになる。

❖まとめ

ケリーは，心理療法の理論に貢献したが，それは心理学全般への貢献でもあった。人間観を大きく変える考え方を提唱し，その結果，クライエント観も変わった。

クライエントは，みずから動きを作り出しており，自分は誰かということになんらかの責任をもち，みずからの存在を変えようと模索する。クライエントは，感情と思考とが別々に分割されていない全体としての人間である。クライエントの行動は，自分が現時点で世界をどのように理解しているかについての，目下の「ベストの予測」を検証するために計画された，個人的な実験である。またクライエントの行動は，今クライエントがとっている行動によって，クライエントがとっていない行動が指し示される。クライエントは，現在の理解に追い込まれているのではない。なぜなら，たとえ手にすることがどれほど難しくても，いつでも利用可能な選択肢があるからである。

第4章 心理療法の理論

ここまで、パーソナル・コンストラクトの観点から心理療法の理論を見てきたが、本章では、心理療法が行なわれる具体的な文脈に対するジョージ・ケリーの貢献について論じる。セラピストが実際にどのように心理療法を実践するかについてのケリーの貢献は第3部で示す。

第1節　医学モデルに対するオルタナティヴ

歴史的には、心理的問題についての「医学モデル」は、「狂っている（mad）」と考えられていた人の「治療（treatment）」を医療の専門家が引き受けた、19世紀の初頭に生まれた。

医学モデルが、心理的問題を抱えた人に対する唯一の見方として広く受け入れられていた1930年代から1940年代に、ケリーは多くのアイデアを発展させた。ブレンダン・マーが第1部で指摘したように、臨床心理士は、明らかに医学的な文脈ではたらいていた。医学が権力の基盤だった。医者は、自分たちが「患者」の「治療」を行なう責任がある、と主張した。「精神を患っている（mentally ill）」と「診断」

された者は、それゆえ「患者」なのであり、必然的に医者の責任となった。しかし、ケリーは若いころに子どもの出張クリニックの仕事をしたおかげで、ほとんどの心理学者に知られないまま、自由に事を運べた。独立した専門職としての臨床心理学の発展に、ケリーが積極的に関与したことは、第1部で詳述した。

ケリーは『パーソナル・コンストラクトの心理学』において、医学用語である「療法（therapy）」が、「患者」の「治療」に用いられるべきであるという考えに反論している。ポイントは、あるアイデアをその領域から別の領域へ適用する、すなわち医学から心理学へ適用することは、たいてい有益ではないというものである。もちろん、物理学者と心理学者とがアイデアのやりとりをして、サイバネティクスとサーボ機構の研究につながったといった例外はあるが、ケリーはこのように続けている。

> 領域侵害によって、知の独裁という排他性が生まれ、自由な研究が弾圧されるのは、医療職が精神医学の現場に先に入り込もうとする場合である。（Kelly, 1955/1991, Vol. 1, p.129）

しかし、言葉はゆっくりとしか変化せず、医学用語はそのまま残りやすい。ケリーは、療法という用語を再構築（reconstruction）という言葉に置き換えようかと考えていた、と言っていた。なぜなら、この仕事の究極的な目的は、人生の心理的な再構築だからである。「そのような長ったらしい用語がなければ、私たちは医学の考え方で進めていたかもしれない。ひょっとしたら、もっと後になってそうなるかもしれない！」（Kelly, 1955/1991, Vol. 1, p.130）。しかし、ケリーは、コミュニケーションをとるためには、時として身近な言葉を使う必要があり、「療法」もそのような用語の1つである、と強調している。また、「患者」という用語を、ロジャーズ派がオルタナティヴとして提示した、「クライエント」という言葉に置き換えようと試みたが、いつもうまくいくとは限らなかった。

心理的問題に医学を用いることへの反論は、１９６０年代に、精神科医のトマス・サズ[a]（Thomas Szasz）によって広く知られるようになった。まず、１９６０年に「アメリカン・サイコロジスト（*American Psychologist*）」に「精神疾患の神話」という論文を発表し、続いて、１９６１年に『精神医学の神話』（Szasz, 1961　河合・野口・畑ら訳、１９７５）という著書を出版した。少し遅れて、社会学者であるゴッフマン（Erving Goffman）が『アサイラム：施設被収容者の日常世界』（Goffman, 1961　石黒訳、１９８４）を出版し、精神科医のレイン（Ronald D. Laing）が『経験の政治学』（Laing, 1967　笠原・塚本訳、１９７３）を出版し、サズに続いた。

サズは、深く議論を展開しており、医学モデルの使用に関する根本的な問題を指摘した。精神疾患（mental illness）という概念には、人間が自分の逸脱行動に対して責任を負わないという明らかな前提がある。サズは、精神疾患という概念には根拠がないと主張した。歴史的には、不可解なものを説明する考えの多くは、理論としてではなく、出来事自体が自明の事実としてみなされてきた。たとえば、魔女や直感、神などの概念である。その意味で、サズは、精神疾患は神話であり、すでに役に立たなくなっている、と述べている。精神を患っていると考えられている人は、なんらかの社会的規範から逸脱している人だとみなされるべきと考えた。今日、こうした逸脱行動はまず、心理学や社会学の用語、倫理用語、法律用語などによって記述され、その後に、医学上の概念と方法を用いる医療従事者によって「修正」されるのである。

サズのモデルでは、このような人は精神を患っているというよりも、むしろ生活上の問題を抱えていることになる。生活上の問題が大きすぎるからといって、社会からつまみ出されたり、精神科病院に入れられたりするべきではない。社会的な現実として、そのような行為は、「裁判のない刑罰、期限のない投獄、晴らされることのない汚名」（Szasz, 1969, p.57）といった形で何世紀も前にあったが、今日でもなお残っている。

ケリーは、『精神医学の神話』にはそれほど影響は受けなかった。サズの著書に対するケリーの書評は、「混乱、神話、そして医学」と題されている。その書評で、ケリーは以下のように述べている。

> 評者がやや失望した理由がこのあたりにある。著者は、精神疾患の正体を暴露する文献を全面的に支持したいのである。そこには「精神」と「疾患」の両方がある。しかし、著者は、その両方のコンストラクトを採用している。著者は、それが相容れず、精神なるものは疾患になり得ず、疾患なるものは精神になり得ない、と主張しているにすぎない。（Kelly, 1962, p.264）

ジョナサン・ラスキン（Jonathan Raskin）とフランツ・エプティングは、サズのモデルのある問題点を指摘した（Raskin & Epting, 1993）。精神疾患の代わりに、生活上の問題を抱えているという見方を強調すると、『精神障害の診断と統計の手引（*Diagnostic and Statistical Manual of Mental Disorders: DSM*）』の分類に関連する生物学的モデルと相容れないことになる。精神科医が、人間とその人が抱える問題をはめ込む、合意を得たグループ分けがＤＳＭには詳しく書かれている。いわば、心理的な障害に関する精神科医の見取り図である。

ケリーが、ＤＳＭの分類体系を嫌ったのは明らかだった。クライエントを「統合失調（schizoid）」とみなすことからスタートするのは適切だと述べている。しかし、クライエントが本質的に統合失調症（schizophrenic）である、とセラピストが考え続けるのは、専門家として適切ではない。

［a］本来の読み方はサースと言われるが、ここでは訳書に従ってサズにしている。

来る日も来る日もクライエントを相手にするセラピストが、注意を怠っていなければ、どのようなクライエントも、ステレオタイプのように見えるはずがない。ほとんどの場合、疾病の存在（disease entity）という観点のみで障害をとらえると、まちがいを引き起こしやすい。それによって、公刊された「障害」リストに依存してしまうことになる。もし、あるクライエントのコンストラクトが公式の分類に当てはまらなければ、その人が抱える実際の問題は無視されやすい。（Kelly, 1955/1991, Vol.2, p.195）

ケリーとサズの両者の主張の重要な特徴の1つは、人間はみな、自分の行為に、ある意味において、責任があり、選択の自由がある、というものである。精神疾患のレッテルは、行為に対する責任を否定し、人間が選択するということも否定する。私たちは自分なりの出来事の理解の仕方によって、みずからを窮地に追い込んでいるが、オルタナティヴな物事の見方をいつでも見つけることができる、とケリーとサズは考えている。ケリーとサズは、このことは必ずしも簡単であるとは言っていないが、他者が選択する権利と自分自身の行為の責任をもつ権利を否定してはいけない、と考えていた。「人間は、自分自身の考え方で、みずからを奴隷にし得るが、人生を理解しなおすことで、再び自由を勝ち取ることができる」（Kelly, 1955/1991, Vol. 2, p.15）。

医学モデルには、他にも問題点がある。たとえば、ワツラウィック（Paul Watzlawick）は、次のように述べている。

周知のように、正気と狂気についての伝統的な精神医学の基準は、「現実適応」の度合いである。この基準は、真の客観的現実なるものがあり、私たちはそれを詳細に調べ、理解することができる、と暗に仮定している。言うまでもなく，こうした伝統的な現実のとらえ方に，構成主義的な考え方が入ってきたことによって，精神医学の関連分野や，診断と狂気の治療に有益とされる，その分野の慣習に大きな波紋を投じている。（Watzlawick, 1984, pp.66-67）

ワツラウィックは，私たちが大雑把なメンタルヘルスの定義しかもちあわせていないにもかかわらず，「究極の細部まで完成された（p.105）」異常行動の分類をもとうとしていることが，大問題だと考えている。これによって，「予言の自己成就」がきわめて容易になる，と考えている。「精神科診断のもつ自己成就効果は，本質的に，名前があるものはすべて，名前があるがゆえに，実際に存在しているはずである，という揺るぎない確信に基づいている」（pp.105-106）。デヴィッド・ローゼンハン（David Rosenhan）は，明らかな心理的問題のない人が，精神科病院に入院するという実験（Rosenhan, 1984）を紹介している。彼らは，ほとんどの場合に患者として受け入れられた。彼らはみな，そこで起こっていたことについて，広くノートをとった。公然と行なったが，ほとんど何も聞かれなかった。どの職員もこの行為にまったく注意を向けなかった。偽の患者たちが，文章を読まれないよう準備した精巧な予防策は不要だった。偽の患者のうち3人が，看護師たちの記録を見たところ，うち1人は「患者は筆記行動をずっと行なっている」と書いていた。たとえ「非科学的」であっても，これは憂慮すべき事柄である。これはまた，後のサズ（Szasz, 1970）の考えとも合致している。

医学モデルを手短に議論したが，これは診断に関するケリーの見解に直接つながってくる。とくに「診断」を取りあげる際，ケリーは医学モデルに対するオルタナティヴについて詳しく論じている。

第2節 「診断」の性質

「療法（therapy）」という用語と同様、ケリーはコミュニケーションのためには、「診断（diagnosis）」という用語も用いた。医療従事者は、クライエントの言動を分類しようとするが、ケリーの理論によって、セラピストやカウンセラーは、世界についてクライエントがどのように理解しているかを理解しようとすることができる。

ケリーは「推移的診断（transitive diagnosis）」という概念を用いている。

その用語は、私たちがクライエントの人生における変遷に関わっていること、すなわち、クライエントの現在と未来をつなぐ架け橋を探している、ということを示唆している。さらに、クライエントが渡る橋を選んだり、築いたり、安全に渡ったりするのを、私たちが援助することで、積極的な役割を担うことが期待される。クライエントは、疾病分類学という名の鳥カゴに閉じ込められ、いつもじっとしているわけではない。クライエントは、自分の道を進んでいるのである。もしクライエントを援助したいのであれば、椅子から立ちあがり、クライエントとともに歩きはじめなければならない。

（Kelly, 1955/1991, Vol. 2, p.153）

診断とはセラピーの計画段階になるものである。人間は絶えず変化していくため、推移的診断も絶えず改訂されていく。その目的は、クライエントがどのように世界や自分の問題を理解しているのかについて、その理解を絶えず更新することにある。推移的診断へたどり着くまでのプロセスを補助する方法については、第３部で述べる。

ケリーのアプローチと精神医学のアプローチとの明白な違いは、問題が、世界についてのクライエントの理解過程の観点から説明されるのであって、医学界の理解過程の観点から説明されるのではないという点である。パーソナル・コンストラクト療法は、個々人の世界に対する独自の視点を扱っているという意味で、完全に個性記述的である。心理的混乱（psychological disturbance）を示している人は、みな同一の特定の分類に当てはめられるように、あらゆる心理的障害もグループ分けできると主張する、医学の法則定立的な見方とは正反対である。▼[b]

クライエントの理解過程システムを理解できるようにならなければ、セラピーの暫定的な計画に取り組むことはできない。それが暫定的なのは、検証される必要があるためである。パーソナル・コンストラクト理論のリフレクシヴな性質によれば、クライエントが科学者であるように、臨床家も科学者なのである。臨床家は、推移的診断に基づいて、みずからの仮説を検証しなければならない。クライエントとセラピストが前に進むことができれば、仮説は支持され得る。前に進むことができなければ、白紙にもどる。

このように、ケリーは心理療法のプロセスが進化的な性質をもつ、と考えた。そのプロセスが進展するにつれて、焦点になる問題や用いられる方法も変化する。

第3節　臨床的コンストラクトの下位システム

推移的診断につながる実践をするために、ケリーは、臨床的コンストラクト（professional constructs）

[b] REPテストに代表されるケリーの手法は、個性記述的であると同時に、法則定立的であると見ることができる（監訳者あとがき参照）。

の複雑な下位システムを、セラピストに提供している。

> これらの臨床的コンストラクトは、疾病の存在そのものや、人間の類型、特性について言及しているのではない。いついかなる場所で、どのような人間の行動であってもプロットすることができる、普遍的な極として提唱されている。それはまた、人間の心理的プロセスにおいて生じる変化をプロットすることができる極でもある。それ自体において、それは良くも悪くもなく、健康でも不健康でもなく、適応的でも不適応的でもない。コンパスの方位のようなものである。人が相対的な位置をプロットしたり、航路を海図で示したりすることができるように、たんに仮定されているだけである。（Kelly, 1955/1991, Vol. 1, p.335）

これらの臨床的コンストラクトは命題であって、ただの分類ではないことを伝えるために、ケリーは四苦八苦した。

> それは、抽象性が比較的高いレベルで、かつ高い浸透性をもち、クライエントのパーソナル・コンストラクト・システムで、セラピストが直面する複雑な意味の濃淡を包摂するために作られている。（Kelly, 1955/1991, Vol. 1, p.134）

ここでは、臨床的コンストラクトのすべてを詳述する必要はない。なぜなら、本書は、パーソナル・コンストラクト療法のマニュアルではないからである。ここで紹介するのは、パーソナル・コンストラクト療法の実践で広く用いられているものである。

1．認知的気づきのレベル：「無意識」に対するオルタナティヴ

ケリーは、心的エネルギーや無意識的過程といった精神力動的な概念に不満を覚えていた。しかしながら、言葉で表そうとしても、とらえることができないものが自己の内で大部分を占めることに、ケリーは重々気づいていた。すでに前章で述べたように、パーソナル・コンストラクト理論では、人間は生き生きとした活動的（alive and kicking）な存在としてみなされるため、行為へと駆り立てるエネルギー・システムや力動に基づく説明が必要とされない。

ケリーは、「無意識」の存在よりも、むしろ高次から低次にわたる、認知的気づきの異なるレベルでの理解過程について語ろうとした。高レベルの気づきとは、たとえば、筆者が言おうとしていることを、読者が理解しようとするときに進行していることである。それほど高レベルではない気づきとは、何かを読んで心が乱れたり、怒ったり、あるいは自律神経系を活性化したりするときに起こるものである。筆者が言っていることが、読者にとって何か深い意味をもつものであれば、これは起こり得る。たとえば、もしもあなたがカウンセラーかセラピストであるならば、この本を読むことで、今現在のあなたのクライエントの理解の仕方に疑問を投げかけられているように思うかもしれない。筆者が言っていることを受け入れなければならないとしたら、あなたはケリー派を危険な存在だと感じるかもしれない。そうなると、多少やる気をくじかれても、あなたの心理療法の実践の大部分を変える必要がある、ということを暗に示しているのかもしれない。

認知的気づきの最も低次レベルには、前言語的コンストラクト（preverbal construct）がある。うまく言い表せる言葉がなくても、使い続けられるコンストラクトである。人間が自由に話せるようになる以前に、生み出されていたかもしれないし、そうでないかもしれない。この概念は、パーソナル・コンストラ

クト療法において、非常に重要な役割を担っている。その他の心理療法の理論体系と同じく、前言語的コンストラクトを見つけたり、吟味したり、広く意味づけを行なったりできるように、クライエントが、これらの前言語的コンストラクトに対して、なんらかの言語的なラベルづけをできるように援助することが課題になる。

重要なのは、前言語的コンストラクトが、それを意識へと押しあげようとする「心的エネルギー」をもたないことである。このコンストラクトは、1つの区別であって、現在の出来事を秩序づける（order）ために役に立つと思われるときに、個人のコンストラクトのレパートリーから「取り出される」ものである。たとえば、子どもがもっている前言語的コンストラクトとは、「母親（mother）」は、柔らかくて抱きつきたくなる存在であるが、「母親以外の者（non-mother）」はそのような存在ではない、というものである。子どもが触れる相手の女性に対して行なう、このようなノンバーバルな区別の仕方は、子どもがどのように行動するかと関係がある。子どもは「母親」のほうへ走り寄って抱きつき、他人のほうへは行かない。何年経っても、子どもは、そのコンストラクトを精緻化したり、言語化したりする必要性に見舞われない。それは、そのままの形で残る。大人になってからは、抱きつきたくなるような女性にふいに会うと、その前言語的コンストラクトが使われる。それを、「母親像」を求めるという動機に原因帰属する人もいるかもしれない。しかし、その人自身の言葉で言えば、原初的な区別に付随して生じる、幼少期の安心感、温かさと満足感をただ求めているだけである。その人にとっての唯一の問題は、抱きしめたくなる（cuddly）ような女性と結婚したものの、抱きしめたくない（non-cuddly）女性に変わってしまうことかもしれない。

発話が遅れていた早熟児の前言語的コンストラクトは、セラピストにとって特別な問題となり得る。このようなクライエントは、「あんたわかってへんかったわ。誰もわかってくれへんねん。説明するだけ無駄やわ」と言うかもしれない。このクライエントのように知的な子どもは、周囲で起きている膨大なことしれない。

を理解しているのであろうが，発話の遅れで，そのような体験を言い表す言葉をもっていなかったのかもしれない。

前言語的コンストラクトは，ときに「行動化[c]（act out）」される。つまり，そのコンストラクトは，行動することで，演劇（play）のなかにもち込まれる。心理療法のなかには，この種の行動が否定的にとられることがあるが，パーソナル・コンストラクト療法では，絶対的な良し悪しはまずない。「行動化」がけっして望ましくないものだとは，みなされない。それを表す言葉をもたないままでは，行動化することなしに，どのようにしてパーソナル・コンストラクトを適用することができるだろうか。セラピストにとって，その行動がいかなるコンストラクトを検証しており，誰に関係するのかを理解するのは困難な仕事である。

このような前言語的コンストラクトは，依存（dependency）と関係していることが多い。乳幼児のときには生存のために他者に依存し，そのころの理解過程は，どれも生存についての切迫感に関係しているのは当然である。依存に関するコンストラクトは，前言語的であるだけでなく，「中核（core）」をなすものでもある。それらは，乳幼児が自分の生存を維持するプロセスに関連している。このため，大人の世界に対応するために，前言語的コンストラクトを用いるクライエントが，いつでも大人のように行動する，と考えるべきではない。「セラピストの前では，大人の言葉で話す乳幼児がいる。その乳幼児の思考は，成人期の知識で覆われているかもしれない。しかし，その覆いをとると，目を丸くし，漠然としかわかっていない子どもが現れる」（Kelly, 1955/1991, Vol. 1, p.341）。

ケリーは，人間はみな人生をとおして他者に依存する，と論じている。このような依存に関するコンス

［c］ケリーは“act”を演じるという意味でも使っているため，ここで言う行動化は実演という意味もあり，広い意味での行為化である。

トラクトが、新たに出会う人々にますます開かれていくことになる。かつては、母親だけにすべてを依存することができた。しかし、子どもは成長するにつれ、他者が自分の欲求を満たしてくれることがわかる。こうして、依存は消散していく。

ケリーは、心身の不調に、前言語的理解過程（preverbal construing）が関係している、と論じている。クライエントは、長年にわたって、その行動で反応することが典型となっている。これはおそらく、あらゆる欲求を満たすために他者に依存していた、生まれてすぐの時期までさかのぼる。大人になってからも、似たような出来事が起きた、と理解されたとき、この行動が再び演劇（play）のなかにもち込まれる。▼[d] 状況によって、緊急の注意を要する、依存に関する中核的理解過程（core construing）が喚起されている。その人は、乳幼児のときにしていたのと同じように反応する。そのような事例では、この理解過程から言語的な手がかりが得られる可能性があるため、セラピストが人間関係上のなんらかの依存をうながすことが必要になることも多い。

認知的気づきの低次レベルで生じるもう１つの理解過程の形式として、コンストラクト極の潜在性（submergence）がある。ケリーの体系におけるコンストラクトの両極性（bi-polarity）が重要であることは、潜在性の例とともに前章ですでに議論した。潜在極は、それを精緻化することが難しいため、セラピーで問題を引き起こし得る。もしセラピストがクライエントと堂々めぐりをしていることに気づいたら、とらえどころのないその対極を特定できているかどうかを、確認したほうがよいだろう。

2.　感情の理解の仕方

人間の理解過程システムが刻々と変わっているという気づきには、感情が関係している、とケリーは考えた。心理療法のプロセスでとくに重要と考えた感情は、不安、脅威、罪悪感である。さらに敵意も加えられるが、それは行動として示されるものであり、脅威に対する反応であったり、罪悪感とも関連したりしている。事実、このような感情は、純粋培養では、まず生じないだろう。ケリーは、何かを新しく定義するために新たな用語を作らなかったものの、既存の用語を定義しなおした例がある。ケリーは、新たな考えを提唱したいときには、再定義か造語という2つのやり方があるが、どちらも理想的ではない、と述べている。

ケリーによると、不安とは、私たちが直面することすべてを意味づけるために何年にもわたって作りあげてきた見方が、今起きていることを解釈できるように拡張される必要があるという気づき、と定義される。簡単に言えば、暗闇での音が不安を喚起するのは、それが強盗なのか、ゴミ箱をあさる猫なのか、発砲なのか確かでないからである。いったん、それをどうにか理解すると、行為に移ることができる。それまでは無力である。

ケリーが作った体系では、私たちはほとんどの間、不安であるとされる。ケリーは、以下のように述べている。

> パーソナル・コンストラクト心理学の立場からすると、不安それ自体は、本質的に良いものとも悪いものとも分類されるべきではない。それは、その人の理解過程システムが、その出来事にすぐに適用できないという気づきを反映しているだけである。ゆえに、不安とは、改訂のための前提条件なのである。（Kelly, 1955/1991, Vol. 1, p.367）

［d］通常は、行動化されるという意味であるが、ここでは演劇のメタファーで書いていると思われる。

不安は、推移的診断においても、心理療法のプロセス自体においても、重要な役割を担っている。「未知のものの心理学」という論文で、ケリーは次のように指摘している。私たちは、いつも現実をとらえようとしているが、「私たちが知っていると思っていることは、自分自身の前提が支えとなっているだけであり、真実それ自体に根ざしているわけではない。そして、私たちが理解しようとするその世界は、私たちの思考の及ぶ地平線上にいつもとどまっている」（Kelly, 1977, p.6）。思考の及ぶ地平線の向こうに何があるかということに、ケリーが魅了された一例である。ケリーは、不安は毎日あるものだ、と言っている。しかし、これは、自分が何者で、自分に何が起きているのかを意味づけできないクライエントとは対極にある。そのようなクライエントが、四六時中強い不安を経験するのは当然である。クライエントの理解過程システムにおける不安の領域を特定することによって、精緻化されたり再構築されたりすべき箇所について、重要な指針が得られる。

脅威とは、自分自身の中核的な構造を、至急かつ広範に変化させる状態に直面しているという気づき、と定義される。きわめて大きな変化が求められている、と知覚される。脅威は、成功する心理療法において、常に存在する可能性がある。クライエントは、ある気づきのレベルで、もしこれを続ければ、自分でも意味がわからないまま、あっという間に大きく変化してしまい、自分自身を生きることができなくなり、もとにもどることもできなくなるかもしれない、と思っている。そのため、クライエントは「再発」したり、さらなる変化に抵抗したりする。これについては、本章の後のほうで詳細に論じる。

脅威を感じるような状況に対して、セラピストとクライエントが、どのように対応するかという点から、脅威はうまく理解できる。脅威を感じる状況で抱き得る感情が敵意である。敵意は、セラピーにおいて、非常に有益な概念であり、なんらかの気づきのレベルで、「対人関係上の予測が、すでにまちがっていたと認識されているものの、その予測の妥当性を高めるような証拠を、強引に集めようとする継続的な努力」と定義される。私たちは、自分の物事の理解の仕方に、自分の体験を一致させようとする。たとえ、なんらかの気づきのレベルで必ず失敗するとわかっていても、自分の予測を支持したいがためにある出来事を「起こそうとする」ときに、そのようなことが生じる、といわれる。たとえば、成功するセラピーでは、クライエントは変化の早さに脅威を感じ、敵意をもち、待ったをかける。「私がここ数週間、どんなに調子がよかったか、先生はおわかりでしょう。ええ、それが、私の上司が産休でいなかったからだということは、もう気づいてます。でも、もう上司が復帰したんです。だから、何もかも以前と同じにもどるんです。私は、本当は何も変わってないんです」。

誰もが不安を体験するのと同じように、誰もがこのような敵意を用いる。しかし、心理療法において、敵意の領域を特定することはきわめて重大である。1つには、敵意は、変化抵抗が生じやすい箇所を示すからである。リフレクシヴに考えてみると、セラピストも、クライエントに対するみずからの行動に、敵意がないか注意する必要がある。たとえば、「このクライエントはよくなるし、よくなるまでセラピーは続ける、と言ったのに！」などである。

何度も繰り返し出てくる、クライエントの人生のテーマがわかれば、敵意を探すべきである。「敵意あれば罪悪感あり」ということわざがある。たとえば、誰とも長くはつきあえないと言っている人のことを考えてみよう。すると、「仮にクライエントが人間関係を長く続けることができる人になれば、このクライエントは自分自身をどのように理解するだろうか？」という疑問が生じる。何年にもわたり、クライエントがやろうとしたことは、すべてうまくいかなかった。クライエントの中核的な役割は、人間関係を長く続けることができない人であるかもしれない。そうなると、クライエントは、そのような考えの妥当性を高める証拠が集まってきていることを確認する必要がある。クライエントは、これまでとは異なるやり方で、自分自身を理解できるようになるまで、現状を維持しなければならない。

なんらかの中核的な自己観に背くようなことをしていることに気づくと、罪悪感を体験する。罪悪感は、パーソナル・コンストラクト理論が、明確な価値観をもたないという好例である。精神病質者（psychopath）は、相手に信じ込ませようとしたあげくに誰かを手放すときに罪悪感を体験する、といわれる。セラピーにおける罪悪感の一例として、夫を愛せなくなった女性を取りあげてみよう。その女性は、夫を愛していないにもかかわらず、自分はよき妻であり、よき妻とは夫を愛するものだ、と考えている。夫を愛していないという考えは、その女性にとっては、受け入れがたいものであり、結果として、相当な罪悪感を体験するだろう。そして、敵意をもつのである。不幸なことに、その男性は、その後もよき夫のようにふるまい続けるが、その女性は、悪いのは夫である、と自分自身を納得させようと躍起になる。夫が妻に花を持ってくると、妻は、夫に罪悪感からくる呵責（後ろめたさ）があるに違いないと言う。そして、客観的な証拠が何もないにもかかわらず、怒鳴り返されるまで、夫が不誠実だとわめき散らす。夫が怒鳴ると、それを悪い夫の証拠だとみなす。夫に対する自分の理解が正しいことを示そうと、強引に証拠集めをしている。その女性は、敵意に満ちたふるまいをすることで、まちがってはいるが、自分自身がよき妻であるという中核的な役割を保護している。罪悪感は、中核的な役割の理解過程と、その人の「維持プロセス」とに関連するため、その影響力は強力である。ケリーは罪についての聖書の言葉[e]を、時に「罪悪感の報いは死なり」と読み変えた。

3. ルーズな理解過程とタイトな理解過程

ルーズな理解過程（loose construing）とタイトな理解過程（tight construing）という臨床的コンストラクトは、内容よりもプロセスに関係している[f]。タイトなコンストラクトとは、変化しない予測を導くコンストラクトである。他方、ルーズなコンストラクトとは、変化し得る予測を導くが、コンストラクトそのものは変わらない。

ルーズな理解過程の極端な例は、夢や詩にみられる。心理的混乱の世界では、思考全体の筋道が砂のように崩れやすい、統合失調症と診断される人にみられる思考プロセスのタイプを表している。かつて、このタイプの思考プロセスの障害は、シュールレアリスムの絵画にたとえられた。しかし、両者の違いは、画家は筆を置いて、自分の芸術作品について明解に語ることができるが、統合失調症者は、世界で何が起こるかを予測し、それに対応できるように、みずからの理解過程をきつく締める能力を失っている。

ケリーが、ここで特性の話をしているわけではないことを強調しておきたい。人間は常に、タイトな理解をする人か、ルーズな理解をする人のどちらか一方に分類されるわけではない。あるときは、比較的タイトな理解の仕方が役に立つこともあれば、別のときには、ルーズな理解の仕方が役立つこともある。おそらく、音楽を聴くときなどは、ゆるいやり方で世界を意味づけることが役に立つだろう。場合によっては、引き締まったやり方が役に立つこともあるだろう。「酔っぱらった[g]（tight）」といわれるほど飲みすぎたときは、かなりゆるい理解の仕方をしているだろう。仕事の面接を受けるときには、自分を最大限にコントロールするため、引き締めて物事を理解しようと一生懸命になるだろう。

この次元は、心理療法の当面の目標として重要である。クライエントは、ルーズな理解過程からタイト

[e] 聖書に、「罪の報いは死なり」という言葉がある。

[f] “tight”には、「固い」、「堅苦しい」、「身動きできない」などの否定的な意味がある一方で、「しっかりした」、「厳格な」など肯定的な意味もある。“loose”には、「ずさんな」、「不明瞭な」、「不正確な」などの否定的な意味がある一方で、「自由な」、「のびのびした」、「柔軟性のある」などの肯定的な意味もある。

[g] “tight”には「酔った」という意味もある。

な理解過程に転換し、再びルーズな理解過程にもどることができるようになる必要がある。なぜなら、これが次節で論じる創造サイクル（creativity cycle）になるからである。

臨床的コンストラクトはもっとあるが、心理療法のプロセスに関する理論的側面の説明に移りたい。

第４節　心理療法のプロセスと変化の性質

心理療法のプロセスの重要な理論的基盤は「サイクル」である。これらは、創造性、体験、意思決定に関係している。

１．体験サイクル

何度も繰り返すが、理解過程とは体験過程についてなされることである。人間は、自分に影響を及ぼす出来事を意味づけようとしながら人生を歩むプロセスであり、全体とみなされる。体験サイクル（experience cycle）は、予期にはじまり、再構築に終わるが、その間に3段階がある。体験サイクルに関するケリーの説明は、１９５５年に2巻の書物が刊行された数年後に詳細に詰められた。

ケリーは、心理療法の冒険全体を体験サイクルと結びつけている。自己探索をして、たとえば自分が他人を怖がっているというよりも、フレンドリーな存在だと思ったとしたら、何が起こるかを予期する。次に、関連していそうな実験に自分自身をコミットする。そうすると、自分自身と体験との間に接触（encounter）が生じる。この接触で何が起こり得るかということに自分自身をオープンにすると、その接触の結果が予期を確証するか確証しないかを知ることができる。たんに、予期していたことが正しいかまちがいかを見きわめようとしているのではない。重要なのは，そのプロセスである。体験サイクルとは，実験そのものである。

そのような体験サイクルでは，コンストラクティヴ・オルタナティヴィズムの哲学も，他の多くの哲学も，３つの重要な考え方と結びついている。１つめは，私たちはみな，自分自身を作りあげており，それゆえ，もし現在のモデルを好まないのであれば，もう一度作りあげることができるというものである。２つめは，私たちは選択できるというものである。３つめは，私たちはすることに対して責任をもつという考えである。

2. 創造サイクル

理解過程の創造サイクル（creativity cycle）の，実際に役立つ体験知（experiential knowledge）は，パーソナル・コンストラクト療法のセラピストにとって不可欠なものである。統合失調症と診断された人の一部でみられる思考プロセスの障害との関連で述べたように，このサイクルはタイトな理解過程とルーズな理解過程の間にある。

いつもタイトなコンストラクトを用いる人というのは生産的で，たくさんのことを成し遂げるが，創造性は発揮できない。青写真がないものは，生み出すことができない。創造性はいつも，とんでもない考えから生まれる。もし創造性のある人が，創造サイクルの最初の部分を大きな声でブツブツ言っていたら，それを聞いた人は誰でも，ひどく馬鹿にするだろう。このような理由で，創造的な人の多くは，創造サイクルの早い段階では，ルーズなコンストラクトを自分自身の内にとどめておくのである。本来、これらのルーズなコンストラクトはしばしば前言語的であることから、自分自身の内にとどめておくことは難しいことではない。（Kelly, 1955/1991, Vol. 1, p.388）

心理療法の出会い全体が、一連の創造サイクルをともなう創造的なプロセスとみなされる。しかし、これまで見てきたように、タイトな理解過程とルーズな理解過程は、クライエントにとってそれ自体で問題となり得るし、臨床的コンストラクトの下位システムの一部を形成し得る。

タイトな理解過程とルーズな理解過程のサイクルを維持することによってのみ、創造性は発揮される。もし、理解過程をきつく締める能力を失ってしまったら、他者のことについて、役立つ予測をできない世界のなかに取り残されてしまうことになる。もし、理解の仕方を緩めることができなければ、常に一定で、あまり変わらない世界に定住してしまう。そして、すべての変化が危険をともなうのである。人生における不確実な物事に対応するために、ある理解の仕方から、別の理解の仕方へと転換できる必要がある。

3．CPC意思決定サイクル

これは意思決定に結びついた選択と関係している。まず、状況の熟慮（circumspection: C）の段階がある。私たちは、自分に開かれているさまざまな選択肢について考える。この段階の重要な点は、見通しが短絡的であれば、衝動的に行動してしまうことである。熟慮した後、私たちはどのように問題を理解しようとするかを先取り（pre-empt: P）する。あるいは、決断するといってもよい。たとえば、無礼なふるまいに対する選択肢は、「その人を殴り倒す」か、「その場を立ち去る」かのどちらかであると決断して、どちらのコンストラクトの極にコミットするかを選択（choose: C）する。

したがって、衝動的にふるまう人が、コントロールを欠いているということにはならない。ＣＰＣサイクルにおける選択をしたという意味ではコントロールをしている。ただ、それを非常に速く行なっているだけである。クライエントが理解しなおそうとする段階で衝動性を示すことが多い。その選択がなされ、何か別の新しい行動を使った実験をするまでは、オルタナティヴな行為の方針は考慮されない。もし、それがセラピーのセッションで生じるならば価値があるだろうが、心理相談室という境界の外では、問題になり得る。しかし、もしクライエントが新たなコンストラクトのための証拠集めをしなければならないのであれば、それはセラピストが負うべきリスクである。よって、セラピストは慎重に実験をガイドしなければならず、自分まで衝動的になってはならない。

他に、このサイクルを満足に完了できない場合がある。最終的な選択をするのが難しく、サイクルを完了するのが先延ばしになる場合である。極端な例は、ドアノブをまわすかどうかを決断できない強迫性のクライエントである。そのクライエントは、「ドアノブをまわす」対「ドアノブをまわさない」というコンストラクトを先取りしたものの、どちらのコンストラクトの極にコミットすべきかを選択できないでいる。このようなクライエントは非常に大きな苦痛を抱えており、そのような人を援助するスキルがあると思っているセラピストはまれである。

第５節　セラピストに求められるスキル

パーソナル・コンストラクト療法のセラピストが必要とするスキルのなかには、他の多くの心理療法に必要とされるものと同じものがいくつかある。しかし、いくぶん異なるスキルも少しあり、またあらゆるスキルがパーソナル・コンストラクト理論とその哲学から直接生まれている。

１．判断停止と包摂

セラピストは、臨床的コンストラクトというシステムのもとで、クライエントの理解過程システムを包摂（subsume）しなければならない。すなわち、臨床的コンストラクトをとおしてクライエントの世界を見るべきであって、セラピストの個人的コンストラクトをとおして見てはならない。セラピストは、これを行なうために自分自身の理解過程システムの判断停止（suspension）をするスキルを習得しておく必要がある。

判断停止とは、「臨床的コンストラクト」というシステムのなかに、クライエントの理解過程システムを包摂するスキルを実践することである。これを行なうために、セラピストは自分自身の個人的な価値観が山積みになった理解過程システムを、一時停止できなければならない。

簡単に聞こえるかもしれないが、多くの人にとって達成困難なスキルである。それは、基本的に以下のようなことを意味している。たとえば、社会主義に強く賛同していても、自分の社会主義の価値観を判断停止していれば、筋金入りの保守主義者の個人的価値観を傾聴することになんら問題はないだろう。もしくは、男女平等に強く賛同する女性であっても、女性は劣っている存在だという考えをもち出してくる「男尊女卑の豚野郎」が、人生を理解しなおすのを問題なく手助けできるであろう。それは、やや高望みではあるが、理想である。臨床実践では、パーソナル・コンストラクト療法のセラピストは、不意に自分の価値観とは違う考えを言われるようなときでさえ、何が起きているかを知り、早急に、かつ意識的にこれらの価値観の判断停止をするというレベルまでスキルを向上させる必要がある。何より大事なのは、クライエントの価値観なのである。

2. 軽信的傾聴

とりわけ重要なのは、セラピーの初期段階でクライエントが話すいかなることも、セラピストが「解釈」しないように気をつけることである。セラピストがまちがえることも十分あり得る。セラピストは、クライエントが嘘をついていることに気づくかもしれない。しかし、セラピストが軽信的に聴いているのであれば、それは取るに足らないことである。

この軽信的アプローチ（credulous approach）とは、嘘が生じた文脈を、セラピストがただ心にとどめておき、それを受け入れるということを意味している。セラピストにとっての関心は、なぜクライエントが嘘をつきたいのかという点である。軽信的アプローチは初期の信頼関係を確立しやすくする。このアプローチによって、クライエントを尊重していることを伝え、セラピストに受け入れられ、また、セラピストと関わっていることを伝達することが望まれる。

注意してほしいのは、パーソナル・コンストラクト療法のセラピストが、セラピーをとおしてずっと軽信的であるというわけではないことである。軽信からはほど遠いこともある。たとえば、クライエントを刺激することが重要なときもある。しかし、セラピーの初期段階では、セラピストは軽信的アプローチを採用すべきである、とケリーは述べている。

軽信的であるということは、たんに共感的であることを意味しない。もし、セラピストがクライエントの世界についての理解過程や問題にただどっぷり浸かってしまったら、そのセラピストはクライエントにとって役立たずになってしまうであろう。クライエントに対するセラピストのあり方に著しく支障をきたしてしまう。軽信的であることは、セラピストが共感的であると同時に、臨床的コンストラクトのシステム内でクライエントの世界を包摂もしくは理解していることである。

3. 創造性

パーソナル・コンストラクト療法のセラピストは、以前に用いられていないクライエントと関わる方法やアプローチ、活動を作りあげる必要がある、とケリーは指摘する。言い換えると、セラピストはクライエントの変化を援助するために、技法の工具箱や既成のマニュアルによって制限されていないと思うべきである。ケリーはセラピーに関する創造性を以下のように説明している。

> 創造性は、論理的に推論されたわけではなく、また、言葉でも定義されていないものの、ある要素と別の要素が似ているか異なっているかを理解できるということを暗に意味している。ゆえに創造とは、大胆不敵な行為である。それは、その人の行為が疑われたり、その結果が無効であると証明されたりしたときに、隠れみのにする文字どおりの防衛を、自分で破棄するという大胆な行為である。言葉でうまく説明できないことをあえてやろうとしないセラピストは、治療関係では新しいものを生み出しそうにない。（Kelly, 1955/1991, Vol. 2, p.32）

第6節　クライエントとの関係性

ケリーはセラピストとクライエントとの関係を、指導教員と大学院生との関係として説明する。クライエント（院生）は、研究すべき課題をもってきており、選択したトピックの専門家である。セラピスト（指導教員）は、用いられるべき研究方法や、変化のプロセス、クライエントにとって有益になり得る実験計画の専門家である。

ここで重要なのは、クライエントが専門家として考えられていることである。クライエントはその問題に対する究極的な解決策をもっている。セラピストは、クライエントにとって「自由」への近道になるような特別な知識や専門的技能をもっているなどとは主張しない。しかしながら、もちろん、同じ問題をもつ複数の人との体験から何かしら一般化できるものもある。たとえば、子どものときに性的虐待を体験した人（Cummins, 1992; Harter & Neimeyer, 1995）、吃音者（Fransella, 1972）、うつの人（例：Rowe, 1983）などである。とはいえ、結局のところは、クライエントはそれぞれ異なった性質の問題を抱えており、そのようなものとしてアプローチされることになる。

ここで重要なのは、ケリーが再定義した「役割（role）」の概念である。第2章で述べたように、それは、相手が立っているところに同じように立ち、その人の目をとおして世界を見ることに関係している。次のインタビューからの抜粋にあるように、ケリーは、役割についての定義がこれまでのものとどのように異なるかを明確に述べている。

ここに、役割についての3つの考え方があります。最も古い考え方は、他者の行為との関係で表現される行為の方針というものです。これは、「経済人」、つまり合目的な存在としての人間という考え方と結びついています。もっと新しい考え方は、積み重なった期待に囲まれた存在としての人間という見方です。これは、イデオロギーによって成り立つ社会の基礎となる考え方です。この考え方は、「イデオロギー的な人間」、つまり思想やイデオロギーに従って行動する人間という考え方と関連しています。心理療法に関して言えば、ずっと主張されているのは、もしあなたが問題を抱えているとしても、それはあなたが解決しようとすべきものではなく、診てもらいに行って、治療のために横になるような類のことだ、ということです。あるいは、こういうことかもしれません。もし、それが社会の全部の階層に広がれば、自己意識をもった人間からなる社会になるでしょう。ですが、コンストラクト理論における役割の考え方に従うなら、共感的な人間や、探究する人間（inquiring man）といった人間観や、そのような人からなる社会の見方を発展させられるかもしれません。理解というのは、行動化するような類の行動ではなく、世界を理解する手段としての行動をとおして能動的に探究することから生じるのです。こうした冒険（adventure）による理解は、１４５０年代から１５５０年代の人間性の時代の特徴です。私たちが復権を望む特徴をもった時代という強い印象があります。（Kelly, 1966）

ケリーによる役割の定義には、クライエントの言動を受容する必要性が含まれていない。そして、いかなる価値判断も含んでいない。それが意味するのは、ただクライエントの眼鏡をとおして世界を見ようとするときに、そのクライエントとの関係において、ある役割を演じているということである。しかし、これは双方向のプロセスである。クライエントは、セラピストがやろうとしていることを理解しようとしなければならない。クライエントと同様、セラピストも心理療法のプロセスを通じて変化することが期待される。

１．転移

「無意識」の概念と同様、ケリーは、転移と呼ぶことができるような現象が、クライエントとセラピストの間に生じるのは自然であることは認めたが、それについての精神分析的な解釈には異議を唱えた。ケリーはそれを、必ずしも「向き合うべき課題」とはみなしていない。

ケリーが同意するのは、クライエントがなんらかの形でセラピストを理解しなければならないという考え方である。セラピストが、クライエント自身も含め、世界をどのように見ているのかを、クライエントは理解しようとしなければならない。結局、他者を理解する唯一の望みは、その人たちとの役割関係を発展させること、つまり、その人たちのコンストラクト・プロセスを理解することである。心理療法では、クライエントはすでにもっている役割コンストラクトを用い、それをとおしてセラピストを見る。有効かどうか、役割をいくつか試してみるかもしれない。クライエントが見ているものこそ、「何が転移なのか？」という問いに対する答えである。

自分がどのようにクライエントに理解されているかを見いだすことが、セラピストの仕事の１つである。このようなコンストラクトは、節目節目で変化するであろう。ネガティヴなコンストラクトにもなり得る。もしかすると、セラピストがクライエントにとって脅威となってしまうかもしれない。クライエントは、前言語的な憎しみを何とかするために、セラピストを利用しているのかもしれない。ケリーは以下のように言っている。

> クライエントの行動によって、クライエントが、セラピーの状況を「ネガティヴ」なコンストラクトを安心して明るみに出せるものと見ているかわかることもある。そのセラピストは、クライエントがそのようなコンストラクトを呼び起こせる実験場面をうまく作り出せている。ようやく、クライエントは放っておかれた自分のコンストラクトを、予備実験のために、生き生きとして実験室にもち込むのである。これこそが、セラピストが探していたものである。(Kelly, 1955/1991, Vol. 2, p.76)

ある人の打ち明け話が別の人によって聞き入れられるという臨床場面に不可欠の性質があるために、ステレオタイプな理解のされ方になってしまう。たとえば、セラピストが「父親像」という役割で理解されるとしたら、おそらく「威張り散らす」、「厳しい」といった、他のコンストラクトに沿った、固定化された理解の仕方になるだろう。セラピストにとって、クライエントをこうしたステレオタイプから転換させるのは困難なことである。

このようなステレオタイプなコンストラクトをセラピストに向けるという、転移のもつ別の側面は、それがしばしば、前言語的な依存に関するコンストラクトだということである。クライエントがセラピストに向ける依存コンストラクトの種類は、満たされるべき欲求に応じて変化する。心理療法のなかには、依存的な転移を推奨するものもある。しかし、パーソナル・コンストラクト療法のセラピストは、そうはしない。セラピストとクライエントの関係は、協力関係（partnership）であるため、依存は最小限度に抑えられる。しかしながら、そのような前言語的理解が多く存在するがために、クライエントが再構築のプロセスに着手できないのであれば、セラピストは、進展のために依存させることが、そのプロセスを開始する唯一のやり方だと判断できる。

ケリーは、二次的と一次的という、2種類の転移について説明している。二次的転移とは、クライエントがセラピストを理解しようとする際に、さまざまなコンストラクトを用いる転移である。たとえば、セラピストは父親のように「背が高い」、母親のように「優しい」、そしてジョンおじさんのように「頭がよい」、などである。本当の問題は、ここには存在しない。

一次的転移とは、クライエントがセラピストの理解を先取りすることである。セラピストは、この世で一番頭のよい人間以外の何者でもないとみなされる。セラピストは勝手に役を与えられ、そういう概念の拘束衣を着せられる。クライエントは、セラピストに対して根源的で依存的なアタッチメントを示すことになる。

　このように、ケリーにとって、転移とは、クライエント側の理解過程の一様式であり、クライエントの他の理解過程とともに、セラピストがわかろうとすべきものである。それはなんら特別なことではないし、特別な線引きも要しない。このことの帰結は、パーソナル・コンストラクト療法は、何年も続ける必要がなく、そのようなことはまれであるという事実である。

2. 解釈

　クライエントの行動をセラピストが解釈（interpretation）するということは、心理療法によっては非常に重要な役割を担うため、ケリーがまったくそうしなかったのは注目に値することのように思える。しかしながら、「クライエントによって理解される解釈はすべて、そのクライエント自身のシステムの観点から知覚される」と述べられており、この点は明解である。解釈を行なうのは常にクライエントであり、セラピストではないのである。

　これは、セラピストが自分自身の見解をけっして示さないということを意味しているわけではない。クライエントが理解しなおすように援助できそうなときには、セラピストは自身の見解を示す。意見を言うときはたいてい、「あなたは～と言っているように思えますが、そう思ってまちがいないですか？」というような、質問の形にする。ケリーが、クライエント内での解釈を促進する方法について相当議論しており、そのテーマで講義を３回行なっていたこと（Kelly, 1959b）は、驚くべきことではないだろう。

第7節　心理療法の目標

ケリーは、「最適に機能する人間の心理学」という論文で、クライエントにとっての目標に関する見解を詳細に述べている。

> 私たちが思い描くような心理療法の目標を示すにあたって、最初に強調したのは、人生の流れに押し流されてしまうのではなく、自分自身の運命を作り出す生き物としての人間であった。「パーソナル・コンストラクト」という用語は、予期された事象を特定し、行使したい自由の次元を確立する指針を表し、また、それに続いていこうとする動きの道筋を示している。人間が目標を達成する際に用いる興味深いプロセスが数多くあり、すでに説明しようとしてきたものもある。それはすべて、多彩なスキルをもったセラピストであれば関与できる範囲にある。
> 人はまた、多くの種類のリソースを用いる。時として、役に立つと気づくリソースがセラピストである。そして、セラピストについて言えば、クライエントが探すべき目標もあるが、セラピストも自分自身の目標をもつ必要がある。セラピストは、うまく活用されるようになろうとすべきである。
> (Kelly, 1980, p.35)

察しがつくだろうが、ケリーは目標を最終的な到達点ではなく、プロセスとして考えている。「自己実現」もないし、あるいは「かつてイドがあったところに、今エゴがある」、「自分自身になる」といったことも想定されない。「自分自身になる」という試みは、現在の混乱に隠された「真」の自己がいると決め込むことになる、とケリーは主張する。洞察を得るということは、いつもそこに隠れているもの、すなわち何かしらの「真実」に出くわすことを暗に意味する概念である。そうではない。私たちは、自分が作り出した人間であり、今現在、最大限の意味づけを行なう人間なのである。私たちがみなもっているのは、驚くべき可能性である。しかし、私たちは自分自身を未知の世界のなかに拡張することによってのみ、可能性を見いだすことができる。私たちの可能性は、自分自身に疑問を呈したり、自分の限界についてのそれまでの考えに挑戦したりすることによってのみ見いだされる。私たちは、「自分ではない存在になろうと試みる。［中略］この存在論的な探究において、専門的な援助を提供したり活用したりすることこそ、心理療法と呼ばれる特別な交流なのである（Kelly, 1980, p.20）」。最適に機能している人（optimally functioning person）とは、自分にとって困難な体験がともなうような事実に開かれた人である。

パーソナル・コンストラクト療法の目標の１つは、クライエントが創造サイクルと体験サイクルを用いることができるように援助することである。たとえば、クライエントのなかには、タイトな理解や、ルーズな理解を使えるような手助けを求める人もいる。創造サイクルで、これらの両方を使えるようにするためである。体験サイクルは心理療法のプロセスの中核であり、最適に機能している人は何度も行なっていると考えられる。それに応じて、心理療法の目標が、何度も変化する。「昨日の有益な洞察が、今日のしつこい抵抗になり、明日は取るに足らない考えになる（Kelly, 1980, p.22）」。最適な機能のもう１つの側面は、その人が、自分自身の実験の結果によって、最終手段として敵意をもつことがほとんどないことである。帳簿をごまかそうとすることはめったにない。

このように、心理療法の目標と最適に機能している人という考え方は、人間とは動きの形態（forms of motion）であるという見解に根ざしている。問題を抱えるとき、その動きは妨げられるか、鈍くなる。心理療法を求めて来るクライエントは、心理的に「行き詰まった」状態にある。心理療法の目標は、クライエントが「再び動き出せる」ように援助することである。

第8節　個人史の位置づけ

ケリーは自分の立場について、歴史主義（historicalism）でもなく、刹那主義（ahistoricalism）でもない、と述べている。ケリーの基本的な立場は、どちらか一方に偏ることはない。ケリーは言う。

たいてい歴史主義が意味するのは、出来事がいったん動きはじめると、現在を越えて押し分けて進み、未来へと押し進む。［中略］しかし、それは私には向いていない。刹那主義［に関して言えば］、現象としての現在は、あまりにも小さすぎて、そこからは何も行なうことができないのではないかと危惧する。ゆえに刹那主義は、仮定から生じるなんらかの知覚可能な部分を強調するにもかかわらず、重視すべき記録を消し去る傾向をもっている。人間は科学者である（man-the-scientist）というモデルは、おそらく現在のいかなる心理学上の理論よりも、人間の歴史の発展性にいっそう重きをおくものである。（Kelly, 1959b, pp.5-6）

「最適に機能する人間の心理学」において、ケリーは、歴史を再び取りあげ、現象学との関係を述べている。

私は明らかにその学派ではないが、現象学的心理学者はたいてい、心理学的にきわめて重要なのは、移り行く瞬間の体験のみであるという見方をしている。しかし、私は心理学的に最も重要なのは、人類のもつストーリー全体であると考える。それが重要なのは、人間に起こったことを知る手がかりになるからではなく、人間の手によって何が生じたかの手がかりになるからである。［後略］（Kelly, 1980, p.11）

とくに心理療法では，歴史的過去がどのように用いられるかによって大きな違いが生じる。ある人が成し遂げたことの発展性や，自分のハンディキャップにどのように対応したかについて気づいているセラピストは，疾病の存在や，幼少期のトラウマ，あるいは精神力動という閉じられた秩序体系で考えるセラピストとは，思い描くセラピーの目標がまったく異なるであろう。クライエントについて言えば，自分の過去が，新たな視点につながるような，連続して生じる個人的な体験の段階であると考えているのであれば，自分に生じたことを表すだけのものが自分の過去だと考え，自分が何をすべきかを教えてくれる人としてのみ他者を見ている人とは，セラピーの利用の仕方が大きく異なるであろう。（Kelly, 1980, p.24）

このように，パーソナル・コンストラクト療法のセラピストは，クライエントの人生に起きたことを貴重な時間を割いて広範に記録する必要性を感じることもなければ，クライエントの過去に「答え」を求めることもない。過去が価値をもつのは，クライエント自身が過去に価値があると考えたり，前言語的理解のせいでクライエントが「再び動き出す」ことが妨げられていると思われる証拠があったりする場合のみである。

第９節　文化的視点から見た価値

ケリーは，心理療法によって「その人が再び生き生きと感じられるようになるべきである」と述べている。ベヴァリー・ウォーカーが指摘するように，これはパーソナル・コンストラクト療法に埋め込まれた価値観である。しかしながら，パーソナル・コンストラクト療法のセラピストは，クライエントがどうなるべき、かを前もって決めつけない。そそのかされやすいクライエントが収まるべき型などない。しかしながら、もちろん、文化的な価値観が埋め込まれている。たとえば、たんにクライエントがそうしたいと言っているからといって、クライエントが自殺したり、他人を殺したりすることを認めるセラピストはほとんどいない。私たちはみな、「人を食べるのはまちがっている」ということを知っている。しかし、想像を膨らませ、カニバリズムの文化の人に心理療法を行なっていると仮定しよう。どうするであろうか。これは極端な例だが、私たちの仕事にはすべて、西洋的な価値観が埋め込まれているという問題を浮かび上がらせる。セラピストは、そのことに気づいていなければならない。

１つ言えることは、パーソナル・コンストラクト療法は可能な限り価値観をもたないということである。アマンダ・ウェッブ（Webb, 1993）は、「カウンセリング・ニュース」という雑誌のなかで、アジア系のクライエントのニーズを満たすためのガイドラインを論じている。セラピスト自身の社会的な価値観をクライエントに押しつけず、クライエントが実際話していることを傾聴し、クライエントの価値観を尊重していることを伝える、などが挙げられている。これは、もしかしたらパーソナル・コンストラクト療法を意識して書かれているのかもしれない。パーソナル・コンストラクト療法が、異文化カウンセリングや文化を越えた心理療法の優れたアプローチと考える人がいるのは、このような理由からである。

第10節　抵抗の性質

パーソナル・コンストラクト理論は、あらゆる点でパーソナル・コンストラクト療法の実践に影響を与えている。そのため、セラピーでセラピストがクライエントの抵抗を体験したときのアプローチの仕方にもつながっている。人間はさまざまな理由で、変化することに抵抗を示すであろうし、クライエントがそのような変化に抵抗することは，もっともなことであるとみなされる。たとえば，クライエントが差し迫った変化を怖がる場合もある。あるいは，行き着こうとしている場所に意味を見いだせないのかもしれない。これはしばしば，クライエントが中核的役割の理解過程（core role construing）を変化させる必要性を感じているときに生じる。ここで必要になっているのは，クライエント自身の本質的な側面を変えることである。あるクライエントは，自己描写法（self-characterization）を行ない，そのような変化に抵抗する必要性をつづっている。以下はその一部である。

> あいつは変わりたいとも思っているし，同時に自分のままでもいたいようだそのような願いが，解決できない矛盾ではないということをわかっていないその一方で，誰か他の人になるということはそれが望ましかったとしても，まったく不可能であるように見える求められているように思える変化は大きすぎるように見えてそのような変化を起こしつつ，自分のままでいることを想像するのが難しいように見える。

変化が非常に大きいということを知覚すると，クライエントは，変化しないことが正しいと「証明」しようとして敵意をもち，変化に抵抗することがある。そのことについて，ケリーは次のように述べている。

もしクライエントが敵意をもつのであれば，セラピストを失って濡れ衣と感じているだろう。しかし，このことでさえ，クライエントが無理をして賭けてしまったお金を取りもどそうとしているよう

> にみなしたほうがよいと考える。もし、セラピストが起きていることに対して、賢明なコンストラクトをもちあわせておらず、クライエントが「頑固になっている」だけだと思うのであれば、そのセラピストもまた敵意をもつだろう。（Kelly, 1955/1991, Vol.2, p.379）

他には、クライエントが求める変化が、何か理想的なものに向かう動きである場合がある。ほとんどの人は、その理想を達成できないばかりか、そのように過ごすことさえできないことに気がつく。

筆者は、変化には2種類あると提案したことがある（Fransella, 1991）。１つは現在のシステム内の変化であり、もう1つはシステムそれ自体の変化である。上述の例は、おもに後者である。クライエントがいかにそのようなやり方を嫌っていたとしても、世界と関わる現在のやり方に固執しようとするのは、このような場合である。システムが変化するということは、まさしく「自己」の本質が変化することが必要とされやすい。

セラピストが過剰に肯定すること（reassurance）によって、知らず知らずのうちに抵抗を作りあげることがある、とケリーは指摘する。クライエントの理解過程システムに関する明確な視点を得るまでは、セラピストの役割には、クライエントと良好な関係を築くことが含まれ、それにはクライエントを肯定することが含まれる。クライエントの多くは、自分の問題をカテゴリー化する言動からはじめる。たとえば、「誰も自分のことをわかってくれない」などである。この場合、セラピストは、次のような方向で答えたくなる。誰しも１００パーセント理解されることなどあり得ないが、それは、他者がクライエントのことをある点で理解していないとか、ある点では親しみをもっていないということを意味するわけではない、といった具合である。しかしながら、クライエントは、実際には「他の人のことなどわからない」という正反対の潜在極のコンストラクトを一生懸命把握しようとしていることもあり得る。少なくともしばらくの間、セラピストは知らず知らずのうちにクライエントのそのような試みを邪魔してしまったことになる。

クライエントは、常にセラピスト以上に自分自身の理解過程システムを知り得る。クライエントは、セラピストが変化しているはずだと考えていることに抵抗している、とみなされるしかない。パーソナル・コンストラクト療法のセラピストにとって、クライエントは変化に抵抗しているのではなく、変化しないことを選択している、とみなされる。「抵抗（resistance）」という単語はネガティヴな響きをもっているため、よりポジティヴな「持続性（persistence）」という用語に変えられるべきである。ゆえに問題は、「なぜクライエントは、そのままの状態を持続するのか？」になる。

第11節　カウンセリングと心理療法との区別

カウンセリングと心理療法を区別するための基準について、多く論じられてきた。これはしばしば、治療期間がどれだけ長いか、心理学にどれだけ関係しているかという観点からなされている。また、成長を求める「正常」な人に適用されるのがカウンセリングであり、「正常」な生活を送ることを妨げるなんらかの心理的な機能不全を抱えている人を援助するのが心理療法である、と主張する人もいる。一方で、これら2つを区別する基準を見つけることは不可能だと言う人もいる。

パーソナル・コンストラクト理論には、この2つを区別する基準がいくつかある。上述したものがその1つである。現在の理解過程システム内に含まれる、自分自身のある側面を変化させる必要のある人もいる。これがカウンセリングである。一方、システムそれ自体を変化させる必要のある人もいる。これが心理療法である。パーソナル・コンストラクト理論の用語で言えば、カウンセリングでは中核的役割のレベルまで取り組もうとはしないが、心理療法ではそのレベルで理解しなおすことが必要となる。もちろん、カウンセリングが心理療法になり、中核的役割の再理解に容赦なく入っていくこともあれば、心理療法がカウンセリングにとどまることもある。しかし、パーソナル・コンストラクト療法を実践する人は、この区分が大雑把であるものの、有益な区分だと思っている。

もう1つの基準は、理解するプロセスが心理療法であり、理解するコンテンツがカウンセリングという区分である。たとえば、もしあなたが、ある人が統合失調症的な思考プロセスの障害という診断に関連する、混沌としたルーズな理解になってしまわないように、その人の理解過程をタイトにするように援助しているのであれば、あなたは心理療法を実践しているといえる。

❖まとめ

パーソナル・コンストラクト療法に対するパーソナル・コンストラクト理論とその哲学のおもだった貢献とは何であろうか。以下は、重要な順ではない。重要度のヒエラルキーを作ることとは、パーソナル・コンストラクト心理学の哲学的基盤を否定することになるだろう。パーソナル・コンストラクト療法のセラピストは、何が重要であるかについて、自分なりに知覚していると思われる。何が重要かは、自分とともに取り組むクライエントとの関係において、セラピストが自分自身をどのように理解するかによって変わる。このことは、自明なものは何もなく、またそのようなものがあるべきでもない、ということを意味している。パーソナル・コンストラクト療法が何であるかというドグマがあるべきではない。その理論が非常に抽象的な用語で書き表されていることで、セラピストは大いなる自由を得られる。しかし、セラピストがクライエントやクライエントとの関係を理解する際には、パーソナル・コンストラクト理論が指針となる。セラピーは、その理論から直接的に実践されることになる。

クライエントとは、自分自身についての知識をもつ人であり、いったんその知識が得られると、その知識によって変化がもたらされる。セラピストはその触媒でしかない。クライエントは、個人的な悩みや、対人関係上のストレスを引き起こす世界を体験し、生きようとしている中で身動きがとれなくなっている。クライエントは、自分の人生の専門家として認められ、エンパワーされる。医学モデルとの決定的な違いは、クライエントが「取り組まれる（worked on）」べき存在ではなく、自己牢獄からみずからを解放する鍵を見つける存在であるという点である。

パーソナル・コンストラクトの具体的なアプローチの一つに、固定役割セラピーがある。その記述のなかに、私たちは私たち自身を作りあげており、それゆえ今の自分を再び作りなおすことができ、その意味で自己とは真剣に受け取られるべき存在である、という考えを見ることができる。自己というものに対して、クライエントとセラピストはともに想像力をはたらかせることができる。想像力の活用や協働性を強調することは、対決的（confrontational）な心理療法のスタイルに反するものである。ユーモアもまた、ある役割を果たす。

パーソナル・コンストラクト療法は、進化的なプロセスである。診断は、クライエントが今どのように理解しているかという仮説にのみ基づき、その推移に関心が向けられる。クライエントは変化するのである。そのため、新たな推移的診断が、セラピストとクライエントの双方によって考えられ、検証されなければならない。

パーソナル・コンストラクト療法のセラピストを養成する際は、クライエントの現象界▼[h]への入り方に非常に重きをおく。はじめに、軽信的傾聴があり、クライエントが見ているままの世界を受け入れ、理解する。しかし、その傾聴には別のスキルも含まれる。つまり、セラピスト自身の価値観が蓄積されたコンストラクトを心から追い出し、判断停止する能力である。パーソナル・コンストラクト療法のセラピストが、クライエントの体験をフィルターにかけるのは、臨床的コンストラクトをとおす場合のみである。また、セラピストは、推移的診断を作成するために、このような臨床的コンストラクトのもとで、クライエントの世界を包摂できなければならない。

ケリーのパーソナル・コンストラクト療法には、精神分析のように複雑なクライエント観がある。だが、そのプロセスは年単位ではなく、確実に数週間か数か月の範囲に収まる形で用いられる。パーソナル・コンストラクト療法は、認知行動療法のように、行動や認知を扱うが、そこには常にクライエントの世界の情動的側面や体験的側面という文脈が含まれている。

あらゆるクライエントには歴史があり、その歴史がどのように理解されるかが重要なのである。自分の過去が今の問題を決めていると考えるクライエントは、幼少期のトラウマが人生の途中の個人的な体験の一部にすぎないと考えるクライエントとは、大きく異なる。

最後に述べたい点は、このモデルによって、非常に広範な方法を用いることが可能になることである。技法に関しては折衷主義的であるが、技法の使用についてはきわめて強固に理論に基づいている。そのような技法と方法の一部は、第3部で取りあげる。

［h］クライエントが知覚できる世界という意味。

第3部　方法への貢献

第5章 心理測定法

科学者の発想は、次の2つの点で科学者自身の助けとなる。1つはその発想によって予測される事柄を知ることができることである。もう1つは予測されたことが起こったとき、それを理解することに役立つということである。何が予測されるかを科学者に教えるのは理論的発想であり、結果の観察を可能にするのは道具的発想である。2つのタイプは互いに完全には独立しておらず、むしろ同じ仮定に基づいていることが多い。これは避けられないことである。さらに、理論的・道具的発想の両方がなければ、進むべき方向性を見失うばかりか、すっかり視力がなくなってしまうだろう。どこを見ればよいか、あるいはどのように見ればよいかわからなくなる。(Kelly, 1969i, p.94)

ケリーは、自分の理論のうってつけのテーマとして心理療法を用いた。しかし、ケリーはまた、その理論が人間理解全般にどのように適用できるかという例として心理療法を用いた、とも述べている。

筆者の個人的見解では、心理療法へのケリーの主要な貢献は少なくとも5つある。1つめに、ケリーはセラピストが特定の手法や技法群によって制限されないようにした。2つめに、アセスメントに対する従来の心理測定学の束縛を打ち破った。ケリーは，個人の「スコア」と標準化された集団のスコアを比較するよりも，一個人の理解過程を研究する方法として，今日でいう「レパートリー・グリッド法（repertory grid technique）」を提案した。質的データを数量化する方法を示したのである。

３つめに，質的なアセスメント，とくに「自己描写法（self-characterization）」を開発した。４つめに，セラピストとクライエントとの関係を協力関係（partnership），もしくは対等な関係にした。最後に，ロールプレイとエナクトメントをパーソナル・コンストラクト療法の中核とした。これらから，ケリーは「固定役割セラピー」と呼ばれるある特定の手法を発展させた。加えて，変化のプロセスとそのような変化をどのように促進するかという例を数多く示した。

第１節　仕事のツールを作る自由

すでに述べたように，パーソナル・コンストラクト療法のセラピストに要求されるスキルに，創造性がある。これはセラピストが特定の手法やツールに縛られないことを意味する。この意味で，パーソナル・コンストラクト療法は技法に限って言えば折衷主義的である。ケリーいわく，パーソナル・コンストラクト療法は

> お気に入りの治療技法によってみずからに制約を課すことはしない。他のいかなる理論よりも，多くの技法を調和的に用いることが求められる。セラピストは，人が目標に向かって進めるような，さまざまな心理的プロセスやその性質への気づきと照らし合わせながら，それを行なう。(Kelly, 1980, p.35)

特定の手法やツールに縛られていないため、セラピストは再構築を援助する最も有効な方法を選び発展させるうえで創造的でなければならない。この意味で、パーソナル・コンストラクト療法は技法に関しては折衷的なのである。

第2節　心理測定学の束縛の打破

1．心理療法における測定の位置づけ

ケリーの時代、多くの人間性心理学者は測定やアセスメントを好まなかった。ケリーはこれに賛同しなかった。「心理学的研究におけるヒューマニスティックな方法論」という論文で次のように述べている。

私見だが、意志をもたない実験の被験者という立場から、大いなる尊厳をもった立場へと人間を格上げしたいと願う心理学者たちが科学技術を捨てることは深刻な過ちであろう。ツールを捨て去っても、人間のスピリットは拡張されない。［中略］自分なりの視点をもっていない人にとっては、道具を使わないことで十分に人間の尊厳が保たれているように見えるかもしれない。しかし、道具をもたなければ、確実に自分のポテンシャルを最大限に活かすことができないだろう。(Kelly, 1969g, p.143)

ジョージ・ケリーが最初に物理学と数学を専攻していたことを忘れてはならない。ケリーは測定という考えにこだわり、数学を本当に愛していたのである。心理療法を構想する際に、理論、実践、測定を融合させたことは、きわめて独特である。

ケリーにとって数学がいかに重要であったかは、デニー・ヒンクルへの次のようなコメントから知ることができる。

> 私が影響を受けたのは、ヨハン・ヘルバルトの教育の研究、とくに数理心理学の研究です。数学はコンストラクト機能の純粋な実例だと考えています。数学は人間行動のモデルなのです。(Hinkle, 1970, p.91)

もちろん、ケリーが数学を楽しんでいたことは、人間のモデルとして科学者を選択したこととも関係している。

ケリーの思想へのデューイの影響は、パーソナル・コンストラクト理論の発展に関連してすでに述べた。しかし、ケリーが語る以上にデューイの影響は強いはずである。デューイは、ジョージ・ハーバート・ミード（George Herbert Mead, 1863-1931）とともにプラグマティズムの哲学を作った。彼らは、哲学、心理学、社会学に科学的手法を適用する利点を示そうと試みた。ケリーがプラグマティズムの哲学に魅力を感じたのは、おそらくプラグマティズムが行為（action）の哲学や心理学を、科学的手法と結びつけるものだったからである。

2. 法則定立的測定と個性記述的測定

心理測定学とは、たとえば知能などのように、ある特定の次元上の能力を測定する分野である。大規模にサンプリングした人々が、新しく作られる検査に回答し、「基準」や「標準データ」が確立される。その後、個人のスコアを基準と比較し、その人が同等の人に比してどの程度のパフォーマンスができるかを検討する。これが法則定立的測定と呼ばれるものである。

「法則定立（nomothesis）」とは、元来、法則を与えることを意味するため、現在では一般的な法則を発見するためにデザインされた手続きや方法を表す。このような心理測定の検査は統計に基づいており、「客観的」とみなされる。

もう一方は、一個人を理解しようとするものである。これは個性記述的（idiographic）測定と呼ばれる。この "idio" はギリシア語の「独自の」「個人的な」「私的な」という意味を語源としている。したがって、ある人間の独自の、個人的で、私的な「固有の特徴」を研究するためのデザインである。このような方法は「主観的」とみなされることが多い。なぜなら、その解釈が、独自の個別のパーソナル・コンストラクト・システムをとおして結果を見るクライエントやセラピスト、もしくはその両者に委ねられているからである。

パーソナル・コンストラクト心理学と臨床場面での測定の使用に関して、ケリーは自分の立場を次のように示している。

心理学的測定と臨床的診断は、2つの見方を可能にする。一方では、知能や外向性といった特定の次元や座標の上に、対象者の位置を固定したり、統合失調症や神経症傾向のような臨床的タイプにクライエントを分類したりできる。他方では、対象者の動きの自由さ、潜在可能性、活用できるリソース、その人がどうなるべきかに関心を向けることができる。パーソナル・コンストラクト心理学の視点では、固定された位置よりもプロセスが重視されており、後者の見方のほうが示唆に富んだアプローチといえる。したがって、たとえば臨床場面における心理学的測定の第一の目標は、クライエントが自由に動けるような道筋を調べることであり、臨床的診断の第一の目標は、最も実行しやすい動きの計画をプロットすることである。全体として、診断とは心理療法のプランの段階であると説明される。

(Kelly, 1955/1991, Vol. 1, p.141)

科学に基礎をおきながら、臨床心理学という学問を確立することに携わるなかで、ケリーが個性記述的アプローチを採用したことは、リスキーなことだったに違いない。もしかするとこれが、１９５５年の著作を刊行する際に抱いていたアンビバレンスの一因だったのかもしれない。

第3節　個人にとっての意味の測定：レパートリー・グリッド

1．パーソナル・コンストラクトへの数字の割り振り

まずは、レプ・テスト（Rep Test）がある。これはその人の個性記述的な「固有の特徴」を提供してもらうケリーのオリジナルな手法である。焦点となるのは、その人が関わり合う人たちに適用している役割についてのなんらかのコンストラクトを引き出すことである。ケリーは、24の役割名を使えば、その人が関係している人の代表的なサンプルができる可能性がある、と提案している。これには次のような人たちが含まれる。「母親」などの家族、彼氏や彼女といった家族以外の人物、うまくつきあえていない、あるいはうまくつきあえなかった雇い主、その人が知っている成功した人物などである。

ケリーは、この役割コンストラクト・レパートリー・テスト（Role Construct Repertory Test: RCRT）、もしくはレプ・テストを「理論的思索がセラピストの実践的ニーズにいかに適用できるかを例証する、新

しい診断ツール」（Kelly, 1955/1991, Vol. 1, p.152）と説明している。

理論と実践とが1つのものとして密接に結びついているというアイデアは、パーソナル・コンストラクトのもつ両極的性質の考え方である。このことの理論的な位置づけはすでに述べた。もしあなたが、ある人について背が高いと言ったとすると、背が高くないものをすべて除外するだけにとどまっていない。あなたはおそらくその人が背が低いということを否定している。心理療法と同じように日常生活でも、私たちはその人が否定しなければならないと感じているものが何であるかを考慮する必要がある。実践では、コンストラクトの対極がそのコンストラクトの個別の意味について重要な洞察をもたらすことが多い。

ここでのもう1つ重要な理論的定理として、コンストラクトの適用範囲があげられる。どのようなコンストラクトであっても、エレメントの利用可能な範囲内に収まることが不可欠である。エレメントとは、理解されるべきアイテムや役割名などである。すべてのコンストラクトはすべてのエレメントに関連づけられるものでなければならない。たとえば、実際によく出てくる問題の1つに、大人と子どもを混ぜてエレメントを選択する場合があげられる。「セクシーな」－「セクシーでない」というコンストラクトは、すべてというわけではないが、子どものエレメントとしては適用しにくいのは当然である。できることなら、そのエレメントはその人の生活上の他者をうまく表すようなサンプルでなければならないことをあらかじめ伝えたほうがよい。役割名を使用するときには、クライエントに好きな人だけでなく、好きでない人も含めさせるようにすればよい。

ケリーオリジナルのレプ・テストでは、コンストラクトは次のようにして引き出される。役割名を3名分提示し、そのうちの2名がどのような重要な点で似ていて、残りの1名とはどのような点で異なるのかを問う。ケリーはこのような3人1組をまとめる8つの方法を提示している（Kelly, 1955/1991, Vol. 1, pp.155-160参照）。しかし、すべてはその人が他者とうまくやるために使っているパーソナル・コンストラクトを見つける手助けをすることに焦点を当てている。こうして引き出されたコンストラクトから、臨床家が心理療法のプロセスを援助するための仮説を導き出せるだろう、とケリーは期待していた。

しかし、物理学と数学が再び登場する。ケリーは自分の議論をここで終わらせることに満足していなかった。このようなパーソナル・コンストラクトを数学的に関連づけたかった。そのため、ケリーは要因分析(factor analysis)[a]と名づけた独自の統計手続きを開発した。これはどのように「コンストラクトと人物が、社会という構造に実体を与えるために組み込まれているか」(Kelly, 1955/1991, Vol. 1, p.189)についての見方を示すものである。したがって、心理学の実践全般、とくに心理療法の実践へのケリーの主要な貢献の1つは、主観的データを客観化したことであった。

ケリーが作り出したものはどれも、要因分析でさえ、パーソナル・コンストラクト理論に関連している。以下は、「意味の把握」という見出しの後にくる文章である。

　要因分析は、効率的な情報の提示方法とみなすことができる。以前に論じたように、これが損失を最小に抑え、利益を最大にするという問題への解答である。つまり、どのようにして最大限の情報を最小限の用語に圧縮するかという問題である。心理学者が最大限の情報を網羅しようとするのは、心理的プロセスの不可解なほどの複雑さのためである。また心理学者が要因数を最小限にとどめようとするのは、人間の精神には、四次元以上の空間に位置づける能力に限界があるあらである。

　しかし、別の問題がある。数学的にはシンプルに表されたものであったとしても、人間にとっては、

[a] 通常、"factor analysis"は「因子分析」を指すが、ここではケリーが開発した分析法を意味しているため、「要因分析」と訳出した。

> 慣れていない情報に基づいて理解するのは困難なことである。人間の認識はパーソナル・コンストラクトのネットワーク内にしっかりと保持されており、そのネットワーク内でまだ位置づけられていない考えや気持ちは、腹立たしいほどとらえにくい傾向がある。このため、科学には事象をシンプルな用語にする課題があるだけでなく、信じていることと、直面していることの間で、どうにかして調節しようとする心理的課題もある。(Kelly, 1969j, pp.325-326)

ケリーのレパートリー・グリッドのデータ分析法はあまり普及しなかった。これについて、その複雑さが理由の1つとしてあげられる。しかし、当時使われていた「レ点か空欄」方式には数学的問題があったこともわかっている。このフォーマットでは、一つひとつのコンストラクトが、役割名になっている一人ひとりに適用できるか否かを回答するよう求められる。バニスター(Bannister, 1959)は、1つのエレメント上で、レ点と空欄とに大きな不均衡がある場合、誤って高い相関が算出される可能性があることを示した。たとえば、ある人がグリッドで「無節操な女たらし」とみなされ、また別のある人が「公務員」とみなされたとする。すると、そのグリッドに回答する人は、実は公務員を無節操な女たらしと見ていたことになる。しかし、これは比較するなかで非常に多くの空欄があったために生じる相関である可能性が高い。

ケリーはこの問題に気づいており、このようなバランスのとれていないコンストラクトを除外するさまざまなやり方を論じている。しかし、バニスターはそれに満足せずに、この不均衡の問題を克服する方法をみずから開発した。その後、グリッドのフォーマットの改訂が何度かなされたが、それはほとんどバニスターによるものであった。現在、最も一般的に使われている方式は、すべてのコンストラクトとそれぞれのエレメントとの関係について、クライエントに評定させるものである(さまざまな形式のグリッド法の詳細は Fransella & Bannister, 1977 参照[b])。

ケリーはレプ・テストのグリッド形式を「言葉を超えて見る」手段であると考えていた。これを使えば、あるグリッドにおける人々(エレメント)とコンストラクトとの関係を調べることができる。たとえば、「情が深い」とみなされるのは女性だけで、「頼もしい」とみなされるのは男性だけだろうか。あるいは、うつでない人は「冷たくて厳しくて好かれない」という理由から、うつになるのは望ましいことだと示すような関係づけのパターンがないだろうか。

グリッドを使ってクライエントからデータを引き出す場合、クライエントがそれに対してどのように準備をするかが重要である。ケリーのセラピーの音声記録を分析したボブ・ニーマイアー[c](Robert Neimeyer)は、この問題について、どのようにケリーがアプローチしたかという例を示している。このクライエントはキャルという名前で、すでに5回のセッションを受けている。

> 今日は何か改まったことをやってみるいいタイミングかもしれません。あまり巻き込まれず、緊張もしないようなことです。以前、ちょっとフォーマルなエクササイズをするかもしれないと言っていたことを覚えていますよね。あなたが物事をどういうふうに見ているかが、もっとよくわかるようなエクササイズです。別に怖いものではありませんが、もしそう感じたら、必ず教えてくださいね。
>
> (Neimeyer, 1980, p.85)

[b] 簡易版の見本は、本書の付録2参照。
[c] ボブはロバートの愛称。

レパートリー・グリッド法のおもな特徴は、きわめて柔軟性に富んでいることである。個人や集団の理解の仕方や、思考内容や思考プロセスの理解の仕方を調べられるようにデザインすることができる。重要なのは、レパートリー・グリッドは１つではないと認識しておくことである。個々のクライエントのニーズに合わせて、どのようなレパートリー・グリッドを作るかは、セラピスト個人に任されているのである。

2. 信頼性と妥当性の概念

ケリーは、臨床実践と測定が結びついていることへの理解を深めることにもさらに貢献している。それは、検査の信頼性と妥当性という心理測定学的概念に対するアプローチに見ることができる。グリッドに関する分野で、どのような研究が行なわれてきたかを概観することは本書の意図するところではない。代わりに、ケリーがみずからの理論のパースペクティブとの関連で、多くの概念をどのように取りあげ、修正したかを示したい。

「信頼性」とは、検査がもっている、変化に対する感度の低さの指標である、というケリーのコメントは冗談ではなく、パーソナル・コンストラクト理論からの論理的帰結である。パーソナル・コンストラクト理論では、人間を動きの形態として見ており、静的な精神というのは語義矛盾である。法則定立的な検査のように、異なる場面で同じ被験者が似たような得点になるような指標が期待されているのではなく、特定の時期の、特定の人物を、特定のグリッドにおいて、どこで動きが止まり、どこで変化が生じやすいかをうまく予測しようとする。

たとえば、バニスター（Bannister, 1962）は、２つの同一のグリッドの相関を用いた。あるグリッドとその直後に繰り返したグリッドの相関である。これは、尺度の信頼性を検証する方法の１つである。そのスコアは、統合失調症の思考プロセス障害を示していると認められた人たちの理解プロセスと、精神障害群および非精神障害群の理解プロセスを弁別するために用いられた。このアプローチを後に発展させ、再検査法による相関係数を算出したところ、非精神障害の人たちは0・80、思考障害をともなう統合失調症群では0・18であった（Bannister & Fransella, 1966）。つまり、非精神障害の人たちは、1回目と2回目で類似した回答をしたが、思考プロセス障害の人たちはそうではなかった。

バニスターは、信頼性とは、ある場面において、たんに許容範囲か否かという実体ではなく、信頼性そのものが理解過程の一要素であると考えるほうが理にかなっていると主張している。

グリッド法は単一のテストではなく、決まった内容があるわけでもないため、その「妥当性」は、ある種のデータのなかで、それがパターンや関係性をうまく浮き彫りにできるかどうか、という観点でのみ議論される。つまり、グリッド法は、たとえば、攻撃性などを測定するために作成された質問紙とは大きく異なっているのである。

しかし、ある特定のグリッドの妥当性は、たとえば上述した思考障害のグリッドテスト（Bannister & Fransella, 1966）のような法則定立的な検査として作成されている場合には、検証することができる。すると、妥当性は伝統的な手法で査定することが可能となる。グリッドはまた、グリッドそのものの妥当性を明確に検証するためにも使われてきた。1967年に、バニスターと筆者は、イギリス総選挙で人々が投票した票とは反対の政党に関するグリッドの順位づけの結果の妥当性を検証しようとした。人々が「自分がなりたい性格に近い」か「自分の性格に近い」かという観点で政党を順位づけする仕方と、同じ人々（エレメント）が「保守党（労働党、自由党）に投票しそう」かというコンストラクト上での順位づけの仕方が比較された。これらのデータから、実際にそれぞれの人がどのように投票するかをかなり正確に予測することができた（Fransella & Bannister, 1967）。これは、妥当性とは「私たちがすでに知っていることを教えてくれる検査の性質」だとケリーが論じた際に、言おうとしていたことの好例である。

ケリーは臨床場面において使用されるあらゆる心理学的測定法が満たすべき５つの機能を具体的にあげた（Kelly, 1955/1991, Vol. 1, pp.141-143）。

1 「よく使われる言葉でクライエントの問題を定義する」ものでなければならない。「妥当性」があるというだけでは不十分であり、具体的な何かについての「妥当性」がなければならない。「正確さよりも、ユーザビリティ自体が、優れた臨床的テストの最低限の基準である」。

2 「クライエントが自由に動ける道筋や航路を明らかにする」ものでなければならない。たとえば、あるクライエントにとっては、がまんならない人であることをやめて、愛される人になることが明白な動きの道筋であった。このようなコンストラクトの道筋を知ることによって、クライエントの変わった行動が理解可能となる。

3 「事後的に確認し、使用できる臨床的仮説を備えている」ものでなければならない。ケリーは次のように述べている。「これは重要である！　臨床場面では、検査によって臨床家に最終的な結論が示される必要性は必ずしもない。他の心理プロセスと同じように、セラピーは継続的な仮説の適用とその結果の観察によって進むのである」（Kelly, 1955/1991, Vol. 1, p.142　傍点は著者フランセラによる）。

4 「ともすればセラピストが見落とすかもしれない、クライエントのリソースを明らかにする」ものでなければならない。これはクライエントがみずからの問題に対して活用してきた、あるいは活用することのできるリソースを明らかにすることを意味する。

5 「ともすればセラピストが見落とすかもしれない、クライエントの問題を明らかにする」ものでなければならない。ケリーは、臨床家はみずからのセラピーによって時として視野が狭くなると考えた。検査によって、セラピストが見逃してはならない、クライエントの脆弱性を明確にすることが重要であると考えた。

ケリーは妥当性を有用性と同一と考え、他者理解があらゆる営みのなかで最も有用だと見ていた。したがって、グリッド研究は、臨床、対人関係、言語学的意味、子どもの理解過程、政治や性などの、多くの文脈における個人の理解を深めるために行なわれてきた。また、個人の集まりである集団についての情報を提供するような、法則定立的な使い方も広くなされてきた。レパートリー・グリッドをどのように使うかは、それを使う人の創意工夫次第である。

一般的に思われていることと違って、パーソナル・コンストラクト療法のセラピストはクライエントにレパートリー・グリッドを使うという縛りがあるわけではない。むしろ、クライエントの大多数がグリッドを見ることすらなく、セラピーを終えるのではないかと思う。レパートリー・グリッド法は、一部のクライエントの、一部の場面に関して、有益な情報を提供し得る方法にすぎないのである。

第4節　数字を用いないアセスメント

グリッドは、ケリーの研究として、ひときわ目立って取りあげられてきた。しかし、あまり知られていないものの、ケリーはクライエントの世界観を引き出す2つの方法を論じている。それは、自己描写法（self-characterization）とライフロール（life role）である。

1．自己描写法

これは、ケリーの第一原則を実現するために開発された。つまり、「その人にとって何が問題なのか、あなたにわからないときは、その人に聞くとよい。そうすれば、その人があなたに教えてくれるだろう」（Kelly, 1955/1991, Vol. 1, p.241）という指針である。これは、第4章で述べた「軽信的アプローチ」の応用例である。ある人の見方が真実か虚偽であるかについては関心をもたないが、自分自身や他者との関係をどのように見ているかについて単純に関心をもつ。その分析は、「快楽」－「苦痛」に関する発言の指数の微分にも、「ネガティヴ」－「ポジティヴ」な発言の合計にも基づいていない。その代わり、ケリーの言葉で言えば、「クライエントのありのままの言葉に耳を傾け」、その人のコンストラクト・システムへの洞察を得ようと探ることである。

自己描写法の教示では、今現在、個人的に意味のあることを「話す」ようにうながす。ケリーは以下のような形式を提案している。

（たとえば）ハリー・ブラウンがある劇の主人公であるかのように、その人物像のスケッチを書いてください。他の誰も知り得ないぐらい、彼にとても親しみをもって、すごく彼の身になって考えている友人が書くように書いてください。三人称で書くよう注意してください。たとえば、「ハリー・ブラウンは…」と書きはじめてください。（Kelly, 1955/1991, Vol. 1, p.242）

この言いまわしは、相手に行動の余地を最大限に与えるよう、非常に注意深く作られている。「スケッチ（概略）」という言葉は、よく練られた詳細よりも、全体的な構造について書くことを示唆している。

三人称を強調することで、欠点や長所に終始するのではなく、むしろその人全体の説明をさせるという意図がある。他のフレーズは、こういった作業に潜む脅威を最小限に抑え、事実だけでなく推測も書くことができるように作成されている。

自己描写法の前提の1つは、クライエントがどのようなトピックについて話すか選択する際には、自分が意味づけるにあたって十分な構造をもったトピックを選ぶが、たとえ恐る恐るであっても、自分にとって不確かな領域にも触れていく、というものである。

クライエントのトピック選択は、自分が他者とどのように区別できると見ているかを示している。自分は外見がいたって普通だと思っているとすると、これはわざわざ言うほどのことでない。もちろん、その人がいたって普通であることについてひどくこだわっている場合を除いての話である。

最初の一文がその人の現在の生活への全体的な姿勢を表しているととらえると、役立つ場合がある、とケリーは述べている。最後の一文はその人が向かおうとしているところを示す場合がある。

心理療法では、自己描写法はアセスメント法としても、治療プロセスの一部としても、多くの使い道がある。もし生活上のある側面について関心があれば、教示の言いまわしを変えてもよい。ケリーは定年に近づく人の例をあげている。「疾患」になる前のその人のスケッチと、セラピーが終わったら自分がどうなると思っているのかというスケッチを書くことが有効である。あるいは、セラピー開始時にクライエントに次の2つのスケッチを書かせることもできる。1つは問題を抱えている自分、もう1つは問題がなくなったときの自分である。このような人物像のスケッチを書くことによって、セラピストはクライエントが生きている世界について、より鮮明なイメージがわき、クライエントも自分自身の理解過程への洞察が得られる。クライエントのなかには、書くこと自体が治療プロセスを進展させる非常に強力な方法だと感じる者もいる。そのようなクライエントが見いだした自己描写法のフォーマットの使用法については、「クライエント自身のありのままの言葉」（Fransella, 1980）で述べた。

2. ライフロールのコンストラクト

前述した他の技法と同様、この手続きも治療プロセスの文脈で使われる。ジョージ・ケリーのパーソナル・コンストラクト療法では、アセスメントのためのアセスメントは1つもない。

クライエントのライフロール（人生での役柄）の構造を引き出すための質問は、次のような流れで進められる。「子どものころの将来の計画をいくつかあげてもらえますか？」「大きくなったら、何になりたかったですか？」「…になるというのは、どういうことだと思っていたのですか？」「気が変わったのは何があったからですか？」「それについて今はどう思いますか？」「どういう経緯で事がうまく運ばなくなったのでしょうか？」などである。

クライエントのライフロールのコンストラクトを引き出すと、いろいろな目的で使用できる。たとえば、人生の目的に疑問を抱いているクライエントに用いることもできる。その狙いは、クライエントにはずっと目的があったことを示し、それをいったん見つけると、まだそこに目的を見いだせる可能性を示すことである。これは職業カウンセリングやキャリア・カウンセリングの文脈でも、とくに有効である。

3. 対等な治療関係

クライエントとセラピストの関係性という文脈で用いる「対等（equal）」という言葉の実際の意味には、注意しなければならない。ケリーは、精神力動的療法における関係性と行動療法における関係性を対比した。いずれの場合も、セラピストは、クライエントの問題に対応する知識と、願わくはその答えをもっている、という仮定がある。

ケリーにとって、関係の対等性とは、専門的な知識をもったパートナー同士であり、この専門的な知識を使って、１つのチームとして協働できることであった。クライエントは、現時点ではまだ気づいていない知識があるとしても、自分自身のすべてを知っているのである。クライエントは、このことをセラピストに教えることができる。セラピストは、クライエントが自分自身をもっと知るように援助できる方法や、さらに、私たちの誰もが、気がつくと時どき陥っている心理的な問題から抜け出す方法を少しは知っている。その意味では、治療関係は一様性ではない。どのような心理療法においても、セラピストはある時点においてクライエントが前に進めるように援助する最善の方法を決定する人物なのである。

第6章　心理療法の技法

第1節　治療プロセスを補助する方法

1．ヤコブ・モレノの影響

ケリーは、セラピーでは、ロールプレイとエナクトメントに重きをおいた。すでに述べたように、ケリーは演技と演劇に関心があった。たとえば、早くも1927年には、心理学やスピーチ教育と組み合わせて「演技法の指導」を短期大学で行なっていた。このことから、ケリーの考えにモレノの影響があったことは驚くに値しない。モレノはグループのプロセスを記録するために「ソシオメトリー」という技法を開発し、1937年には「ソシオメトリー（*Sociometry*）」という雑誌を初公刊した。ケリーは最初の役割コンストラクト・レパートリー・テストにモレノのソシオメトリーのアイデアをいくつか使っている。

しかし、モレノも1930年代に集団療法の開発と並行して、心理劇（psychodrama）という治療法を開発していた。同じころ、ケリーはクライエントにエナクトメントをその場その場の判断で使っていた。

ケリーは、演劇で役を演じることが、それを演じた人に及ぼす持続的な効果にどのようにして気づいたかを説明している（Kelly, 1955/1991, Vol. 1）。こうしたことから、ケリーはモレノが心理劇を集団で行なっていたことをよく理解できた。

スチュアートとバリー（Stewart & Barry, 1991）は、モレノの考えがケリーに与えた影響について論じている。１９４８年にバリーがとった講義のノートによれば、ケリーはとくに、モレノの即興劇（spontaneous improvisation）という技法に関心をもっていた。モレノ（Moreno, 1937）は、この「即興的」な演劇ではどのような役でも望むままに演じることができ、またそれは準備のいらない「ウォーミングアップ」だと述べている。

バリーによれば、ケリーは「おおまかに人物描写だけを決めて、台詞や話の筋が導くままに演じ、観客の前で準備されていないことを展開する」といった集団の即興劇のやり方を開発した（Barry, 1948）。この方法のポイントは、自分以外の誰かを演じることによって、理解過程の社会的側面を強調することにあった。この方法は、ケリー独自の固定役割セラピーとも少し関係している。

2．固定役割セラピー

ケリーの固定役割セラピーでは、クライエントは2週間ほどの期間、自分以外の誰かになるよう求められる。目的の１つは、これによって、クライエントが新しい人物を作り出すことがいかに可能であるかを知ることができる点にある。もちろん、全部が新しいわけではないが、変わることはできるし、それを自分でできるということを知ることができる。これは間接的ながら、ケリーの哲学を実践で示す方法である。つまり、私たちが状況にいかに制約される必要がないか、またいかに他の選択肢を選択できるかを示している。

これはけっしてパーソナル・コンストラクト療法のすべてではない。事実、ケリーが解説する包括的手法では、この方法を一度も使ったことがない人が多い。包括的手法によって、どのようにしてパーソナル・コンストラクト理論が心理療法に応用されるかが具体的に示されるため、紙面を割いて解説する必要があるだろう。

クライエントは違ったやり方で行動することを体験するだけでなく、そのような違いに周りの人がどのように反応するかということも体験する。結果として、よい体験になることもあれば、やらないほうがましだったといった体験もある。しかし、試してみたからこそ、学べるのである。ケリーは次のように述べている。

> パーソナル・コンストラクト理論は認知理論ではない。いかにして人間のプロセスが流れ、それが新しい方向や古い方向にいかにして邁進し、そしていかにして人生の新しく知覚された側面の深さに果敢にも到達しようとするのか、ということに関する理論である。［中略］人間はそこでできることを見いだすことにより世界を理解する。また同様に、自分が自分を作ること、人間とはその人がなるものであるということに気づくことによって、自分自身を理解するのである。予期したものであれ、予期しないものであれ、その人がなるものとは、その人が引き受けることの産物である。［中略］［ここに］［中略］固定役割セラピーの存在論的な原理がある。（Kelly, 1973, p.5）

手短に言えば、クライエントは自己描写（self-characterization）をする。これを使ってセラピストはエナクトメント・スケッチ（enactment sketch）を準備する。この自己描写法は最初に述べたものに基づいているが、多くの重要な点で異なっている別物である。スケッチにおける人物像は、クライエントが実行できると思えそうなものでなければならない。クライエントにとっては、この人物を演じてみる（enact）ということが実験になる。セラピストとクライエントが共同実験者となる科学的な企画である。クライエントは最終的にそのスケッチを受け入れ、新しい名前がつけられた、新しい役割を演じることに同意する。

エナクトメント・スケッチは、ある具体的な行動変容のためというよりも、大きなテーマを開拓するために作成される。たとえば、クライエントが自分自身を支配的ではなく依存的だとみなしているならば、そのスケッチではクライエントは他者への関心がある人だということになるかもしれない。このような新しいテーマに関係する新しい人物像の行動の仕方は、その範囲がはっきりとわかるようによく定義しておく必要がある。大きな目標は、新しい人物を作り出すというよりも、さまざまな新しいプロセスを動かして、クライエントを動き出させることである。重視されるのは役割の知覚である。つまり、クライエントは、こうした新しい行動を他者がどのように理解しているかに注目するよう求められる。

スケッチの人物は新しい名前を与えられる。スケッチでは、クライエントが信頼し受け入れられる人物を書くことが重要である。誰もがスケッチに納得すれば、クライエントは２～３週間にわたって新しい人物を演じるように言われる。

固定役割のエナクトメントの期間、クライエントは通常の面接に加えて定期的にセラピストと連絡をとり、さまざまな実験やその結果について話し合うことができる。

自分に向けられた他者の行動のほとんどは、自分が他者に向けている行動によって決まってくる、ということをクライエントが学ぶことが期待されている。自分が行動を変えれば、他者が自分に向ける行動を変えるのである。このような大胆な実験のもう１つの結果として、自分が自分自身を作り出しているという実感があげられる。つまり、自分は変わることができない人物ではないという認識が生まれる。このように、固定役割セラピーは、パーソナル・コンストラクト療法の基礎となる心理学と哲学の1つのモデルである。この理論では、人間は自己創造的であり、行動は連続した実験であるとみなされる。人間は社会的文脈のなかに埋め込まれており、他者との体験をとおして自分自身を知り、探求と変化こそ人生の重要な側面になっていると考えられる。

ケリーは固定役割セラピーの実践法に、60ページ以上を費やしている。詳細は、原典を参照されたい（Kelly, 1955/1991, Vol. 1, pp.268-334）。

3. エナクトメント

ケリーはモレノの自己呈示法（self-presentation technique）も参照している。これはその人自身を演じることである。これが心理劇とケリーが呼ぶものである。しかし、即興劇の技法も自己呈示法も、クライエントが自分自身の見方を変化するように援助することを目的としている。ケリーはモレノの技法を修正したが、そこにはすべて、誰もが自分自身を作ることができ、したがって作りなおすこともでき、そのような産物は社会的文脈において起こるという考えが暗にある。

ケリーは「エナクトメント」という用語を好んで用いた。なぜなら、この用語はロールプレイの意味を含むからである。他者のコンストラクト・プロセスを理解するという、ケリー独特の役割の定義をもってすれば、最も関連深いエナクトメントの種類は、役割エナクトメント（role enactment）である。しかし、エナクトメントは役割をともなわなくても実行できるものである。ただ、ケリーによれば、クライエントはすぐに他者のコンストラクトを理解する必要があると感じはじめるという。

セラピーのセッションで、ケリーがカジュアル・エナクトメント（casual enactment）と呼んだものには、多くの意図がある。これによって、クライエントは、自分自身のパーソナル・コンストラクト・システムを精緻化する手助けが得られ、まだ取り組む準備ができていない段階で、中核となる問題に巻き込まれてしまうことから守られ、自分の問題や自分自身について展望できるようになる。ケリーは心理療法におけるエナクトメントの手続きを精神診断における投影法の手続きになぞらえた。

セラピーにおけるカジュアル・エナクトメントの例としては、あるクライエントとジョージ・ケリーとの面接記録がある。ニーマイアーが録音された面接を研究している（Neimeyer, 1980）。そのセッションはセラピストのプランどおりには進んでいなかった（以下、Kがケリー、Cがキャルという名前のクライエント）。

K：あなたが…、私の立場になったとイメージしてください。そして、キャル・ウエストンのことを誰かに説明するように頼まれたら、あなたは多少気遣いながらも、どんなことを言うと思いますか？あなたはケリー先生です。信頼できる親しい仲間にキャル・ウエストンのことを説明しています。あなたは、今では11回にわたって面接で見てきたキャル・ウエストンについて、正確に、ある程度深く、気配りしながら、スケッチしたいと思っています…。私がその友達役になりますから、あなたはケリー先生になってください。

C：もう話したこと以外では、何か言えるかわかりません。何も浮かびません。

K：「私はキャル・ウエストンという名の男を見ています」という文章からはじめてみてはどうでしょうか。次にどんな文章がきそうですか？

C：（長い沈黙）

K：この患者はどんな人ですか、ケリー先生？

C：何か思い浮かべようとしているんですが、何もすぐに思いつかないんです。

K：ケリー先生、それは彼について言葉では言い表せないってことですか？（長い沈黙）ケリー先生はどれくらい自分の患者を知っているんですか？

C：どうやってその質問に答えればいいかわかりません。頭が真っ白なんです。それだけです。何も出てきません。

ニーマイアーはセラピーのセッションで自然に起こっているという点で、これをカジュアル・エナクトメントの好例だと見ている。ケリーはこのエナクトメントで、どうやって役柄に入ったり、役柄から出たりするのかデモンストレーションしている。たとえば、ケリーはキャルにとって役割の理解が困難だと気づいている。役割の理解とは、他者視点から物事を見ることである。キャルにはこれが困難であり、「ゲームをしない」ようにしている。ケリーは自身の役柄にとどまることでこれに対応している。さらには、キャルが「ケリー」であるかのように沈黙を解釈している。残念ながら、この戦略はうまくいかなかったため、ケリーはキャルの不安について話し合うために役割をおりる。

K：このようなエクササイズについて、どう感じていますか？　うっとうしいですか？

C：いえ、ただ何も浮かばないんです。

K：私があなたを実際はどう説明するか心配しているんですか？

C：あなたが私をどう説明するかなんてわかりません…。説明しようとするなら、これまでにあなたに何を話したか、思い出さないといけません。…で、何も思い出せないんです。…今のところ構成(construct)できていることと言えば、私があなたに会いにきたことくらいです。それで、えーっと、ここに来たときは問題があると感じてました。ちゃんと論理的に。でも、その先の進歩はゼロです。

K：その男はどんなことを話したんですか、ケリー先生？

C：（沈黙）そうですね、１つ言いたいのは、あなたが私のことをケリー先生だと言うと、落ち着かない気持ちになるんです。それが嫌なんです。でも、このアイデアに乗るなら…。

K：そうですね、これを一緒に変えてみましょう。続けてください…。

C：まあたぶん、問題の１つは学校での問題ですね。普通はクリアしないといけないレベルに達することもできないし、それを保つこともできなかったとか。

K：ああ、そうですか。それはその人のおもだったコメントですか？　それとも最初のコメントでしたか？

C：ええ。話し合いはその人個人やその人の学校での問題とか、家族歴とか、教育歴とかについてでした。（沈黙）［後略］

エナクトメントを再開するにあたって，ケリーはもっと具体的にして，ただキャルに「ケリー」として，これまでのセッションで話し合ったことをいくつか思い出すように言った。この戦略はある程度成功しているが，キャルの話はすぐにまた尽きてしまった。そこでケリーは不安を喚起しにくいようにロールプレイを修正した。

K：ええと，では，あなたはジョーンズ先生だとしましょう。ジョーンズ先生は，キャル・ウエストンを見てきました。これだと，もう少しやりやすそうですか？　これで「個人的な」部分を少し取り去ることができます。

C：ええ、でもまだ落ち着かないんです、私には判断する資格がないことを判断させようとしているから……。

この後、2人は、判断するということに関して、キャルが感じている気がかりについて話し合う。つまり、キャルの判断がセラピストの視点から見た「実態」を表さないという懸念についてである。この課題を完全にあきらめてしまう前に、ケリーはもう一度だけ役柄にとどまろうとする。

K：もう1つ、ジョーンズ先生を演じているあなたに質問してもいいですか？　ジョーンズ先生、この人は、どんな人物だと思いますか？

C：どういうことですか？

K：彼を動かしているものは何ですか？　あるいは、こんなふうに言ってもいいですね。彼に会うというのはどんな感じですか？　彼に会うと、どんな気持ちがするでしょうか？

C：私がそれに答えられるとは思えません。

K：こんな質問をすると、ちょっと脅されるような感じがしますか？

C：そうじゃないんです（強い調子で）。ただ、そういう視点から自分自身を見つめたり、言葉で表すにはどうしたらいいのかわからないだけなんです。

キャルは続けて、ケリーの見方をしようとして直面する難しさを語る。

C：私は…他の人が私のことをどう見ているか推測しないといけなかったんです。でも、なんの考えも浮かばなかったし、私を見ている人を言葉で言い表すなんてできないし、その人が私をどんなふうに見るかなんてまったく想像がつかないんです。

K：私があなたをどんなふうに見ているか、知る由もないと感じていますか？　それとも、私があなたをどんなふうに見ているか、なんとなく感じることはありますか？

C：そんなこと考えたこともなかったです。もし何か思いついたとしても、そういう考えは脇に押しやるようにしてました。

K：なぜですか？

C：そうですね…、私があなたに期待しているのは、私の問題について客観的に合理的に調べることなんです。問題を見つけて、その根本的な原因を探って、質問や議論をとおして、問題を整理できるように援助してくれることです。少なくとも、これが私の思っていることです。…心理師の役割です。えっと、質問はなんでしたっけ？（笑）

K：私があなたについて、どんなふうに感じているか、どんな印象をもっているか、どんな気持ちをもっているかということです。あるいは、私ができるだけ感情をもたずに、分析をしているという感じや、そうした確信はありましたか？

C：それに、あなたと心が通い合う関係になれば、どんな質問にも答えられるようになる気がします。…その友情関係を維持しようとするバイアスがかかって…。私はそういう（あなたの役割を演じるような）立場にないんです。あなたの視点に立ってみましょう。そういう見方を膨らませるには、あなたのことをもう少し知らなくてはいけません。あなたがどう考え、感じているか、知る必要があります。私はそういうことが起こらないようにしてきたんです。私たちの個人的な関係に情緒的に巻き込まれないようにするためです。それがまさに専門家というものです。あなたは医者です。「喉をかき切る状況に面した医学博士の男」に対して、私はこれをしっかりと続けていくつもりです。

K：どんな状況ですって？

C：「喉をかき切る」です。何か過激な表現を考えていたんです。

エナクトメントに対するキャルの抵抗の本質を深く探った後、ケリーはキャルがこのセラピーやセラピストに期待している役割をどのように理解しているかがはっきりわかる。ケリーがよく行なうように、次に進む前にクライエントの見方についての自分なりの解釈を確認する。

K：今私たちがしている話し合いは、ためになります。私がちゃんと理解できているか、確認しますね。これは私には試験なんです。合格できるかチェックしてください。ある意味、あなたはこんなふうに言っていますよね。「私は彼と一定の距離をとろうとしている。そうすることで、彼は先生でいられるだろうし、論理的に必要であれば、私の喉をかき切ることもできる。私は彼から距離をとり続ける。そうすることで、私は彼に自分の最悪なところも言うことができるし、どんな最悪なことが起こっても自分をあらわにすることができる。もし親しくなりすぎてしまったら、彼を失うことが怖くなるだろうし、個人的な関係をもちはじめてしまう」。

キャルがなぜセラピストの視点に立つことに大きな困難を抱えていたかについて確認し、ケリーはこれまでの面接にずっとあったテーマを取りあげる。それは、「理性的である」対「情緒的である」ことと関係している。このテーマをキャルがどのように考えているか、ケリーなりの解釈を述べる。

K：あなたがどう感じているかという感覚が，私にももっとつかめてきたように思います。あなたは未知の（情緒的な）領域に踏み込みたくないのではないんです。むしろ，踏み込んでいったときに，もがき苦しんだり，迷ったりしないことを確認しておきたいんです。自分で知っていることに，これまでどおりつながっていて，理性の領域にもどって，外側からしっかりと考えることができるかどうかを確認しておきたいんですね。

C：ええ。私はこういう未知の領域に入り込んで，私たちがこれまでやってきたことに関して，すっかり途方に暮れたりしたくないんです。何が起こっているのか私に理解させるために，ふりだしにもどすようなことはさせたくないんです。

K：あなたは要するにこう言っているんです。…「頼むから，突然私をカオスに放り込まないでくれ！」と。

C：そうそう，そうなんです！　そういうことです！　そういう視点からこのことを考えたことはなかったですけど，ぴったりきます。それで私が言ってきたことにまさにぴったりです。

4. 集団療法

報告は少ないが，ケリーは集団療法へのアプローチを明確に説明している。ケリーは，集団療法がしばしば最適な治療的文脈になると考えていた。病院にいる深刻な状態のクライエントと行なうものだととらえていた。最適な治療法でなくとも，個人療法と併用していた。

パーソナル・コンストラクト療法の大きな目的は，クライエントが他者と自分自身のことを，もっとうまく予測できるように援助することであるため，グループという設定は，新たな他者の理解の仕方を実験し，新しい役割を試すためのより幅広い基盤となる。個人療法では，潜在的に危険な「外の世界」で，ほとんどの実験を行なって，新しい役割を試さなくてはならないが，集団療法では治療設定という壁に守られている。ケリーが述べているように，「それは1人の人物しかいない小さな実験室と対照的に，大きく設備の整った実験室にさまざまな人物がいるようなものである」(Kelly, 1955/1991, Vol. 2, p.418)。グループのメンバーのパーソナリティが異なっていることで，それぞれの個人が幅広い役割を作り出す機会が得られる。理論的な表現をすれば，これはクライエントが自分の特定の行動実験の妥当性の有無を検証できる，さまざまなエビデンスを得やすいということである。

個人療法に比べて集団療法では否定的なエビデンスが生じやすい。失敗したという気持ちなどをともなう問題を抱えるクライエントに，そういう気持ちをもつことは妥当性が高いというエビデンスに直面させるのは逆効果である。多くのセラピストが集団療法を行なうのを嫌がるのは，このような，クライエントにとっての妥当性を損なうという恐怖のためだとケリーは考えている。しかしながら，ケリーが提案する手順に集団療法を進めれば，クライエントにとってのそのような否定的なエビデンスにも対処することができるだろう。

集団療法の利点について，他にも2点あげている。1つは依存に関することであり，もう1つはステレオタイプと関係している。

第4章で論じたように，ケリーは誰しもある程度は他人に依存していると考えている。問題は，その人が他の人たちに依存を分散させることができるかどうかである。依存のすべてを1つの方向に向けることは，言うまでもなくよくないことで，どのような理由であれ，その人がいなくなると，自分を除いては誰も頼れる人がいなくなってしまう。ケリーにとって，グループ・プロセスの最初の段階は，グループ全体に依存を分散するようにうながすことである。集団分析的心理療法（group analytical therapy）で行なわれるように、それぞれのクライエントをセラピスト1人に依存させるようにはしない。ケリーが指摘するのは、セラピストからクライエントが自立することをポジティヴな出来事と考えていないセラピストにとっては、これが脅威となり得ることである。

クライン派の分析家であり、集団分析のトレーニングを受けていたキャシー・クーパー（Cassie Cooper）は、このような集団における自立についてどのように思ったかを報告している（Cooper, 1982）。あるとき、彼女はセッション中に部屋を出て行かなければならなかった。精神分析的な言い方をすると、許されざることである。彼女がその部屋にもどったら目にするだろうと予想していたことは、まったく妥当ではなかった。グループのメンバーは2つのことをしていた。椅子の配置を変えて、電気をつけていた。そして、セラピストが部屋にもどってきたことに気づかないほど、皆で深くディスカッションをしていた。ケリーであれば、これをよしとしただろう。キャシー・クーパーもそうだった、と振り返っている。

グループという設定の最大の利点に、クライエントの先行的理解過程（pre-emptive construing）やそれに類するもの、布置的理解過程（constellatory construing）もしくはステレオタイプ的理解過程（stereotypical construing）を取り除く機会となることがあげられる。先行コンストラクト（pre-emptive construct）とは、たとえば、「私の母は私の母であって、私の母以外の何者でもない」というようなものである。グループという設定では、クライエントは他の人たちが「私の母」をどのように見ているかを体験する。「私の母」というのは何とおりもの理解の仕方があるという可能性を探る機会になる。布置的理解とは、別の種類の頑固さである。たとえば、体重のコントロールができない人を誰でも意志が弱く、すぐ泣く、虚栄心の強い人間だとみなすといったことである。グループは、そのような人がステレオタイプで示されるよりも、ずっと複雑だというエビデンスを提供してくれる。

ケリーは、グループ・プロセスは6つの段階で展開すると指摘した。第1段階は「相互受容と相互サポートの開始」である。ここでいう受容とは、役割の用語で定義される。つまり、他者の目で世界を見るための準備である。集団という状況において、サポートは受容に支えられている。それぞれのクライエントに少なくとも1人は、実験がどのようなものであるかを理解しようとしてくれると感じながら、安心して実験を行なうことができる相手が必要である。この段階での重要な点は、グループ内の数人がメンバーをサポートしてくれるということがはっきりするまで、セラピストはどのメンバーも非難されやすい立場に絶対におかないことである。サポートの進展をうながす方法はエナクトメントやロールプレイなど数多くあるが、どのメンバーの個人的な経歴にもあまりに近い場面設定にしないように気をつけるべきである。

第2段階は「中心的な役割関係の開始」である。ここでも、「役割」という用語は、他者の立場に立ち、他者の目をとおして世界を見てみるという、ケリー派の意味で使われている。これまでに演じた最後のエナクトメントを使うことをケリーは推奨している。エナクトメント中に、演技者（performer）がどのようなことを体験していたと思うか、メンバー同士で話し合うよう求められる。

集団療法のプロセスの第3段階は「中心的相互企画の開始」である。いよいよグループのメンバー主導権を握りはじめる。グループが次にどのような探求をするか提案したり、なんらかの問題について答えを見つけようとしはじめたりする。自分自身と他の人のためになる行動実験を提案するようにうながされる。

第4段階では、グループは「個人的問題の探求」に移る。ここでいう個人的問題とは、グループ外にある問題である。もしエナクトメントが使われているなら、メンバーはここで自分自身や互いの生活状況を演じる（enact）ことになる。モレノらによって提唱された心理劇とどのような点で類似し、どのような点で異なるのか、ケリーは以下のように指摘する。

同意するのは、そこに妥当性の確認や「現実検討」が含まれるという点である。しかし、私たちは「補助自我（auxiliary ego）」の役目をもつ人の体験の価値に、もう少し重点をおいている。そのような体験によって、その人は役割関係のなかで再び確立できる。この役割関係とは、自分の罪悪感に取り組めるようになる事実である。これにより、個人的問題を解決するために、チームとしてのアプローチがどのように利用できるかが示される。他の人が抱えている問題との類似点を見いだすことで、自分自身の問題を社会的照合枠（social frame of reference）に置き換えられるようになる。（Kelly, 1955/1991, Vol. 2, p.429）

パーソナル・コンストラクト集団療法の第5段階は、「副次的役割の探求」である。メンバーは、グループ外の視点から出来事を解釈しはじめる。この段階では、メンバーはグループのなかで学んだことをグループ外の世界や人間一般にも拡大してみるようにうながされる。ケリーはこの段階でソシオドラマ（sociodrama）を使うよう提唱する。これは心理劇で焦点となる個人的問題よりも社会的状況に焦点を当てたものである。ソシオドラマでは、自分自身や他のメンバーについての理解を、社会全体との関係のなかでの自分自身の理解へと拡張していく。

メンバーがグループ外での冒険について他のメンバーに語るとき、最後の第6段階がはじまる。この段階になれば、グループはサポート役に徹し、この冒険が失敗したときの保険の役割となる。メンバーが、グループの内側よりも外側にますます関心をもつにつれて、グループは終結へと向かっていく。

第2節　再構築のプロセスを補助する方法

ケリーは心理療法のプロセスを進める方法とは別に，理解が変化し得る8つの方法を詳しく述べた。しかし，パーソナル・コンストラクト療法でも，その他多くの心理療法でも，何もないところには何も起こり得ないことを常に念頭においておくことが重要である。セラピストは，いつもクライエントの感情状態や，クライエントに要求したことのなかにクライエントを脅かすものがないか，注意を張りめぐらせておく。また，不安を喚起しやすい問題や，クライエントが自分自身を守ろうとして敵意をもつことで変化のプロセスが行き詰まってしまうような問題に注意を払う。

ケリーは日常生活での変化の戦略を次のように表現している。「いかなる状況であれ，困った事態に対応しようとするときは，常に同じやり方になる」（Kelly, 1969d, p.231）。以下は，クライエントとセラピストがチームとなって取り組んでいるときにみられるものである。

1．スロット・チェンジ

1つめは，ある重要なコンストラクト軸上で，クライエントの立ち位置を逆転させる方法である。「よければ，これをスロット揺らし（slot-rattling）と呼んでほしい」（Kelly, 1969d, p.231）。スロット・チェンジは，どちらかと言えば表面的な変化だとみなされがちである。クライエントは「服従的」な存在から「支配的」な存在へと移行する。もちろん，クライエントはすでにこれをやってみて，場合によっては悲惨な結果を招いたこともあるかもしれない。しかし，セラピストの援助により，クライエントは「支配的」になることの利点を見つけることができるかもしれないし，そのような「支配的」な行動のなかには，他者にとって，またはある文脈では受け入れられないものがあるということを発見できるかもしれない。しかし，たいていこれはシーソーになる。クライエントは自信があるときは支配的になるし，落ち込んでいるときは服従的になる。

2．シフト・チェンジ

２つめも，表面的な変化になりがちである。「クライエントがすでにもっているレパートリーから別のコンストラクトを選び，それを目下の問題に適用することができる」（Kelly, 1969d, p.231）。しかし，注意深く使うと，利点にもなり得る。上述の例で言えば，クライエントは，「聴く」存在とは反対に，「聴かれる」存在というのは，その状況に対するオルタナティヴな見方だと考えるようになるかもしれない。このようなシフト・チェンジは，この時点ではまだ大きなものには見えない。しかし，この理論では，さまざまなコンストラクトは１つのシステムのなかに階層的に組織されていると考えられるため，どのような再構築であっても，表面的には現れていないシステム内で派生的な影響があり得るといわれる。

3．前言語の言語化

３つめの再構築のタイプは，「みずからの人生を広範に秩序づける，前言語的コンストラクトをもっと明示的にする」（Kelly, 1969d, p.231）方法である。これは心理療法で使われる，ほぼ避けられない戦略である。気づきの低次レベルでの理解過程によって，行動や感情が生み出されるが，把握できるようなものはほとんどない。クライエントによっては，これが現在抱える問題のおもな原因になっていることがある。前言語的なものを言語化することは簡単でなく，ほとんどの場合は時間がかかる。

4．精緻化コントロール

４つめの方法は，「コンストラクト・システムを精緻化し，内的一貫性を検証する」（Kelly, 1969d, p.231）ことである。コンストラクトは必ずしも改訂される必要はないが，探求され，より明確に定義される必要がある。たとえば，自分のことを「穏やかな」－「攻撃的な」という次元で，「穏やか」と見ているならば，「穏やか」になるとは実際にどのような意味なのか，また，そのような行動とはどういうものかを詳しく説明するように援助される。人はさまざまな状況で，穏やかにも攻撃的にもなれることに気づくかもしれない。こうして，自分にとってもっとうまく機能する理解過程システムを深く学んでいく。

5．予測的妥当性と活用範囲

５つめは，コンストラクトの予測的妥当性を検証することであり，６つめは特定のコンストラクトをより多くの出来事に適用することによって，そのコンストラクトの活用範囲を拡げたり，狭めたりすることである。両方とも直接的なやり方であり，セラピストとクライエントとの複雑なやりとりを要することはまれである。

6. 既存の照合軸の回転と新たな照合軸の創出

7つめと8つめの方法には創造性が求められる。まずは、ファンタジー、夢の報告、自由連想、リラクセーションなどを用いて、クライエントのコンストラクトをルーズにする。つぎに、みずからの理解の仕方をタイトにして、創造サイクルを仕上げる。ケリーは、こうした戦略が「特定のコンストラクトの意味の変容」であり、「照合軸（reference axes）の回転」であって、「新しい照合軸の確立」だと述べている。これはすべてのうちで「最も野心的な試み」である（Kelly, 1969d, p.231）。

第3節　特定の行動へのアプローチ

ケリーの理論は全体としての人間存在についてであるため、特定の行動について指摘したいことがあったとしても、驚くに値しない。このことを示す好例は、夢を見ること（dreaming）と泣くこと（weeping）だろう。

1. 夢を見ること

理論的には、夢を見ることは、ルーズな理解過程の究極の例だと考えられる。夢のなかでは、物語はシフトし続ける。あるときにはこう見えたものが、つぎの瞬間には違って見える。夢を見ることは、一般的に、気づきの低次レベルでの理解過程をともなっており、前言語的理解過程であることが多い。夢はコンストラクトの潜在極とも関係していることがある。セラピストは、コンストラクトを両極の性質ととらえるべきであり、具体的なものと考えないほうがよい。

ケリーは、あるクライエントの例をあげている。彼のセラピストは、背が低くて太っているが、彼の夢に出てくるのは、自分に悪いことをさせようとそそのかす背が高くて痩せた男である。背が高いことや痩せていること、悪いことが、クライエントにとって何を意味するのか考えるよりも、セラピストは「背が高い」－「背が低い」、「痩せている」－「太っている」、「悪行」－「善行」というコンストラクトに沿って考えるようケリーは提案している。注意深く見れば、そうしたコンストラクトの付近にあるエレメントの1つが自分自身だと気がつくかもしれない。

ケリーは、夢解釈に関して精神分析家とは意見を異にする。ケリーはクライエントだけが体験を解釈できる唯一の人物であると考える。象徴という観点からの夢判断は、セラピストにとっての象徴の意味がクライエントにとっての象徴の意味と同じだと仮定することになってしまう、とケリーは説明する。ケリーの立場からは、この仮定は成り立たない。

ケリーが特定した夢のタイプは3つある。その1つが「ギフトの夢（gift dream）」である。この夢が生じるのは、その夢の別の側面にセラピストが押しつける象徴的意味を、クライエントがわかるようになるときである。そして、クライエントは象徴的な夢を見るようになる。ここでは治療の大きな進展は起こらない。「セラピストに手伝ってもらって、名前をつけ、言葉で操れるようにした、幼稚なコンストラクトを使って、クライエントは楽しんでいる」（Kelly, 1955/1991, Vol. 2, p.338）。

クライエントは、自分のセラピストの言葉を学ぶといわれる。フロイト派の精神分析を受けているクライエントはフロイト的な夢を見るし、ユング派の分析を受けているクライエントはユング的な夢を見る。パーソナル・コンストラクト療法を受けているクライエントがケリー的な夢を見るかどうかは知らないが、確かなのは、ケリー派はオルタナティヴな物事の見方がある「かのように」、クライエントに世界を見るよう、うながしているということである。それ以外で、どのようにすれば、クライエントは前進することができるのだろうか。クライエントは現在のやり方を「まちがっている」とみなす必要はないが、なんらかの別のやり方を探ってみることが有効かもしれないということを単純に受け入れればよい。クライエントがどのような「ギフト」をパーソナル・コンストラクト療法のセラピストのところにもってくるのか、あれこれ考えるだけである。

パーソナル・コンストラクト療法のセラピストは夢解釈をせず、クライエントに任せるままにする。これは、パーソナル・コンストラクト療法ではセラピストが解釈しないという意味ではない。第4章で述べたように、解釈はその人自身の結論にたどり着けるようにうながす流れで行なわれる。その際は、「ふと思いついたんですが…」や「それを聞いたら、あなたが先日言っていた…を思い出します」のような、ためらいがちな提案がなされる。

2つめは、「距離標識の夢（mile-post dream）」である。この種の夢は鮮明で、叙事詩的な内容になり、他の夢のエレメントを含むこともある。これが鮮明で他の夢とは違っているのは、タイトに理解されているためである。ケリーは自身の経験と理論から、この夢はクライエントのコンストラクト・システムの大きな移行を示している可能性が高い、と述べている。「このような夢が報告されたら、セラピストは治療の新しい段階に入る準備をすべきだと考えている」（Kelly, 1955/1991, Vol. 2, p.339）。

3つめは、よくあるタイプの「前言語的な夢（preverbal dream）」である。これはあいまいで、支離滅裂で、なんの会話もない夢である。誰もが体験したことのある夢であり、見た夢を話すときは、たいていこういう夢を指している。次の例は、ある出来事に意味を与えるために、ケリーがいつもどのようにして臨床的コンストラクトを使っているかを示している。

彼女は夢を見ていたかどうかまったく自信がなかった。彼女はベビーベッドに寝ていて、その部屋には男性1人と女性1人がいたが、その2人からは隔絶されているような、あいまいな感じがあった。彼女とその女性の間には網でも張られているかのように思えた。その女性は自分のおばのようだった。きれいで、自分がまだとても幼いころ、そのおばが大好きだった。その男性はおじのようだった。人生で初めて自分を受け入れてくれた人だと覚えている。夢の設定で最も重要な特徴は、網であるように思われた。それは、彼女がともに役割関係を探して見つけ出した2人と彼女との間を分かつものだった。

その夢は断片的に語られた。夢の一部は記憶だったり、聞かされたことのある話だったり、小さいころの空想だったり、あるいは、その場で作りあげたものかもしれない、とクライエントは感じていた。それはまちがいなく自分が無価値であるという気持ちや罪悪感と結びついていた。役割を失うという感覚が夢の重要な特徴であることは確かだった。このケースの他の特徴ともあわせて言えば、この夢は、クライエントの罪悪感という、深く根づいた前言語的な性質が、セラピストが考慮すべき重要な事実であることを明確に示している。さらに、この夢は、自分の世界から他の人を分け隔てるような、クライエント自身の突っかかり方の解明にも役立つ。このようなやり方は、彼女にとって重要な第二防衛ラインであり、彼女が講じる厳しい措置の多くを説明できた。（Kelly, 1955/1991, pp.340-341）

2. 泣くこと

ケリーは多くの紙面を割いて（Kelly, 1955/1991, Vol.2, pp.387-391）、泣くことについて書いている。ほとんどの場合、不安と関連づけている。つまり、世界についての自分の理解の仕方が、現在の状況を扱うには不十分だと気づくときに泣くことが多い。しかし、その逆は仮定されない。泣いていないものの、黙って座っている人の不安が高くないとは仮定できない。泣くというテーマに関心があった証拠として、ケリーは10種類もの泣きを説明している。ケリーについて語られている話によると、ケリーは自分の演技力を活かして、いくつかの種類の泣きを心理療法の授業の学生に実演し、実際に涙を流したという。

言葉にならない拡散した泣き（diffuse-inarticulate weeping）

これは最も純粋な不安の表れである。話題が何であれ、その人は泣きやむことができない。たいてい、何のことで泣いているのか、はっきりと言うことができない。ケリーは、これを危険信号とみなした。クライエントが心理的崩壊に近づいていたり、自殺したりする危険性があることを暗に示すこともある。

乳幼児泣き（infantile weeping）

これは「動物の鳴き声のような特徴」がある。これは脳損傷をもつクライエントにみられ、「器質性の泣き（organic cry）」と呼ばれることもある。このタイプの泣きをクライエントが示した場合、ケリーは神経学的検査が必要となるという。

退行的泣き（regressive weeping）

その名のとおり、子どもじみた行動をともなう。これはクライエントが幼児の役割でセラピストと関わることを望んでいる可能性を示唆する。そこから何かが生まれることもあるため、セラピストは手はじめにこの前言語的な役割関係を受け入れようと決断してもよい。

ルーズな泣き（loose weeping）

これは、言っている考えとその行動が一致しないように見えるクライエントに関係する。急性の統合失調症に共通してみられる。ここで特筆すべきは、心理療法は統合失調症と診断された人にも役立つことがある、とケリーが信じていたことである。

状況的泣き（situational weeping）

これは、構造の喪失を引き起こしたなんらかの出来事に関連している。その状況が終われば、すぐに構造がもどり、クライエントは泣きやむ。「もしセラピストがこの種の泣きだと確信していれば、クライエントを泣きやませないといけないと思う必要はない」。クライエントは自発的に泣きやむのである。「さらに言えば、セラピストはその状況的不安を使って、クライエントが問題に取り組むように仕向けようとしてもよい」。

芝居的泣き（histrionic weeping）

これは、もうほとんど姿を消したヒステリーの問題に関係している。この種類の泣きは、その演技の質で本性があらわになってしまう。「クライエントが賢ければ、殉教者の役を演じるだろう」。この種の泣きは、セラピーの妨げになるとケリーは考えていた。

敵対的泣き（hostile weeping）

セラピストがまったく駄目だと伝えようとして、クライエントが敵意を示すように泣く場合である。このようなクライエントは、念には念を入れて相談室の外に聞こえるくらいの大声で泣こうとする。「自分がセラピストに誤解され，侵害されていることが明白になるような泣き方をする」。

収縮的泣き（constrictive weeping）

この泣きでは，クライエントは自分のなかにどんどん引きこもる。クライエントは何もかもに罪悪感を感じ，価値あるものは何もなく，まったく安心できないと感じている。この泣きはどんどんひどくなる。これは深刻なうつ状態のクライエントによくみられる。クライエントが疲れ果ててしまう可能性があるため，これを続けさせてはならない。ここには自殺の危険性もある。

扇動的泣き（agitated weeping）

セラピストにとっては明るい兆候であり，クライエント側の攻撃性の1つの表れとみなされる。攻撃性は，クライエントの知覚の場の能動的な精緻化である。不安はクライエントを立ちすくませるほど大きくないため，体の動きもみられる。

見せかけの泣き（façade weeping）

これは深刻な障害をもたないクライエントとのカウンセリングにおいて最も興味深い泣きの種類だとケリーは述べている。これは芝居的泣きと敵対的泣きに似ているが，その機能は異なっている。これは「自分に本当に問題があること」をセラピストに，またクライエント自身に説得する試みとみなされる。ケリーは，この泣きはうわべだけで，なんらかの問題を大げさに見せようという意図があると考えた。クライエントはそういうふうにすることで，問題の本当の原因がある別の領域を探られることを防ごうとしているのである。

見せかけの不安は、クライエント自身が自分の問題について、あまりにも具体的に詳しく話す場合に疑われる。あるいは、面接を何度も袋小路に追い込むクライエントもそうである。これへの対応策の1つは、それが見せかけではないかと疑い、それは意味をなさないし、クライエントが「本当」の問題を語る準備をしない限り、役に立てることはほとんどない、と告げることである。

まとめ

第3部では、どのようにしてケリーが理論を実践に移したかについてまとめた。第3部の基盤はすべて第2部にある。パーソナル・コンストラクト療法は、パーソナル・コンストラクト理論と哲学の実践だからである。

ケリーの固定役割セラピーの説明は、命を吹きこまれたパーソナル・コンストラクト理論のエッセンスである。エナクトメントとロールプレイの重視とあわせて、これはパーソナル・コンストラクト理論の一つの土台に着目したものである。すなわち、あらゆる行動は実験である、あるいは実験とみなすことができるというものである。一つのセッションのなかで、有効な実験が多く行なわれるが、ほとんどの実験はセッションとセッションの間に行なわれる。したがって、セラピストークライエント関係の重要性から、クライエントー外部世界の関係の重要性へと強調点が移行する。相談室のなかで計画された実験が、実際に検証されるのは外なのである。クライエントは自身で創造する大きな責任を担う。

固定役割セラピーとは別に、ケリーは集団心理療法のプロセスについて独自の説明をし、治療の選択肢の一つであるとまでも述べた。

ケリーは心理療法に関する測定とアセスメントについて、3つの貢献をした。「性格検査」のようなツールに頼るのではなく、一人ひとりのクライエントの世界がもつさまざまな側面を、どのようにすれば数量化できるか示した。また、「アセスメント」の方法には、必ずしも数値がなくてもよいことを具体的に示した。そして、ケリーはセラピストがクライエントの「言葉の壁を乗り越える」ことができる手法を開発した。

ケリーは、方法と手続きに関して、心理療法への実践上の貢献をしたが、重要な貢献は、特定の方法や技法に縛られないように、セラピストを解放したことかもしれない。セラピストがどのようにふるまい、どのようなツールを使うかは、パーソナル・コンストラクト理論や、問題についての推移的診断、セラピスト自身の創意工夫によって決定づけられる。

第4部　ジョージ・ケリーの評価と影響力

第7章 批判と反論

第1節　論争点

パーソナル・コンストラクト理論への批判が出されるのには時間がかかった。このおもな理由は言うまでもなく、その理論の適用範囲の広さと、それがもたらす複雑さのためである。真に批判するためには、深い理解が必要となる。

あらゆるものがそうであるように、どのような批判を取りあげるかという選択は、そのような問題に対する著者の理解過程による。したがって、ここでのトピックを選択したのは私であり、そのトピックは私が重要だと思っているものである。他の人であれば、明らかに異なる見方をするかもしれない。

ケリーは、理論の価値はその有用性にあり、いったんその有用性が低くなると、当然その理論も色あせる、と述べている。このケリー自身の見方から論をはじめるのが理に適っているように思える。たとえば、次のような論争がある。情動（emotions）と感情（feelings）が理解過程のプロセスの一部だとケリーが十分に論じているのか、それとも、パーソナル・コンストラクト理論はたんなる認知理論にすぎないのか。

この両方が心身問題（mind-body controversy）と密接に関係し、「精神－身体」というコンストラクトを使わなくともなんら問題がない、とケリーが首尾よく論じられていたかという問題に深く関係している。

そのほか、よく指摘されるのは、私たちの誰もがそこに存在しているという社会的文脈の影響について、ケリーがどの程度考慮していたかという問題である。また、なぜ子どもの発達プロセスについては、ケリーが理論的説明を一切していないのかという議論もある。最後に、構成主義（constructivism）という比較的新しいトピックがある。心理療法の分野でますます多くの人たちが、みずからを「構成主義者」とみなすようになってきている。

また、レパートリー・グリッド法の展開の仕方への批判もなされてきた。しかし、この問題は非常に専門性が高いため、ケリーの心理療法への貢献を記す本書には適さない。レパートリー・グリッド法は方法論としては健在であり、心理療法をはじめとした、さまざまな文脈で広く使用されていると指摘するにとどめておく。

第２節　パーソナル・コンストラクト理論の有用性

理論に向けられた批判が妥当であったり、理論の妥当性を損ねる多くのエビデンスがあったりするために、理論が消えるというのは別にして、理論が取って代わられるのは、その有用性が見いだされなくなったときである。ケリーは、いつの日か自分の理論が取って代わられることを次のように示唆している。

理論とは、人生に対する能動的なアプローチの基盤を与えるものであり、人生の浮き沈みについて超然とした態度で考えにふけるための快適なアームチェアではない。人類は、天地創造の宗教劇を見ている、無表情の大勢の観客になる必要はない。人間は、事象を作りあげるうえで能動的な役割を果たせる。人間はいかにして自由意思をもてるのか、またいかにして決定論に縛られた存在として理解されるのか、があらゆる心理学の理論の基礎にある問いである。

その答えは、何はさておき、私たちの世界が本質として能動的な性質をもっていると再認識することにある。世界は、放っておかれたモニュメントではない。それはとてつもなく大きな事象であり、いまだ結論を見ていない。人間がこの事象を理解するために用いる理論は、マンモスの大行進のなかでのささいな事柄にすぎない。理論が築こうとしている真理は、それが少しずつ姿を現すようになる大きなスキーマへの漸次接近（successive approximations）である。すなわち、理論とは、人生のなかで押し寄せる事象に、人間が一定のパターンを見いだした仮の表現である。しかし、理論もまたある種の事象であり、それが他の理論によって包摂されたり、その理論の上位の部分に包摂されたり、また、そのようになった理論がまた別の理論によって包摂されたりする。したがって、理論とは、理論が部分としてとらえられるようなコンストラクト・システムによってのみ制約を受けるものである。そして、言うまでもなく、その制約は一時的にすぎず、その上位のシステムがもち込まれるまでしか続かない。（Kelly, 1955/1991, Vol. 1, p.14　傍点は著者フランセラによる）

第3節　情動と感情へのアプローチ

情動や感情に対するケリーの扱いが不十分であるという指摘は、今なお続いている。第3章で論じたように、ケリーの理論では、理解過程が思考と感情の両方をともなっていると明確に説明されているが、議論全体として何を言おうとしているのかを示すために、ここではそれをより深く扱っていく。

1956年にケリーが「情動」を十分に扱っていないという論争をはじめたのは、ハーバード大学の心理学の教授のジェローム・ブルーナーであった。彼は、次のような指摘からはじめている。

本書は秀逸で、独創的で、しかも腹立たしくなるほど分厚い2巻からなり、ここ10年のパーソナリティの機能に関する理論では、唯一にして最も偉大な貢献として傑出したものである、と容易に認められるものである。ケリー教授は、主著を記した。［中略］本書はどういう点で成功し、失敗しているのだろうか。［中略］本書は、私が思うに、人間が世界を認知的にコントロールしたいという切迫感を、重要かつ尊厳あるレベルまで引きあげたという点で成功している。また、メンタルヘルスへのアプローチの個別性（individuality）や「代替性（alternativeness）」を認めた点で成功している。パーソナル・コンストラクト心理学の仮定に、きわめて一致した診断ツールを提供した点でも成功している。

本書がとくに失敗しているのは、私が思うに、人間の情熱（passion）について、納得のいくほど論じていない点である。（Bruner, 1956, p.355）

また、同じ雑誌で、カール・ロジャーズも、「知性化された心理療法」というタイトルで、ケリーの著作について書評を書いた（Rogers, 1956）。同様の批判がその後、40年以上も続いている。なかには、マッケイのように、ケリーらの研究を極端に受け取り、次のように述べている者もいる。「パーソナル・コンストラクト理論は過度に心理主義的（mentalistic）であるという理由で広く批判されてきた。ケリーとバニスターによって描写されているように、理想的な合理的人間というのは、激しい情動体験をすることのある人間というよりも、そうならないようにプログラムされたロボットのようである」（Mackay, 1975, p.128)。同年に、ペックとウィットロウは次のように述べている。

ケリーの情動へのアプローチは意図的に心理主義的（psychological）なものになっているが、この立場を築きあげるためには、生理学領域の多くの知識を無視せざるを得ない。さらに、定義のなかには常識からかなり外れているものもある。バニスターとメイアーは、ケリーの理論について「この理論体系では、『情動』はその神秘的な部分の多くを失う」（Bannister & Mair, 1968, p.33）と指摘しているが、情動はそれがもつ多くの意味までも失っているとも議論ができよう。（Peck & Whitlow, 1975）

ケリーはこの問題について、かなり早くから懸念していた。ケリーは、情動がみずからの理解過程への気づきに関連しているという点について、うまく説明できていなかったことを自覚していた。ケリーはあるインタビューで、これは精緻化する必要があるとはっきり述べている。ケリーは、著書を執筆することや、一度に数冊の本を書く自分自身をどのように思っていたかについて以下のように語っている。

しかし、どの本も書きあげていないんです。書きあげているものでも出版される見込みもないんです。私は先日数えてみたんですが、たしか自分が書いた本が5冊あり、そのうち1冊だけが出版されていますが、それがまちがいだったと思うのです。ああそうだ！　あなたに人間の感情についてのことを話していましたっけ？　えっと、その本が出版された後、かなり多くの人がコンストラクト理論を1つの認知理論として引き合いに出しました。それで、何年かこういうのを聞いていて、どうにかしないといけないと心に決めたんです。それで、本を書こうと思いついたんです。それはたぶん「心理学」書であるかどうかもわからないまま、『人間の感情（*The Human Feeling*）』という仮題をつけました。たしかに，「感情」という用語は使うべきでないとかつて言ったことがあります。ですが，書名が本そのものである必要はないので，それを書名にしないという理由はないんです。とにかく，その本を書きはじめて，１９５９年の春にはハーバード大学で講演をしました。その講演後，ゴードン・オルポート（Gordon Allport）は学生に，私の理論が本当は認知理論ではなく，「情動」理論だと話していました。その日の午後しばらくして，私のもとにハリー・マレー（Harry Murray）[a]がやって来て，「あなたは実存主義者でしょ?」と言いました。当時，実存主義かそういった類の言葉を聞いたことがあったと思います。ですが，このことがあって，自分というものについて，知ろうと思いはじめました。どっちみち，まだ『人間の感情』に関するその本は完成していないんです。（Kelly, 1966）

ケリーが『人間の感情』のために書いた各章は，ブレンダン・マーによって集められ，１９６９年に出版された。ケリーの見方を詳しく説明する際に，本書でも大いに役立っている。人間に関するパーソナル・コンストラクト理論の見方のホリスティックな性質は，心理療法だけでなく，自己理解や他者理解への重要な示唆が含まれている。ケリーにとって，人間を情動（感情）や思考（認知）のような部分に分割して理解することは，人間にとって不当であるだけでなく，人間理解を妨げるものであった。

情動体験とは，理解過程システムが推移状態にあるという気づきや，直面している出来事への理解が不

[a] Henry A. Murray が本名であるが，ファーストネームは Harry と呼ばれることもある。主題統覚検査（Thematic Apperception Test: TAT）の開発者。

十分であるという気づきに関係するものだと見なすことによって、ケリーはパーソナル・コンストラクト理論の内部に情動体験を統合させた。私たちの周りで生じる出来事を理解するためのシステムが、不十分もしくは相当欠けていると気づくときや、その理解過程システムが大きく変化しようとしていることに気づくときに、私たちは「感じる（feel）」のである。体験過程と理解過程は、同一のプロセスの不可欠な要素である。理解することなしに体験できないのと同様に、体験することなしに理解することはできないのである。

すでに指摘したように、理解過程とは言葉である必要がない。自分の体験世界のなかで、言葉を用いずに深い瞑想状態にある人でさえ、能動的な理解過程にある。ただ、その人は別の下位システムを用いている。それは、その人が別の体験世界をもって接触している下位システムである。ある音楽に夢中になっている人も、きわめて能動的な理解過程にある。そうでなければ、それは何の意味ももたないだろう。にもかかわらず、その人は、頭の中で論理的な思考は行なっていないだろう。理解過程は感じることを包含するのである。

ケリーは情動体験を理解過程というプロセスに組み込むことによって、ある人のいう不安と、別の人がいう不安が同一なのかといった複雑な問題をうまく回避した。私たちは、同じ状況でその言葉を使用する傾向があるため、互いの意味をなんらかの形で把握している。しかし、ケリーにとっては、たとえ互いが同意した言葉のラベルがあっても、人によって意味が異なり得るのはコンストラクトということになる。

情動と認知という伝統的な区別に対しては、情動というものが実体として存在しないという別の議論もある。情動は、「事実」以外の何ものでもない。ロム・ハーレ（Rom Harré）が、これについて詳細に論じている。彼は、情動の意味について合意があるのは、情動が文化的慣習と結びついているからだと提案した（Harré, 1982）。ほとんど誰も体験することがない情動の例をいくつかあげている。たとえば、「懈怠《けだい》

(accidie)」は中世では、ありふれた情動であり、宗教上の務めと密接に関係があった。自分の務めができなかったときには、懈怠を体験していた。これは今日で言うところの罪悪感や恥ではなく、「陰気な感じ」、もしくはオックスフォード辞典にあるような「緩慢」「鈍感」を引き起こすものである。また「絞扼感《こうやく》(angor)」という言葉があり、その言葉は1711年には苦悩や「前胸部位の狭窄感や不安感」を意味していた。今日、この言葉を認識できるだろうか。もしできるなら、その言葉では表現しないだろう。

それでは、このような情動がたんになくなっただけだと結論を下すことができるだろうか。その可能性は小さい。ある同一の身体的状態が理解され、異なる名称が与えられたのだろうか。おそらく、それ以上に複雑である。ロム・ハーレは、社会が私たちに与える意味が重要と提案している。「憂うつ症[b] (vapours)」がヴィクトリア朝時代末期になくなったのは、おそらく女性が自分の新しい役割を見つけはじめていたからである。フロイトの時代にはありふれていたヒステリー性転換症状は、今や非常に少ないと精神科医は報告している。これはおそらく、「無意識」の力に対するフロイトの考えが広まり、それによって人々が心理学の知識を以前にまして身につけるようになったためであろう。同様に、懈怠や絞扼感も社会的な舞台の変化にともなってなくなった。

同じように、他の言語にも、英語と一対一対応しない情動状態を表す言葉がある。これは、イギリス人がこうした情動をけっして体験しないことを意味しているのだろうか。たとえば、ドイツ語には、「気さく (gemütlichkeit)」や「苦悶 (angst)」という状態がある。これらはなんと複雑な情動状態なのだろうか。“gemütlichkeit”は「気立てのよい、快活な、気楽な気質（という資質)」、「温厚」、「温和」、「優しさ」、「心地よさ」、「真心」、「気持ちのもろさ」、「お金に困らなくなること」、「快適さ」を表すドイツ語である。“angst”

[b] かつては、突然めまいがしたり、神経質になったり、落ち込んだりする状態を指していた。

は「苦悩」、「不安、恐怖感」を合わせた意味をもつ。

もし私たちが、自分の個人的な情動の意味を誰か他の人に当てはめようとするなら、誤解してしまうことになるだろう。他者に対してなんらかの特性を当てはめようとするのと同じように、情動のラベルを当てはめようとすると、個別性を損なうことになるだろう。ヘレン・ジョーンズ（Helen Jones）は、誰かの状態を説明するために、「うつ（depression）」という用語を使うときには、注意しなければならないと論じている（Jones,1985）。うつになっているという人は誰でも、傾聴されると、自分の体験の個性を描写する。このことはあらゆる「うつ」に共通の特徴がないことを意味するわけではないが、個人が体験する現実が異なり得るということを意味している。パーソナル・コンストラクト心理学では、うつは「狭窄感」のような臨床的コンストラクトと関連しており、個人的世界はどんどん小さくなっている。内容的には、多くのコンストラクトの「悪い」ほうの極で自己を体験している状態である。

ちょうど同じように、私たちは「個性」というコンストラクトにある共通の意味を付与していると思われるが、このことを好ましいと思う人もいれば、非常に望ましくないと思う人もいる。ここでの問題は、言葉のラベルがコンストラクトの潜在的な意味とけっして等置されるべきではないということである。理解過程とは私的世界の体験過程についてのものである。

ケリーが情動を十分に扱わなかったという考えに人々が固執する理由の1つには、ケリーが自分の見解をもっと詳細に解説しようと決心したのが、2巻を出版した数年後だったことがある。別の理由としては、認知－感情二元論の考えが西洋の文化的慣習に深く根付いているからかもしれない。つまり、「感情（feelings）」は身体の生理機能に関係しているが、「思考（thinking）」は脳のなかで起こると思われている。

フロイトや精神分析はおもに人間の感情の側面に焦点を当て、思考についてはあまり扱っていない。しかし、精神分析は間違っていて、フロイトは「情動理論」を作りあげただけである、と批判を続けるような人はいない。それでは、なぜケリーはそれほど不正確に伝えられてしまうのか。たしかにケリーは、認知ほどには、情動を明示的にかつ詳細には取りあげなかったかもしれない。しかし、ケリーが情動を扱っていないと主張するのは中傷である。

バニスターは、１９７７年に「情熱の論理」という論文で、一度だけこの議論に反論しようとした。バニスターは、ケリーが自分の理論のなかで、好きなようにしたのは当然だと論じた。ケリーは、人間とは完成した存在（complete entity）であり、動きの形態（form of motion）としてみなすことを選択した。これは、心理学のテキストで多用されるように、人間を小さな単位で研究する余地などないことを意味する。しかし、ポイントは、ケリーの哲学が、どのようなアイデアでも招き入れることであった。

心理学のほとんどの理論では、人間を思考と感情を分割してとらえることに対して、批判をしようとしてこなかった。実際、その人間像を1つのとらえ方としてさえ見ておらず、それを「現実」としてみなし、それによって設定された境界線のなかで、ずっと研究が続けられてきた。ケリーは思考−感情というコンストラクトを放棄して、体験についてのオルタナティヴな解釈の仕方を提供した点で、実に冒険的であった。ケリーが提案したオルタナティヴ、つまり「変革」というコンストラクトは、批判に開かれている。それは、私たちが自由に断ることができる招待状にすぎない。ケリーのその招待状に対する最も分別のない、あるいは丁重でない返答とは、それがどのようにして書かれたのか考えずに、ケリーが「情動」を認めずに、結果としてたんなる「認知」理論を構築しただけの人物と分類することである。(Bannister, 1977, p.36)

第4節　パーソナル・コンストラクト理論は認知理論か？

これに関して、パーソナル・コンストラクト理論は認知理論なのかという議論が出てくる。多くの人はパーソナル・コンストラクト理論が、私たちがどのように世界を動きのある存在として体験しているかについてではなく、私たちが「思考」することによって世界がどのような存在になるかについて論じている、と述べている。ケリーは、実際、認知的な用語を使用して、理論化しはじめた。１９３８年には、ケリーは自分が「合理」療法（"rational" therapy）と名づけたアプローチを用いていた。それはケリーが言うには、クライエントに自分の問題を「じっくり考え抜く」方法を示すことを目的としていた。しかし、当時でさえ、後年と同じように、ケリーは心理療法と診断を一体とみなし、全体のプロセスは教育的なものだと考えていた。

昨今、パーソナル・コンストラクト理論が研究を進める有用な枠組みであると考える人は、パーソナル・コンストラクト理論を認知理論というカテゴリーに入れようとする風潮に抵抗し続けている。筆者を含めて、人間のある1つの側面（思考プロセス）のみを取りあげ、他のあらゆる体験の側面をその人間像から置き去りにすると、貧弱な骨抜きの理論になってしまう、と非常に強く感じている人たちもいる。ジョセフ・ライシュラックは、ケリーの元学生であるが、パーソナル・コンストラクト理論ほど弁証法的理論の好例はないという見解をもっている。しかしながら、ライシュラックは「今日、ケリーを解釈する側の研究者が、現在の『認知心理学』と呼ばれる流れで、ケリーの理論を媒介概念に位置づけてしまい、その理論の真のスピリットが歪められていくという傾向を危惧している。認知心理学とは、実のところ、かつての機械論的な作用因説（efficient-cause theory）の延長であり、ジョージ・ケリーが拒絶し、積極的に反対した理論である」（Rychlak, 1978, p.261）。

しかしながら，ジョージ・ケリーを認知理論モデルの生みの親として，歓迎する者もいる（パーソナル・コンストラクトモデルの支持者の一部も含まれる）。最初にそのような発言をしたのは，ジョージ・ケリーの学生のウォルター・ミシェル（Walter Mischel）であり，ケリーに捧げる論文のなかで，以下のように述べている。

ジョージ・ケリーは，非常に深く，オリジナリティがあり，新鮮な意見をもっていた。このことは，彼をよく知る人なら誰にとっても明白である。私が驚いたのは，才気あふれる話しぶりではなく，彼が予見した，20年後に心理学が向かう方向性の正確さである。（Mischel, 1980, p.85）

ケリーの心理学が予言のような性質をもつというミシェルの指摘と，ケリーの哲学が予言のような性質をもつというウォーレンの議論（Warren,1989　第2章参照）を比較することは興味深い。ミシェルは続けて次のように述べている。

ケリーは「認知心理学」が誕生するよりずっと前に，パーソナリティについての真の認知理論を作り出していた。つまり，人間がどのように理解するのかが根本となる理論である」。（Mischel, 1980, p.86）

マリー・ヤホダは，パーソナル・コンストラクト理論に関わる人たちが，「認知」という言葉の用法に生じた変化を誤解し，無駄に騒ぎ立てている，と主張している（Jahoda, 1988）。

> それでは、ケリーのアプローチとは何なのだろうか。「認知」という用語の現代の意味において、ケリーは何にもまして認知主義者である。私が心理学を初めて学んだのは、おぼろげな過去のことだが、そのころ、この用語（cognitive）[c]は、アリストテレスを受けて、魂（soul）がもつ3つの基本的な機能の1つを指し、あとの2つは意欲（conative）と情緒（emotive）であった。現在では、その用語の使用法は混乱しており、また混乱を招くものである。認知主義者のなかには、伝統的な区別に固執している研究者もいるが、ケリーが心に描いていた幅広い見方は、徐々に支持されるようになってきている。［中略］現代のこの概念は行動主義との対比でうまく理解できる。それは、あらゆる内的事象と内的プロセスは「ブラックボックス」に押し込まれ、当然、関心外となる。しかしながら、現在の認知主義では、ブラックボックスの中身だけが関心の的になっている。なぜなら、あらゆる心理現象の基礎は、心のなかの象徴的な表象にあると認識しているからである。それには、知覚、学習、思考、記憶だけでなく、認知と非常に強く結びついているために、欲求や感情も含まれる。（Jahoda, 1988, p.3　傍点は著者フランセラによる）

現在の認知主義がケリーの考えに近づきつつある、というヤホダはおそらく正しい。しかし、たとえば、ケリーが定義する不安は「認知との結びつき」がない。事実、不安を感じるのは直面する出来事を理解できないからである、といわれている。ヤホダの場合は、認知を幅広く定義しているが、ケリーが情動を扱っていないと厳しく批判する議論は、まだたくさんなされている。認知理論が情動を扱い、パーソナル・コンストラクト理論が情動を扱っていないという奇妙な状況にあるように思える。

1990年には、この問題に関して、「国際パーソナル・コンストラクト心理学研究（*International Journal of Personal Construct Psychology*）」という学術雑誌に、2篇の論文が掲載された。まず、ウォーレンの「パーソナル・コンストラクト心理学は認知心理学か？」という論文が発表された。それに対するアダムス＝ウェバーのリプライとして、「パーソナル・コンストラクト理論と認知科学」が続いて発表された。それから１９９１年には、ウォーレンはそれに対するさらなるリプライとして、「正反対の立場から：アダムス＝ウェバーの認知心理学とパーソナル・コンストラクト理論へのコメント」を発表した。

最初の論文では、ウォーレンは次の３点を結論づけている。（a）何が認知プロセスでないかを分けることは非常に難しい。（b）パーソナル・コンストラクト理論は、私たちが出来事を解釈する仕方ではなく、意味を与えることによって世界を理解する個人に焦点を当てている。（c）パーソナル・コンストラクト理論の背景にある哲学は、ギリシア哲学までさかのぼることができるが、認知心理学はそこまでさかのぼれない。アダムス＝ウェバーは認知心理学を堅く擁護し、ウォーレンの論文から、「わら人形（非難される対象）」を作ったと責められているような気がしている、とつづっている。

この２人の研究者が異なる言葉で論じている感じが明らかにある。このような議論は、問題をほとんど解決しない。アダムス＝ウェバーの結びの言葉を結論としたほうがよいかもしれない。「パーソナル・コンスラクト理論に非常に精通している人が、それが認知心理学の一種『以外の何者でもない』という先制的な主張を歓迎することは、まずあり得ないと思われる」（Adams-Webber, 1990, p.419）。

第５節　社会の役割

パーソナル・コンストラクト理論は、人間が理解し、また理解しなおす必要のある社会的文脈と、その

［c］“cognition”という用語は、心理学では「認知」と訳されるが、哲学では「認識」と訳されることが多い。

社会的文脈が人間のコンストラクトの発達に与える影響を十分に説明していない，という批判がよく引き合いに出される。

背景を説明すると，ケリーは「社会心理学の出発点」が「社会性の定理（Sociality Corollary）」であると考えていた。

> さまざまなパーソナル・コンストラクトを理解することが心理学の中心にある。他者の理解過程を取り込むことこそ社会的相互作用の基礎になっている。このことを基本公準の1つの定理として認識する必要がある。社会心理学はたんなる共通理解の心理学でなく，対人理解の心理学でなければならない。（Kelly, 1955/1991, Vol. 1, p.67）

社会的文脈に関するパーソナル・コンストラクト理論への批判には，2つのレベルがある。1つは，個人が発達する社会的文脈の重要性についての，ケリーの明らかな認識不足にある。もう1つは，パーソナル・コンストラクト理論がそれ自体，社会構造を説明できず，どのように社会構造が個人の理解過程に影響を与えているかを示すことができないというものである。

1．社会的文脈の重要性

まず，社会的要因に対する認識が欠如しているという批判であるが，プロクターとパリーは次のように述べている。

> どのようなタイプの社会でも、支配的なイデオロギーは、権力をもつ集団のニーズや関心事を反映する。この文脈では、いかなる行為や発言も、暗にイデオロギー的な意味があるとみなされる。したがって、政治的に中立であると主張する心理学理論でも、気づかないうちに現状を支持した発言をしていることになる。
>
> ケリー自身は、この問題について、ほとんど気づいていないように思える。ケリーは社会階級に言及しているが、個人の世界観に影響を与える社会階級の重要性については、非常に認識が甘い。
>
> (Procter & Parry, 1978, p.157)

ジョージ・ケリー自身の社会階級的な背景については、すでに述べてきたとおりであり、それをもって批判できる点も多くあるだろう。だが、個人に影響を与える社会階級の重要性について認識が不足していたという批判は当たっていない。

しかし、同じような批判は、他にも多くなされてきた。そうした指摘は、ケリーが１９５５年の著書の第2巻で、人間が発達する社会的文脈の重要性について明確に論じた１００ページほどを無視しているように思われる。ケリーの見方は以下である。

> クライエントは自分の文化の産物であるだけにとどまらない。疑う余地なく、その文化によって、何が「真実」であるかというエビデンスのほとんどが規定され、クライエントのパーソナル・コンストラクト・システムが体系だった秩序のなかに保持してきたデータのほとんどが規定されている。
>
> (Kelly, 1955/1991, Vol. 2, p.92)

しかし、１９６３年には、おそらく他の人のそれまでの指摘を意識して、ケリーは「ある理論の自叙伝」にこのように書いている。

> しかし、人間がみずからの運命の書き手であると考えることは、人間が自分を取り巻く状況によって悲惨なまでに制約を受けることを否定するものではない。私は非常に多くの不幸な若者を見てきた。なかには、不況に苦しむ黄塵地帯で文字どおり飢えている人もいた。私はその若者たちの悲惨なまでの制約に気づいていなかった。彼らがやりたいことは、明らかにたくさんあったが、彼らを取り巻く状況がそれを許さなかった。だが、それでもなお、このことから彼らが状況の犠牲者であったとは言えない。彼らを否定するものが、どれほどたくさんあったとしても、彼らに開かれた無限の可能性がまだまだあった。取り組むべき課題は、このような可能性を思い描くために必要な想像力を生み出すことであった。19世紀の科学的決定論の規範がどうあれ、これこそが人間の心理学にとっての出発点である。（Kelly, 1969a, p.50）

関心があるのは、「人間」のプロセスであって、「社会」のプロセスではないというケリーの理論の基本条件から、ケリーがぶれることはないだろう。しかしながら、ケリーが社会的文脈の重要性を意識していたということは、いたるところにみられる。上記の引用に続けて、ケリーはさらにセラピストがクライエントの社会・経済階級を特定する７つの方法を列挙している。その後に、以下のように述べている。

> しかしながら、通常、臨床心理士は多くの時間を割いて、社会・経済階級のどこに所属するかを特定するよりも、そのクライエントが属する民族集団に注意を向けるほうがよい。（Kelly, 1955/1991,

Vol. 2, p.97）

その後に、セラピストが、どのようにしてこれを特定するのかについて、5つのポイントを解説している。そのなかには、人種、国籍、宗教など明らかなものも含まれる。他にも、あまり明白ではないが、「移民ルート」のようなアメリカ人特有のものもある。さらにその後に、「パーソナル・コンストラクトを形成する文化体験の決定因を、臨床家が直接にアセスメントするための最も役立つ」15の方法が述べられている。

ケリーが生涯にわたって、社会的文脈に関心があったということは、25歳だった1930年に書いた「社会的継承」（Kelly, 1930）と題された論文からも見受けられる。これを受けて、マリー・ヤホダは、次のように述べている。「結局のところ、社会性の定理というものがあり、ケリーの社会的継承の論文を読んだことがある人や、［中略］ケリーの全体的アプローチをよく知っている人にとって、ケリーが社会的現実に個人的に深い関心があったということは疑いようがない」（Jahoda, 1988, p.9）。

臨床家にとって、クライエントの育った文化的文脈について、可能な限り多くの情報を知ることが非常に重要である、とケリーが考えていたことは明らかである。しかし、これは、クライエントにのしかかる「プレッシャー」を特定するだけではなく、クライエントが直面する社会的制約をクライエントが作りあげるということを確認するためであった。

筆者がケリーと行なったインタビューで、社会の本質について、ケリーの興味深い見方が出てきた。一般的な意味で、社会について語っていたとき、次のように述べている。

どんな人も社会に対して何かしたいのではないでしょうか。みずからの運命を社会の実情のせいにするというのは，一種のパラノイア傾向を表しているのではないかと思います。私自身もそういったパラノイアの例外ではないように思います。（Kelly, 1966）

ドン・バニスターは，１９８１年の講演で，パーソナル・コンストラクト理論のあるべき方向性について，ケリーと議論したことを話した。バニスターが驚いたのは，ケリーが政治的な方向性を選ぶと語ったことである。残念なことに，ケリーはその後すぐに亡くなった。

しかし，社会に対して何かをするという上記の引用では，ケリーはパーソナル・コンストラクト理論の提唱者としてではなく，１人の人間として語っていた。プロクターとパリーが，パーソナル・コンストラクト理論は政治的に中立であると述べた点は正しいが，それによって「気づかないうちに社会の現状を支持した発言をしていること」と推論した点は正しくない。ドン・バニスターが指摘したように，ケリーの考え方は，コンストラクティヴ・オルタナティヴィズムからできている。これは１つの絶対的な真実があるという可能性を否定するものである。つまり，これは反論の余地のない，宗教上，社会上，政治上の真実といったものは，いずれもないことを意味する。バニスターによると，これは，

パーソナル・コンストラクト理論に埋め込まれた，政治に関する基本的な価値観である［中略］。オルタナティヴを探求することが，私たちの生き方の中心にあるような開かれた社会であるべきだ，とコンストラクティヴ・オルタナティヴィズムは強く訴えている。権威主義的な社会構造のあり方を肯定するような政治的な立場に立つと，反論の余地のない「真実」，すなわち反論の余地のない「現実」を受け入れざるを得なくなる。（Bannsiter, 1981, p.6）

2. 社会構造の説明

ケリーに向けられた社会的次元に関する批判の２つめの論拠は、社会学の理論を生み出さなかったことである。ヤホダ（Jahoda, 1988）は、ヘンリ・タイフェル（Henri Tajfel）を引用して、次のように述べている。

> 社会心理学は、「その理論と研究上の関心事として、人間の心理的機能と、この機能を形作り、またこの機能によって形作られる大規模な社会プロセスや社会事象との関係に直接関心をもてるはずであり、もつべきである」。（Tajfel et al., 1984　傍点は著者フランセラによる）

そして、ヤホダは続けて、モスコヴィッチ（Moscovici, 1983）が重視したデュルケムの社会表象論について述べている。ヤホダが研究を発表した学会の少し前に、筆者はケリーのコンストラクトとデュルケムの表象の関係を分析していた（Fransella, 1984）。デュルケムの個人表象とパーソナル・コンストラクトでは後者のほうがはるかに複雑だが、類似点があるのは明らかだった。しかし、デュルケムの「集合表象」は、本人にとってはまったく異なるものであった。デュルケムは個人表象と集合表象の違いを以下のように説明している。

> 社会は一種特別な実在である。それは固有の特色を具えている。この特色は宇宙の他のところでは見出されない、または、同一の形態では見出されない。したがって、これを現わす表象は純粋に個人的な表象とはまったく別の内容をもっている。それゆえ、前者は何物かを後者に加えると予め確信していてよいのである。（Durkheim, 1961, p.16　古野訳、１９４１／１９７５、p. 41　傍点は著者フラ

ンセラによる）

あるいは、さらに明瞭な説明もある。

> 自我に閉じこもることからはじめる心理学者は、そこからでて、非自我を発見することが、もはやできないのである。集合生活は個人生活から生まれるのではない。反対に、個人生活が集団生活から生まれるのである。（Durkheim, 1933, p.279　田原訳、１９７１、p.２６９　傍点は著者フランセラによる）

個人的理解過程と集合的理解過程の区別をし、後者を強調したことは、デュルケムが社会学の創始者の1人といわれていることを考えれば、非常に納得できる。

ここまでの内容を踏まえると、当然、ケリーは「社会的（social）」ではなく、「個人的（personal）」なコンストラクト理論を呈示したことを批判されているという結論に達する。しかし、ケリーは最初から「人間（person）」の心理学に関心があることを非常に明確にしていた。ヤホダが言うように、個人の心理学の考え方と社会構造をうまく1つにする理論にはまだなっていない。ケリーもこれに同意し、次のように述べた。

> 生理学の体系が説明しようとする現象や、社会学の体系が説明しようとする現象のなかには、明らかに現在の私たちの関心外のものもあり、この特定の理論構造においてそれらを説明する責務はないと感じている。（Kelly, 1955/1991, Vol. 1, p.33）

ケリーが社会学に無知ではなかったことも覚えておく必要がある。１９２６年に、ケリーは社会学を学び、産業労働者の余暇の使い方についての修士論文を書いている。つまり、ケリーは自分が何について論じているのか、十分に知っていたのである。１９３２年には、すでに『わかる心理学』のなかで、心理学と社会学の区別を詳しく説明している。「社会心理学」の章では、とりわけ「人間は集団のなかで生きる」という見方を強調し、次のように社会的相互作用の重要性を述べた。

「集団なしには個人というものはありえない」。これは鶏なしには卵はないと言うのと同じである。人間が個人としての立場を獲得するのは、社会的接触があるからにほかならない。そもそも人間が存在することができるのは、社会や個人間の関係をとおしてである。［中略］個人に関係づけられ、個人と区別される他の個人がいなければ、個人など存在しないのである。集団と個人は同じことの2つの側面である。（Kelly, 1932, p.184）

次にケリーは「集団心理（group mind）」について述べている。ケリーは集団を構成する個人の心理とは区別される集団心理があるという社会学者の見方を受け入れなかった。ケリーは、「心理（mind）とは何か」と問う。その答えは、認知プロセスの基礎をなすパターンであるというものである。これは次の問いを導く。「集団の認知プロセスの基礎をなすパターンはあるのか」。もしあるのであれば、それはどのようなものなのか。この最後の問いにケリーは次のように答えている。

集団の認知プロセスは、成員個人それぞれの有機的プロセスにほかならない。しかし、どの成員にもみられない有機的プロセスの基礎をなすパターンがあるのだろうか？　イエス！［中略］投票者

> は1人で選挙の進行を妨げることはできない。新婦は1人で新婚旅行に行かない。集団行動のプロセスとは、そのパターンは個人を超えたものかもしれないが、成員個人それぞれのプロセスにほかならない。したがって、この意味では、集団心理はあるといえる。しかし、待ってほしい。急いで結論を出さないよう慎重にならなければならない。集団心理は、個人心理とは別の有機体ではなく、別のプロセスでもなく、別の意志でもなく、別の力でもない。それは個人の下位パターンがはめ込まれた上位パターンである。［中略］集団心理とは、その集団の成員全員によって、その影響を激しく感じられるほどまでに個々人の傾向が一体化した状況である。（Kelly, 1932, pp.185-186）

ケリーは言語、社会学、パーソナリティの性質について述べた後、社会心理学の定義で締めくくっている。

> 社会心理学の科学は、社会学、文化人類学、民族学の科学と、心理学の科学との間にある。それはたんなる個人心理の研究ではなく、個人心理に及ぼす影響因の研究である。とりわけ、調整が求められる他者の心理の研究である。その用語は心理学ほどはっきりと定義されておらず、それほど精密な科学であると主張することはできない。しかし、その分野は無限に広がっており、無限に興味深い。
> （Kelly, 1932, p.195）

このような事実はすべて、ケリーが社会的文脈に重きをおいていたこと、素人ではなかったこと、それらすべてをかなり網羅していたことを示している。

3. リフレクシヴィティ（再帰性）

個人が理解し，理解しなおす社会的文脈について，ケリーがどれほど十分に説明していたかという議論は，パーソナル・コンストラクト理論が本当にそれが主張しているほどリフレクシヴ（再帰的）であるのかという問題と密接に関係している。

ホーランド（Holland, 1981）は，理論家やセラピストが自分自身に理論を適用するのと同じぐらい，理論をその理論自体に適用されるようにリフレクシヴィティは使われるべきだと議論した。ホーランドは，理論家やセラピストが自分自身に理論を適用することを「弱い」リフレクシヴィティと呼び，それは多くの点で不十分であるとした。「弱いリフレクシヴィティは，その人間のレベルを超えた知識の形式を認めないという意味で，消極的な機能しかもたない」。ホーランドはこの点で正しい。「強い」リフレクシヴィティの適用についても論じている。これは，その理論に適用される，より上位の知識の形式に関係しており，理論が「それ自体を知る」ようになることを可能にするものである。この方法によってのみ，ラディカルな批判の基盤が得られる。社会・心理的分析（sociopsychological analysis）を使うことによってのみ，理論は前進する。社会的文脈において理論をとらえたり，精神分析や行動主義といった他の理論の文脈において理論をとらえたりすることによってのみ，パーソナル・コンストラクト理論は「それ自体を知る」ことができる。

これに反対する人はほとんどいないだろう。これは重要な点である。ある意味で，これは，パーソナル・コンストラクト理論が提唱されてから何十年もの間，いかにして今なおラディカルな理論であり続けているかを考えようとするとき，私たちが行なっていることでもある。私たちはこの理論が多くあるなかの一理論として理解しており，そのようなものとして現在の位置づけを見ている。

ただし筆者は、ホーランドがあげた別の点については、あまり賛同していない。他の人も以前から指摘していたが、ケリーは誰もがパーソナル・コンストラクト理論家になれば喜ばしいと考えていた、とホーランドは言っているようにみえる。ホーランドは、ケリー（とその後継者）の弱いリフレクシヴィティは「高まりつつあるコンセンサスと意見のまとまりを念頭においた進歩的多元主義（liberal pluralism）のメタファーである」と述べている。

この点についてでは以前にも述べたが、繰り返し述べておく。パーソナル・コンストラクト理論では、人間は絶えず自分自身へと内に目を向けたり、他者の理解過程へと外に目を向けたりするような人生を送るべきだ、とはケリーは言っていない。ケリーはただ自分自身や誰か他の人を理解したいなら、それが有効な方法だ、と言っているだけである。セラピストは専門家として仕事をしているとき、たしかにそれを目指している。しかし、専門家としてでないなら、誰一人として一日中抽象的な理論を実践することはできないだろう。それがまさしくパーソナル・コンストラクト理論だからである。パーソナル・コンストラクト理論には、実体もなければ内容もない。私たちは、個人として、自分の人生の内容を作りあげる。

このテーマについて、ケリーのシリアスなジョークがある。ケリーは、彼にとっての悪夢とは、ある朝起きてみると親友がセラピストだったというものだ、と言った。私たちは、個人として、多くの人に出会う。しかし、出会う相手がすべて、自分とはどのように異なる物事の見方をしているのか理解しようとして、日々を生き抜いているわけではない。もし友人にこれをやりすぎれば、すぐに「今わたしの心理を分析しようとしてるでしょ！　やめてよ！」と言われるだろう。私たちがこれをするのは、専門家の立場にあるときだけである。役立ちそうなときに、個人の世界の見方として、その哲学を使うということである。しかし、私たちのほとんどは哲学的なレベルで人生を送っていない。筆者はある出来事には常にオルタナティヴがあることを心から信じているが、それがもし自分が並んでいた駐車スペースに誰かが割り込んできたという出来事だったとしたら、オルタナティヴなどはどうでもよく、ただ発狂するだろう！

第6節　子どもの発達

他にも、よくある批判としては、人間が個人の理解過程システムをどのように発達させるのかをケリーが説明しなかったというものがある。たしかに、ケリーは説明していない。筆者の意見では、ケリーは説明するつもりがなかった。自己の発達にとって他者と接触することがいかに重要であるかを述べるために骨を折ったが、子どもの発達についての理論を提供しない理由を説明することに労力を使うことはなかった。「発達（development）」や「子どもたち（children）」という用語は全2巻の索引に掲載されていない。「子ども（child）」という項目の下にいくつかあるが、それは事実関係を参照しているだけである。

ジョージ・ケリーは、全生涯とは予期と発達と進化のプロセスであると見ていた。パーソナル・コンストラクト理論を知るにつれて、最もよく出てくる疑問は「理解過程はどこからはじまるのか」というものである。長年かけて、理解過程はどこからもはじまらないということがますます明らかになってきた。胎児は出来事を区別できることが知られているため、赤ちゃんの生活も含めてよいだろう。では、卵子と精子はどうか。しかし、なぜそこからはじまるのか。この議論は続ければ続けるほど、さらにさかのぼっていく。植物でさえ理解過程にあるとみなすことができる。たとえば、植物の根や茎は、光や栄養に向かって伸びていく。人工知能の研究者らが、一度、ケリーの理論を詳細に検証することで、この議論を行なったことがある。その理論は優れたものであった。唯一の問題は、そもそも予期を可能にする何かがなければならなかったことである。この研究者らは、生物と無生物との根本的な相違は、生物とは理解するものである、という考えにもどらざるを得なくなってしまった。

実際、ケリーは『最適な人間の心理学』のなかで、生物学的な公準とでも呼ぶべき事柄について思索している。それは次のようなものである。

事象の予期の仕方によって方向づけられるのが、生命の本質である。巧みな書き方や多くの証拠を突きつけて、この仮定を擁護することはできないが、これは非常に興味深く、このような前提からはじめてみると、どこに行き着くのか、あれこれ考えてしまう。とくに、セラピストがどのようにふるまうようになるのか、あるいはセラピストは自分の取り組みの成果として、どのような目標を想定するのか興味がある。（Kelly, 1980, p.29）

ケリーは「パーソナル・コンストラクト理論は実際にネズミに応用できるのか」というよくある質問についても、続けて考察している。

心理療法の目標を論じる論文としては、ことによると、心理学から離れて人生そのものが本質的に将来の出来事の予期である、という考えを示唆するだけで十分である。これはパーソナル・コンストラクト心理学が出発した公準よりも、もっと大胆なものである。しかし、ここから心理学全体や心理療法の目的について、何か別のアイデアが湧きあがるかもしれない。（Kelly, 1980, p.29）

つまり、発達ははじまるのではなく、最初からそこにあるのである。ある意味、発達とは何ら特別な意味をもたず、生きるプロセスのたんなる一部をなしている。人間については、ケリーは「体験の定理（Experience Corollary）」のなかでそれを取りあげ、次のように述べている。

出来事が連続して展開していくことを受けて，人間の予期や仮説が次々と改訂されるにつれて，コンストラクト・システムは漸進的な進化を遂げる。人間は理解しなおす。これが体験である。(Kelly, 1955/1991, Vol. 1, p.51)

発達の理論がないということは，ケリーにしてみれば，疑いなく意図的である。ケリーの理論には，人間を当てはめる区分やカテゴリーがない。ケリーにとっては，「発達段階」や幼少期における「固着」などなかったのだろう。子どもは大人と同様に，理解過程にある存在である。明らかに実質的な差異はあるが，前言語的理解過程や依存（dependency）などのような，理論的コンストラクトによってカバーされる。ケリーが意図的に子どもの発達が大人の発達と異なると述べなかったという見解とも一致するが，ケリーは若いころの多くの時間を，子ども相手の臨床心理士として過ごしたという事実がある。フォートヘイズでの数年は言うまでもなく，ケリーの著作を見わたせば，いかに多くの実例が子どもに関連しているかがわかる。このことは，もしケリーが望めば，子どもの発達の理論を執筆できるくらい，十分な個人的知識を確実にもっていたことを表している。

このように，発達とは人生をとおして続くプロセスである。パーソナル・コンストラクトの観点では，発達は必ずしも「よりよい方向」を意味しない。出来事の予測を見誤ることによって，人生をあまりコントロールできなくなることがある。時として，ひどく混乱して，再び前に進むためにセラピストの助けを必要とすることがある。しかし，子どもが大人になる過程で通るべきパーソナル・コンストラクトの「段階」などはけっしてない。よくいわれることだが，発達「段階」とは，どのような場合でも心理学者の視点であり，発達している個人の視点ではない。

ボーンとフェニンガーが指摘するのは，ケリーが発達段階の有用性を否定しながらも，人間が人生を生き抜く際になんら共通するものはないとは言っていないことである。もちろん，共通点はあり，その共通点を検討することは有効なことが多い。彼らは次のように述べる。

これは発達における人間の共通性を否定するものではまったくない。ただ研究者が個人主義と文脈主義を統合するようにうながすものであり，ケリーの最も重要な偉業の１つである。(Vaughan & Pfenninger, 1994, p.187)

１９５５年以降，子どもを対象とした研究がいくつか行なわれ，子どもが発達するにつれて理解過程がどのように変化するかが示されはじめた。このような研究が，いかにピアジェ派のような概念発達の段階論に通じるかが容易にわかる。

この話題から離れる前に，ケリーが実際に子どもはどのように研究され得ると考えているかについて説明した数少ない例の１つを紹介したい。ケリーは教師のノートを引用している。学校で起きたあるエピソードの後に書かれたものである。４歳のラリーはお歌やお話などのグループ活動に参加していなかった。

彼女のコメントには，「ラリーは荒っぽいが，想像力があり，自分だけのゲームに完全に夢中になっているようだ」とコメントしている。続けて，こう書いている。

「翌日はお父さん役をしていて，ラリーはまた友達とうまく接することができなかった。ラリーは小さなおもちゃを１つずつおもちゃ箱に投げ入れることにこだわっていた。お母さん役だったサリーはひどく怒りながら，おもちゃを片付けていた。３回目でラリーが全部をおもちゃ箱に投げ入れたら，とうとうサリーは遊びをやめて，どこかに行ってしまった。その後，ラリーは先生が決めていたルールを破って、高い仕切りによじのぼった。そこで、私の提案で、ラリーは「屋根の修理」をし、降りてきた。私はラリーがそこにのぼった理由を作り、面目を潰さずに降りさせる方法をとりたかった。ラリーは喜んで私の提案どおりにしているようにみえたが、ラリーとサリーの遊びは突然終わり、明らかに未完結だった」。


２か月後、アプトン先生は次のようにコメントしている。

「ラリーと狩りの話をした。そのなかで、小人が狩りと身を守るために毒矢を使うと話した。ラリーはこの話に興味をもった。30分後、ラリーは棒を持って私に近づき、それを私の足に突き刺してきた。

『ほら、ドン、先生は死んだ。』

私はこのゲームの役柄を演じて、しゃがみ込んだ。

ラリーはとても興奮して、『ドン、先生を埋めよう！』と叫んだ。ラリーが私を持ちあげようとしたため、私は床に寝そべった。ラリーは私の上に空想上の砂をシャベルでかけはじめた。サリーが部屋にやってきて、私が「死んでいる」のを見つけて、私の首に手をまわして抱きついて泣きはじめた。私はサリーを安心させた。そして、ラリーが私の後ろの床の上で丸くなって座っていることに気がついた。

『ラリーは何をしてるのかしら？』

『ぼくはアプトン先生がかわいそうだと思って、ここに寝そべってるだけだよ。』」（Kelly, 1970b, pp.263-264）

ケリーはこの最後のエピソードにコメントして、これは子どもがデザインした、完全な実験だとみなし、彼にとって重要なものであると考えた。

ラリーがやったことに対して罪の意識で謝るよりも、これは心理学的にはるかに重要なことである。

（Kelly, 1970b, p.265）

このようなかたちで、ケリーは読者に、子どもの世界を理解させたかったのであろう。記述からはじまり、それがすぐに規範となるような人工的な発達段階は使いたくなかったのではないだろうか。

第７節　パーソナル・コンストラクト理論と構成主義

構成主義（constructivism）は、どこにでもあるようにみえる。アメリカでは、「国際パーソナル・コンストラクト心理学研究（*International Journal of Personal Construct Psychology*）」の雑誌名を「構成主義心理学研究（*Journal of Constructivist Psychology*）」に変更すらしている。ケリーを「最初の構成主義者」と呼ぶのは正しくないだろう。なぜなら、そのルーツは何世紀もさかのぼるからである。

興味深いことに、その起源の１つにブレンターノの作用心理学（act psychology）があげられることがあり、ケリーは１９３２年にブレンターノについて言及している。これは構成主義とコンストラクティヴ・オルタナティヴィズムが同一の、あるいは類似したルーツをもつことを示唆している。ケリーは以下のように述べている。

イタリア系のフランツ・ブレンターノ（1838-1917）は、ドイツで生まれ育った。ブレンターノが重要なのは、19世紀の重要な心理学体系の１つが、直接的にブレンターノに由来するからである。ライプニッツの哲学から得た示唆を踏まえて、ブレンターノは精神現象とは作用として考えられるべきであると主張した。それゆえ、この心理学体系は作用心理学と名づけられた。私たちは緑という色を見ることはないが、そのような現象を暗に示すような仕方で私たちは作用（act）[d]する。音の感覚は音自体ではなく、音が起ころうとしている作用なのである。感覚と感じられる物との区別に注意されたい。感覚は作用であり、感じられる物は内容である。もちろん、内容は作用の志向性である。作用は内容を意味する。（Kelly, 1932, p.220）

この系譜とは別に、ヨーロッパの構成主義の先駆者として、『想起の心理学』（１９３２）で有名なフレデリック・バートレット（Frederick Bartlett）や、１９５４年に英訳の初版が発行された『子どもにおける現実の構成』の著者であるジャン・ピアジェ（Jean Piaget）などがいる。

ケリーのコンストラクティヴ・オルタナティヴィズムは構成主義よりも多くを提供しているものの、[e]一般的な議論としては、それらはほとんど区別できない。これらはいずれも、人間が直接には現実に接触できないと考え、自分なりの意味を付与することによってしか現実を知ることができないという点で、類似している。これはイマヌエル・カントに直接的に由来している。「構成主義」（コンストラクティヴィズム）という言葉は、ケリーのコンストラクティヴ・オルタナティヴィズムから直接きているように思われる。

心理療法の視点からすると、構成主義の支持者は、それを心理学的理論にとって代わるものだとみなし

[d] ブレンターノのいう“act”は「作用」と訳されるが、ケリーはおもに“act”を行為や演技などの意味で使っていた。

[e] 構成主義とパーソナル・コンストラクト理論の包摂関係については、当然、その定義による。近年の一般的な見方としては、構成主義は、心理学や哲学だけでなく、教育学、言語学、社会学、生物学、数学、美学、複雑系科学などを含めて、ある一定の動向をもった学問の総称とされている。

ているため、問題が生じている、と筆者は見ている。筆者には、心理学の理論がある哲学に置き換えられているように見受けられる。

筆者は、パーソナル・コンストラクト理論が、構成主義の名のもとに包摂されることはまったく問題がないと考える。これはホーランド（Holland, 1981）が求めている「強いリフレクシヴィティ」となり得る。それはコンストラクティヴ・オルタナティヴィズムの改訂以上のことのように思われる。たとえば、ヴァスコは、「構成主義者」と自称する人の見方を研究した（Vasco, 1994）。一定程度の意見の一致が見いだされたのは、クライエントのためのあらかじめ決められた目標があってはならないこと、問題についての「正しい見方」があってはならないこと、クライエントは自分自身を能動的に探求するようにうながされるべきであること、といった点である。

この問題は構成主義という名において起こっていることに関わる。少なくとも心理療法の領域に限っては、折衷主義の再来を歓迎し、構成主義者であり、その哲学に従っている限りは、やりたいことを何でもできると言っているかのような人も混じっているように見える。

この構成主義という名のもとに、独自の個々の心理療法の実践を「発明」し、そうするうちに、パーソナル・コンストラクト理論のアンチテーゼの領域に移行している者も多い。たとえば、マイケル・マホーニー▼[f]（Michael J. Mahoney）は、「構成主義の観点では、心理療法のプロセスは、他のいかなる人間探究や学習形式のプロセスとも､本質的には異なっていない」(Mahoney, 1988, p.307）と述べている。パーソナル・コンストラクト心理学は、これについては反論しない。マホーニーは続けて自身の個人療法の概要を説明する。「アセスメント」の項目に、マホーニーは「最適な基準となる選択肢の心理測定学［中略］」を書いている。これは、ケリーが人間性を奪うようなものだという理由で排除しようと奮闘した、心理測定学へと逆もどりするものである。これは心理療法に関して構成主義者がとっているように思われる、理論に基づかない立場の一例である。[g] たとえば、マホーニーは、後にアセスメントの見方を変え、独自の心理学理論を発展させている（Mahoney, 1991）。

筆者の見方では、なんらかの倫理規定に沿ったうえで、やりたいことをやっているマホーニーやその他の誰であっても、なんら間違ったことはしていない。それは問題ではない。しかし、構成主義は心理療法を導くことのできない哲学体系である。哲学体系が心理学の理論を導く。これはむしろ「行動主義」のセラピーのようなものである。これは精神力動の理論とはまた別のひとまとまりの基準としては結構である。だが、それ自体はクライエントの問題を理解したり、その問題解決に向けて援助したりする際に使える理論を提供しない。

パーソナル・コンストラクト理論が、ただ構成主義以外の何物でもないかのように、その傘下に包摂されることを認めれば、ケリーの哲学はきっと生き残るだろうが、その理論は跡形もなく沈んでしまう。

この複雑な問題について、さらに知りたい読者は、『心理療法における構成主義』（Neimeyer & Mahoney, 1995）を参照されたい。

［f］マホーニーは、マイケンバウムと並び、認知行動療法の立役者の1人である。１９７４年に『認知行動変容』という書籍を出版し、「認知の心理療法と研究（*Cognitive Therapy and Research*）」という専門誌を創刊した。心理療法の理論への貢献で多くの賞を受賞している。

［g］監訳者の知る限り、マホーニーにとって、人間を非人間化し得るリスクをともなうのは診断であって、査定ではなかった。「人間は科学者である」というケリーのモデルと同様、アセスメントは仮説を作る材料の1つにすぎなかった。

❖ まとめ

批判は、パーソナル・コンストラクト療法の外部からもあれば、内部からもある。外部からは、これを「認知療法」として理解すべきであると論じる人もいる。これは本書で繰り返し出てくるテーマである。最終的な考察では、「認知的」というコンストラクトが実際になにを意味するか、という議論になっている。

パーソナル・コンストラクト理論は認知理論ではない。いかにして人間のプロセスが流れ、それが新しい方向や古い方向にいかにして邁進し、そして新しく知覚された人生の次元の深みにいかにして果敢に向かおうとするのか、ということを扱う理論である。（Kelly, 1973, 原稿版, p.5）

他の長きにわたる論争として、どのくらいケリーが社会的文脈における個人をないがしろにして、個人そのものに焦点を当てたか、がある。筆者としては、社会的文脈に限った議論であれば、個人はみずからの社会的環境のなかでいかに理解される必要があるかを例証しようと、ケリーがかなりのエネルギーを使った、と言ってもほとんど問題ないと考える。しかしながら、もしこの議論がもっと抽象的なレベルで社会に関するものだとすれば、反論はない。この批判は正しく、ケリーは社会学ではなく、心理学のみを記述していたと明確に述べていた。

子どもたちと関わった膨大な実践経験を考えれば、一見、ケリーが子どもの発達にその理論を適用しなかったことは奇妙である。「だけど、１人の人間が１回の人生でやったこととしては十分じゃないの？」と言う人もいるかもしれない。しかし、そういうことではなく、それよりも大事なことがある。ケリーが子どもの発達の理論を述べなかったのは、そのようなカテゴリー化に反対していたからである。子どもは大人と同じように自分自身を作りあげており、子ども自身の実験を行なっているのである。ケリーが「発達段階」アプローチを意図的に無視したという直接の証拠はないが、その可能性は非常に高いように思われる。

パーソナル・コンストラクト療法の実践をする人と、このアプローチの批判をする人の双方から、パーソナル・コンストラクト・アプローチを構成主義の哲学のもとに明示的に包摂させようとする圧力がある。構成主義は、ケリー独自のコンストラクティヴ・オルタナティヴィズムの哲学とは根本的に違っているということがまだ示されていない哲学である。論点は一点に集約されつつある。つまり、「構成主義者」が信じているのは、クライエントが答えをもち、自分自身の世界を作りあげている、と考えさえすればよいということである。多くのパーソナル・コンストラクト療法のセラピストはこう主張するだろう。もしあなたが、他の人の個人的問題の解決を援助しようとするとか、そういう重要な仕事をやろうとしているならば、哲学の手引き以上のものが必要だ、と。優れた、しっかりとした、複雑な理論が必要なのである。[h]

［h］この箇所の見解は、あくまでフランセラが定義する構成主義との比較となっている点に注意されたい。構成主義には多くの立場があり、パーソナル・コンストラクト心理学もその1つとされることがほとんどである。論者が多いほうが正しいというわけではないが、構成主義には、多くの異なる分野の理論から一貫した思想体系を構成しようとする傾向があり、フランセラの考えるパーソナル・コンストラクト理論の方向性と根本的な違いはないように思われる。

第8章 ケリーが与えた影響

ケリーがカウンセリングや心理療法に与えた影響として、本章では3つの大きな領域を取りあげる。それは、①現在の心理療法への影響、②ケリーの死後に発展してきた心理療法の方法とアセスメントの方法、③特定の問題を抱える人のための心理療法およびカウンセリングへのケリーの理論と方法の応用である。

第1節の大半は、これまでの章の要約である。第2節と第3節は、主として新しい内容である。多くの研究が1960年代半ばから行なわれてきているため、膨大な研究量のなかから選ぶことになる。そこで、心理療法の「実践」に役立ちそうな方法や理論という視点から選択した。

第1節　個人としての影響

ジョージ・ケリーが個人として与えた影響は、常にポジティヴなものとは限らなかったと言ってよい、と筆者は考えている。ケリーは、誰に対しても自分の理論的アプローチを使うように説得しようとしなかった。なかには、ケリーは積極的に使わないよう仕向けていたと言う者さえいる。たとえば、ルー・クロムウェルはこう言っている。

ケリーは、それがぴったりくるかどうかを知るために、新しいアイデアや役割［中略］を探り、と り入れる勇気とそのコミットメントを求めていることを常に強調していました。私が彼の臨床実習科目のスーパービジョンのセッションの助手として参加していたときにも、基礎実習の学生に対して、「ケリーのレシピ」を含めてなんらかのレシピどおりに行なうことを認めないと繰り返し強調していたものです。

また、学生のなかにはケリーの接し方が原因で、ケリーのアプローチから離れてしまった者もいる。エスター・ケイヴァは言う。

ある意味で非常に残念だったのは、ケリーという人物に対する学生の見方で、学生の多くが卒業した後、それが彼の理論だという理由だけで、その理論に関係しそうなことをどんなことでもしたがらなかったことです

これとは逆に、パーソナル・コンストラクト心理学の世界だけでなく、心理学界全体で第一人者になった人も非常に多い。[a]

第2節　科学界におけるケリーの理論と哲学

1. コンストラクティヴ・オルタナティヴィズムと構成主義の動向

ケリーは、1930年代から1940年代にさかのぼる心理学全般、とくに心理療法において、構成主義的な主張の確立に重要な影響を及ぼしただけではない。人間観を統合的なものにもした。ケリーによって、私たちの世界観は自分自身のものになり、自分の行動に対する個人の責任とコントロールをもつことになった。クライエントだけでなく、誰もが「行動すること」によって自分自身の実験を行なっている。その行動は、世界に対する私たちの今の理解を映し出している。ときに、実験でとんでもないミスをしてしまう。しかし、それでもなお、私たちは実験者である。そのため、前章で述べたことに関して、ケリー派の構成主義のさらなる要点を追加すべきだと考えている。それは「セラピストは、クライエントがそのようにふるまうことによって、何を検証しようとしているのかをとらえようとする」という点である。

2. 「器質的コンストラクト」対「生物学的公準」

ケリーは、個性をもった人間の心理学[b] (psychology of the person) と心理学にのみ関心がある、とはっきり述べている。このことは、ケリーにとって非常に重要なことであったため、これを基本公準とし、「個

[a] たとえば、ウォルター・ミシェルは、パーソナリティの状況論を提唱したことで著名である。20世紀の心理学者のなかで25番めに多く引用され、Association for Psychological Science の会長も務めた経験がある。

人のプロセスは、出来事の予期の仕方によって心理的に航路を切り拓かれる」と述べた。遺伝子のことは遺伝学者に、生化学のことは生化学者に、神経系のことは、神経学者に任せるといった具合である。

問題の背後に器質的な原因があるという考え方を採用すると、人が自分の人生に責任をもつように援助することを犠牲にして、治療のために薬物や脳外科手術に頼りがちになると考えた。極論に走る人がいないように、つけ加えておきたいが、このことはパーソナル・コンストラクト療法のセラピストがクライエントにけっして薬物を使用させたがらないことを意味しない。たとえば、重いうつになり、完全にコミュニケーションをあきらめてしまったクライエントにとっては、薬物は大きな助けとなり得る。しかし、ここでの薬物とは、目的を達成するための手段にすぎない。クライエントが自分の理解過程を誰かと共有するようになるよう援助するためのものであり、それ自体が目的ではない。

ケリーが純粋に心理学的な構成主義を強調したことが意味するのは、たとえば、不全失語症、吃音、統合失調症、うつといった「基本的に器質的」ととらえる人もいるような問題であっても、セラピストが、それを体験している人の視点から見るという自由を得ることである。ケリーが、「心理学的」という言葉のもとに、あらゆる情動の体験過程を含めていたことは心にとめておく必要がある。

たとえば、不全失語症の最も多い原因が大脳皮質のなんらかの損傷であることを否定する人はいないだろう。以前の援助は、話し方に焦点を当て、言語聴覚士（speech therapist）が行なっていた。しかし、ブラムフィットとクラークは、クライエントの感情と全般的な理解過程に同じくらい注目した。このようなクライエントは、大きな喪失に苦しみ、悲嘆反応をしていると考えられた（Brumfitt & Clarke, 1983）。また、ブラムフィットは発話能力が非常に限られているクライエントに、どのようにしてグリッドを用いるかを議論している（Brumfitt, 1985）。吃音、統合失調症、うつなどの特定の問題に対するパーソナル・コンストラクト・アプローチの理論や実践の発展については後述する。

具体的な「アプローチ」もなければ、「エビデンス」もないため、ここでは1つの研究のみ紹介するが、がん治療にもケリーの理論が応用されている。ケリーの視野の広さを表す例の1つは、全身を理解過程のプロセスとみなしたことであった。１９５５年の研究で、ケリーは消化器系の「理解過程」という例をあげている（Kelly, 1955a）。前章で述べたように、ケリーは、生物学的な公準を作るとしたら、どのようなものになるか思索している。それは、おそらく「出来事の予期の仕方によって航路を切り拓くことが、生命の本質である」というような文章になるだろう、とケリーは述べている。

そのため、ケリーの視野の広さを活かして、私たちの身体を組成する細胞さえも理解過程のプロセスとみなすことができる。おそらく細胞は、常にやってきたように他の細胞とうまくやりながら自分自身を適切に再生産している。なぜなら、細胞にとって最も意味のあるのがこのようなやり方だからである。しかし、細胞はときにコンストラクトの対極ではたらき、「自己の修復」だけのために、自分自身を再生産しようとすることがある。そして、今度はこれがなんらかの理由で最も意味のあることになるのである。

あるレベルでは、こうしたことはすべて、まったくナンセンスなこととみなされ得る。しかし、そのなかのどこかに一粒の「真実」があると考えてはどうだろうか。それは、ある理論から導かれた仮説であり、すべての理論は変化のプロセスについてのヒントにつながる。細胞がかつてのように機能できるように、細胞が理解しなおす援助をする必要があるのかもしれない。瞑想や視覚化、あるいは身体のプロセスの「なかをのぞき込む」その他の方法を使ってもよいだろうし、実際使われている。なんらかの深いレベルでクライエントは、機能不全に陥った細胞の「なかに入っていく」のである。

こうしたアプローチによって、がんが「治療」できると主張している人はいない。言われているのは、

[b]“human”は生物学的にホモ属であることを表すのに対して、“person”は個性をもった人間を意味する。

患者のなかにはそれがなんらかの助けになっている人もいるようだ、ということである。これがどこに行き着くのか、誰も知らない。混乱しか生まないと言う人もいれば、この道をさらに探りたいと思う人もいるかもしれない。この領域全般の議論としては、たとえば、『がんのセルフコントロール』（Simonton & Creighton, 1978　近藤訳、1982）がある。この著者らは、長年かけて蓄積されてきたエビデンスの一部を考察している。

第3節　心理療法のアプローチへの影響

1. 認知療法

多くの人が、ケリーを認知療法の創始者として引用している。たとえば、傑出した心理学者であるウォルター・ミシェルが、ケリーを最初の認知心理学者とみなしていることは、すでに述べた。ミシェルはケリーの影響について、さらに深くコメントしている。

> 1950年代［中略］にジョージ・ケリーが理論化した点は、実質的にどれも1970年代の心理学に向けた予言になっていたことが判明している。そして、数十年後の現在を予測しているといっても差し支えないように思われる。［中略］認知－行動というハイフンつきのアプローチへ向かう現在の動向は、その必要性に誰かが初めて気づく何年も前にケリーが描いた壮大な骨子を肉付けしてくれるものだ、と期待することにはそれなりの理由がある。（Mischel, 1980, p.86）

パーソナル・コンストラクト理論が認知理論と呼ばれることへの反論は、第7章ですでに取りあげた。しかし、パーソナル・コンストラクト理論がそのカテゴリーに位置づけられるかどうかは別にして、認知療法が開発され、さかんになっているという事実はある。ジョージ・ケリーは、そのことをまったく気にしていなかった。自分の名前が認知療法に結びつけられることをうれしく思ってさえいたかもしれない。しかし、ケリー自身はその理論が認知についてのものだとされることを受け入れていたかといえば、そうではなかったであろう。

認知理論は、パーソナル・コンストラクト理論の延長にすぎないという最近の考え方を知れば、ケリーの目はまちがいなく輝いただろう！　たとえば、次のような指摘がある。

> パーソナル・コンストラクト療法は、ケリーの研究に端を発する各種認知療法のバリエーションの1つなのか、という論争がある。行動を変えるための別の枠組みとして、ケリーの研究を別の形で使ったというだけにとどまらないセラピーなどあるのだろうか。（Lister-Ford & Pokorny, 1994, p.151）

その結論は、それぞれに影響力をもったセラピーからなる集合体をケリーが生み出したことで、心理療法の分野に多大な影響を与えたということである。リスター＝フォードとポコーニーは、「1955年にケリーは、人間がどのようにして世界に意味を付与するのかを強調し、認知療法の土台を築いた」と述べている（Lister-Ford & Pokorny, 1994, p.147）。現在、17ほどの認知療法がある。おそらく最も知名度が高いのは合理情動療法（rational emotive therapy）（Ellis, 1958）、うつの認知療法（cognitive therapy）（Beck et al., 1979）、そしてマイケンバウムの認知－行動療法（cognitive-behavioral therapy）（Meichenbaum, 1977）であろう。デビッド・ウィンターはこれらを詳細に説明し、パーソナル・コンストラクト療法との関連を論じている（Winter, 1992）。

2. 実存主義心理療法

実存主義心理療法の発展における重要人物として、ジェームズ・ブーゲンタル（James Bugental）がいる。彼もまた、ケリーの学生の1人である。その著書、『実存的アイデンティティの探求』のなかで、次のように言っている。

> ジョージ・A・ケリーは、私の師の1人として誇りに思っている人だが、かつて気さくにこう言われたことがある。「人間の運命の鍵は、その人が否定できないことを解釈しなおす能力だね」。このシンプルな言葉は、私の知る人間の本質についての最も深いオプティミスティックな発言である。［中略］本書では、ケリーの用語や特定の技法を使っていないものの、私のなかではケリーの教えを受け継いだものである。（Bugental, 1976, p.283n2）

レイ・ホーランド(Ray Holland)は、ケリーを「気乗りのしない実存主義者」と呼んだ(Holland, 1970)。ホーランドは、ケリーが実存主義者であることを否定したのは、パーソナル・コンストラクト理論と他の理論との差異を強調しようとしていたためだと考えた。しかしながら、ジョシュア・ソッファー（Joshua Soffer）は、ホーランドに異議を唱え、実存主義とパーソナル・コンストラクト理論との間には、ケリーが考えた違いがあったし、その違いはあると述べている。とくに、ソッファーは、ケリーが「徹底的に体系だった宇宙論を進展させたこと」に焦点を当てている。変化を予測し、予期するためには、森羅万象を思い描かなければならない。「それは、非常に精妙に秩序立てられて展開しているため、人間は予期システムをとおして、その繰り返し現れるテーマをしだいに把握していける」。さらに、ソッファーは以下のように続ける。

このような見方は、ポスト実存主義の理論として、あるいはケリーが示した「内面の『さらに内面』の感情の体験的心理学を超える計算されたステップ」(Kelly, 1963, p.183) として再評価される価値があると考える。(Soffer, 1990, p.359)

ソッファーは、ロジャーズ派の心理療法 (Rogers, 1959) を実存的アプローチの一例として引用し、ケリーがクライエント中心療法とパーソナル・コンストラクト・アプローチとの間に根本的な相違点があると論じたことに注目した。その影響を探してみると、セラピストはクライエントが理解しなおすことを援助することに積極的に携わるという重要な点で、クライエント中心アプローチが変化したことが見てとれる。実際、ロジャーズは「パーソナル・コンストラクト」という用語を借りて、それを「人生に対処するための仮説の編成」と定義している (Rogers, 1951, p.191　保坂・諸富・末武訳、2005、p.144)。ロジャーズは後に「個人的構成概念[c]」(personal constructs) は、さらに今後の体験に照らして検証するために暫定的に再形成される」と述べている (Rogers, 1961, p.153　保坂・諸富・末武訳、2005、p.187)。

精神分析や行動療法と非常に異なっており、まちがいなく「ヒュー

[c] 他の邦訳書では「個人的構成概念」と訳されることも多いが、本書では、"personal construct" をパーソナル・コンストラクトと訳した。その理由は「監訳者あとがき」参照。

マニスティック」な心理療法である。たとえば、クライエントは「衝動」や目に見えない「心的エネルギー」によって、押しやられたり、引っぱられたりしていない。人間は、大きな拡がりをもった方向や、自分の理解過程システムが定めた方向に動くことを「選択」し、それによってこれまでよりもずっと妥当性の高い予測ができるようになり、これまで以上に個人的な世界をコントロールできるようになる。

しかし、ケリーはクライエントの体験にのみ関心があったわけではない。ケリーは、行動も同じくらい強調した。行動とは、結局のところ自分の理解過程を検証する方法なのである。加えて、ケリーは、クライエントの理解過程の測定とアセスメントにも関心があった。この点で、ケリーは、ジョセフ・ライシュラックの「厳格なヒューマニズム」(Rychlak, 1977) に位置づけられる。これは、ヒューマニズムに対するケリーの明らかな影響である。ケリーは、体験的アプローチ、行動的アプローチ、そして測定をどのようにして1つのアプローチとして一体化するかを示したのである。

ここで再びケリーの教師としての影響の一例をあげよう。今回は、ライシュラックの例である。『パーソナリティ理論の科学哲学』という著書を執筆するという行為について、それを書きはじめるのがどれほど孤独に感じられたかを書いている。以下のように続けている。

しかし、やがてその真実を認めなければならない。もし他の人の支えがなければ、ある種の共感を探し求めなければならない。そうすれば、気づくだろう。冒頭の部分でさえ、自分の昔の大学ノートをめくり、尊敬する教授のインスピレーションを利用するといったふうに、他の人に頼っていたのである。振り返ってみて、今感謝するのは、研究デザインの用語を使った考え方を教えてくれたジュリアン・ロッターと、データは必ずしも毎回そうした用語で記述される必要がないことを示してくれたジョージ・A・ケリーである。(Rychalak, 1968, p.x)

第４節　心理療法の実践への影響

１．実践的折衷主義の導入

ケリーは、アセスメントや測定などの実践と結びつけることで自分の理論が漂流しないようにした。このため、パーソナル・コンストラクト療法のセラピストは、クライエントが理解しなおすことを援助するための、なんらかの特定の方法に縛られずに済む。どのような方法を選択するかは、「推移的診断」によって決定され、推移的診断もまた非常に複雑で明確な理論に導かれ、作られている。

ケリーが示唆したセラピストの行為の自由の重要性については、軽んじられがちである。しかし、クライエントと対峙して、なんらかの特定の問題に対する一連の明確な手続きがあるという安心感を好むセラピストには、パーソナル・コンストラクト理論は向いていない。自由とは、どのような文脈でも、クライエントの利益のためだけに、セラピストが適切に選択することに対してさらなる責任を負わせるものである。セラピーのうえでの自由は、クライエントのニーズにだけ関わるのではなく、セラピスト自身の好奇心を満たすチャンスになりがちである。

２．子どもとの心理療法

これについての影響は、あまり明確ではない。しかし、子どもを対象にするパーソナル・コンストラクトの実践は、１９５５年以来着実な発展を見せている。ケリーの理論が与えた重要な影響は、発達を段階という観点からとらえないことであることは疑いようがない。

子どもとの心理療法への示唆は、特定の子どもが特定の発達段階に達していないという考えによって、いかようにも制約されないことである。考慮すべき子どもの思考や行動について決まった理解の仕方などない。その子どもによって体験される、その子どもの世界があるだけである。子どもを対象にしたセラピーの目標は、大人を対象としたものとまったく違いはなく、その人が再び動き出せるように援助することである。

子どもとの臨床のために開発されてきた特定の方法については後述する。

3. 治療関係

マホーニーは、1950年代にケリーが詳細に述べた治療関係を、現代の構成主義の枠組みのなかで以下のように述べている。

セラピストは、相談役（consultant）、聴罪司祭（confessor）、心理技術者（psychotechnician）にとどまらない存在である。セラピストは、変化のための最終能力と最終責任がクライエントにあるということを認識する、特別に養成された協働者（collaborator）である。クライエントとカウンセラーは一緒になって、特殊な形の親密性と、非常に個人的な作業関係を作りあげる［中略］。したがって、すでに論じたように、構成主義セラピーは、人間同士の非常に親密で個人的なやりとりである。［中略］ケアと信頼という絆が作りあげられ、治療関係はクライエントがそこで、またそこからパーソナル・コンストラクトを検証し、探索し、実験するようにうながされる対人的な文脈になる。［中略］このきわめて個人的な探求によって、クライエントとセラピストは、現在の現象界の縁（edges）へと行き，またそこからもどるという遠出を行なう。このような境界を拡張することは，本質的に「少しずつ進むプロセス（edging process）」なのである。（Mahoney, 1988, pp.307-308）

これはすべて，ジョージ・ケリーが書き得た内容である。それは，意外なことではないだろう。なぜなら，ケリーはコンストラクティヴ・オルタナティヴィズムの哲学がもつ示唆を心理療法の領域に導入した最初の人物ではないとしても，その１人であるからである。

時として誤解されてきたため，ここで強調しておくべき点がある。「非常に親密で個人的なやりとり」をすることは，パーソナル・コンストラクト療法のセラピストが，必ずしもクライエントに自分の思考や感情を開示することを意味しない。もちろん，自己開示してもよいが，マホーニーが言うような「現在の現象界の縁」を進む際に，クライエントが使う材料を提供するという目的が常にある。ケリーにとって，セラピストがクライエントに本質的に役立つのは，クライエントの理解過程の妥当性を示す人としてふるまう行為である。

第５節　方法と実践の発展

１．コンストラクトを引き出す方法

（１）ミスティカル・モニター

「マックフォールのミスティカル・モニター（McFall's Mystical Monitor）」は，パーソナル・コンストラクトを引き出すための手続きとしてはじめられたわけではない。心理学者は，人間に対してではなく，人

間とともに実験をすべきである、というパーソナル・コンストラクト理論の考え方から開発された。

> 心理学の実験が、どれほど形式的で、体系立っているとしても、私たちがそれを受け入れなければならないとしたら、それは、現在の私たちの理想のような、ステレオタイプ化されたヴィクトリア朝時代の物理学者が行なう類の実験ではなく、小説家が読者と行ない、子どもが親と行ない、恋人が互いに行なう類の実験と似たようなものになるはずである。(Bannister & Fransella, 1986, p.162)

マックフォールは、「マックフォールのミスティカル・モニター」として知られるようになった実験法を開発した。その手続きは、クライエントが利用できるようになっているが、クライエントはその結果をセラピストと共有しない。クライエントは、たった1人でテープ・レコーダーに吹き込む。録音が終わり、それを好きなだけ聞いたらすぐにそのテープを消去するということをきちんと理解したうえで、同意してもらっておく。おすすめは、20分ほど頭に浮かんだことをしゃべった後、テープを巻きもどして再生するというものである。その後、あと20分ほどしゃべり、再生し、また聞く。このプロセスが3回ほど繰り返される。

1回目の吹き込みとそれを再生する理由は、最初は困惑し、聴衆に向かっているかのようにしゃべっていると感じる、としばしば報告されるからである。クライエントは、聴衆相手に行なうときのように、何かを省略したり、よい点を述べたり、言い訳をしたりといったことにも気づいている。しかしながら、最初のセッションの後、クライエントは、たんなる思い違いをしていることに気づく。

マックフォールのワークでは、通常の心理学の実験で期待するような「結果」は、実際は何もない。しかし、その実験から学んだことを尋ねられると、参加した誰もが、何か重要なものを学んだと言う。とくに難しく感じられるのは、その後でテープの内容を消去することであった。参加者は、今は気づいていない本当に重要なものを壊しているような感じがしていた。

この手続きは、主訴をセラピストに話す自信がほとんどないクライエントに有用であることが判明している。このワークと精神分析の自由連想法には、一定の類似性がある。しかし、ミスティカル・モニターの場合、録音した内容を絶対に誰にも聞かせないため、自分の選択したやり方で完全に自由にこの実験を行なうことができる。セラピストによる解釈は行なわれない。解釈はすべて当事者が行なう。

これと同じ目的でコンピュータを使う方法もある。書きたいことを何でもコンピュータに打ち込む。それを読みなおして、その後、削除する！　しかし、こうしたことを話している自分の声を聞くことが重要であるように思われる。

(2) インタラクティブ・コンピュータ

コンピュータを使ってコンストラクトを引き出す方法は、多くの研究者によって開発されてきた。このようなインタラクティブ・コンピュータ・プログラムは、「会話学習（learning conversation）」や「自己組織的学習（self-organized learning）」を発展させようとしている（たとえば、Thomas & Harri-Augstein, 1985 参照）。ミルドレッド・ショウ（Mildred Shaw）は、著書『パーソナル・サイエンティストになる』のなかで科学者モデルを用いている。

パーソナル・サイエンティストは、誰でも自分自身が参与的な対象者になり、個人的に意味のあるやり方で結果を理解し、解釈する。これを効果的に行なうために、会話法が用いられる。心理学は、面接から内観までさまざまな方法を提供しているが、パーソナル・コンストラクト理論では、レパートリー・グリッド法が会話を構造化する「科学的」なツールになる。レパートリー・グリッドは、「ソフトな心理学のためのハードなツール」として知られるようになってから今日までで、個人が作りあげ、保持している概念システムを吟味し、それに気づく最も優れた試みの1つである。(Shaw, 1980, p.9)

こうしたプログラムによって、クライエントはレパートリー・グリッドを基本構造として用い、「コンピュータに向かって話す」ことが可能になる。コンピュータがその人からコンストラクトを引き出し、その情報を分析し、その後、その結果を本人にフィードバックする。これは、マックフォールが行なった、録音テープを再生する方法よりもさらに進んだものである。なぜなら、コンピュータは、その人が言ったことの言外の意味についての情報をくれるからである。つまり、コンピュータはその人のコンストラクトとそのエレメントとの関係を教えてくれる。たとえば、クライエントは、グリッドのなかでどの人物が明確に特徴づけられているのか、どの人物が問題を生じさせているか、などがわかる。ある人がなぜ問題とされるのかという理由をもっと詳しく明らかにしたり、人生の別の新しい側面をさらに探求したりしていくために、このプログラムを終了してもよい。

このようなコンピュータを使った「会話学習」は、おもにセラピー以外の文脈で使用されてきた。「コンピュータによるセラピー」は、多くのセラピストにとってそれほど魅力的なものではないだろう。しかしながら、コンピュータを使っている人は、試してみてもよいかもしれない。たとえば、化学者のクライエントがいて、その人が「心理的」なことを自由に話してくれない場合でも、最初の一歩として慣れ親しんだコンピュータに向かってであれば、進んで「話しかける」かもしれない。可能な限りクライエントの言葉を使うのが、パーソナル・コンストラクト療法のセラピストであるということを常に心にとどめておく必要がある。

ドン・バニスターは、トーマスとヘアリー＝オーグスティンの研究（Thomas& Harri-Augstein, 1985）についてこう述べている。

［彼らは］大きな目標へと突き進むなかで、［中略］教育と養成とセラピーとの区別［を］踏み台にしている。これは、今や歴史があり、確立したものであり、私たちが異なる心理学分野、異なる職業、異なる用語に付与している区別である。［彼らが］主張しているのは、子どもに読むことを教えたり、誰かにタレット旋盤の操作を訓練したり、心理的な問題を抱えた人とセラピストとして仕事をするとき、私たちは、彼らが自己組織的学習者になれるようにしており（あるいは、すべきであり）、自己組織的学習とは、特定の「スキル」への道のりであると同時に、創造的な変化の中心にある自己統御（self-mastery）であるということである。（Bannister, 1985）

（3）ラダリング

「ラダリング（laddering）」とは、デニー・ヒンクルが記したスキル、あるいは「技術」である（Hinkle,1965）。それには、言外で言っていることを聴けるような敏感な耳が要求される。ヒンクルは、「個々人は、出来事を予期しやすくするために、コンストラクト間の順序関係を包含するコンストラクト・システムを独自に発展させる」という、ケリーの「組織性の定理（Organization Corollary）」から生まれた仮説の１つを検証する方法を開発した。ヒンクルの仮説は、コンストラクトが「上位」であればあるほど、（抽象的になればなるほど、コンストラクトの階層性が高くなる）、コンストラクトの変化抵抗が大きくなるというものである。

この技法では、セラピストが、自分の個人的な理解過程と、クライエントの理解過程を包摂することを一時停止し、軽信的傾聴を行なうことが求められる。ラダリングのプロセスでは、しばしば、クライエントにこれまで考えたこともない人生観について考えてみることを求める。とくに注意が必要なのがここであり、探索しているルートについて、その人がいつ不安を感じはじめているかに耳を傾けなければならない。ラダリングによって興奮や関心だけでなく、不安や脅威も明らかになることが多い。

ラダリングとは、「なぜ?」という質問をすることにほかならない。最初に、クライエントは特定のコンストラクトに関して、自分のことをどちらの極と説明したいか尋ねられる。たとえば、「本性を見せる人－本性を隠す人」というコンストラクトがあるとする。この例では、クライエントは「本性を見せる人」でありたいと言ったとする。ここで「なぜ?」という質問をする。「なぜ、『本性を隠す人』の逆の、『本性を見せる人』になりたいと思うのですか?」。多くの質問の仕方があるが、繰り返し「なぜ?」と尋ねることで、クライエントは理解過程システムの「はしご（ladder）」をよじのぼっていくのである。別の質問の仕方としては、「ご自身にとって、～のような人になるメリットは何ですか?」や「ご自身にとって、～のような人よりも、～のような人でいるほうが大切なのはなぜですか?」などがある。厳格なルールなどはない。これは、実践を相当行なって初めて身につくスキルである。

ラダリングによって、通常は最上位のコンストラクトの領域にたどり着く。たとえば、人生とは一体何か、生と死の問題、宗教、絶対に必要だと感じるものに関係するコンストラクトである。個人の基本的な価値システムに一直線に入っていくことになる。それは、穏やかな仕事とはかけ離れている。ヒンクルは、上位の（はしごをよじのぼった）コンストラクトが、最も変化抵抗の大きいコンストラクトであることを示し、自説が正しいことを証明した。

（４）ピラミッディング

「ピラミッディング（pyramiding）」とは、１９７１年にランドフィールドが記したものであり、これも「組織性の定理」とコンストラクトの階層性に関係している。これは、その人のコンストラクト・システムを、より具体的で、下位のレベルへと徐々に「降りていく」ように求めるものである。あるコンストラクトの詳細な部分を質問していくことになる。たとえば、「内向的な人とはどんな人ですか？」などである。その答えが、「知り合いになりやすい人」の逆の、「知り合いになりにくい人」だとすると、次の質問は、「知り合いになりにくい人とはどんな人ですか？」になるだろう。次は、そのコンストラクトの対極について、同じように質問する。図示すると図３のようになる。

具体的な行動を知るには、「その人が冷たいとどうやってわかりますか？　その人が冷たいとあなたが思うとき、その人は実際何をしているんでしょう？」と聞けばよい。すると「まばたき１つせずに、ジロッとこっちを見るんです」という答えが返ってくるかもしれない。

この手続きは、とくに特定の対人関係に問題があるクライエントに役立つ。行動療法の用語でいう「社会的スキル訓練」

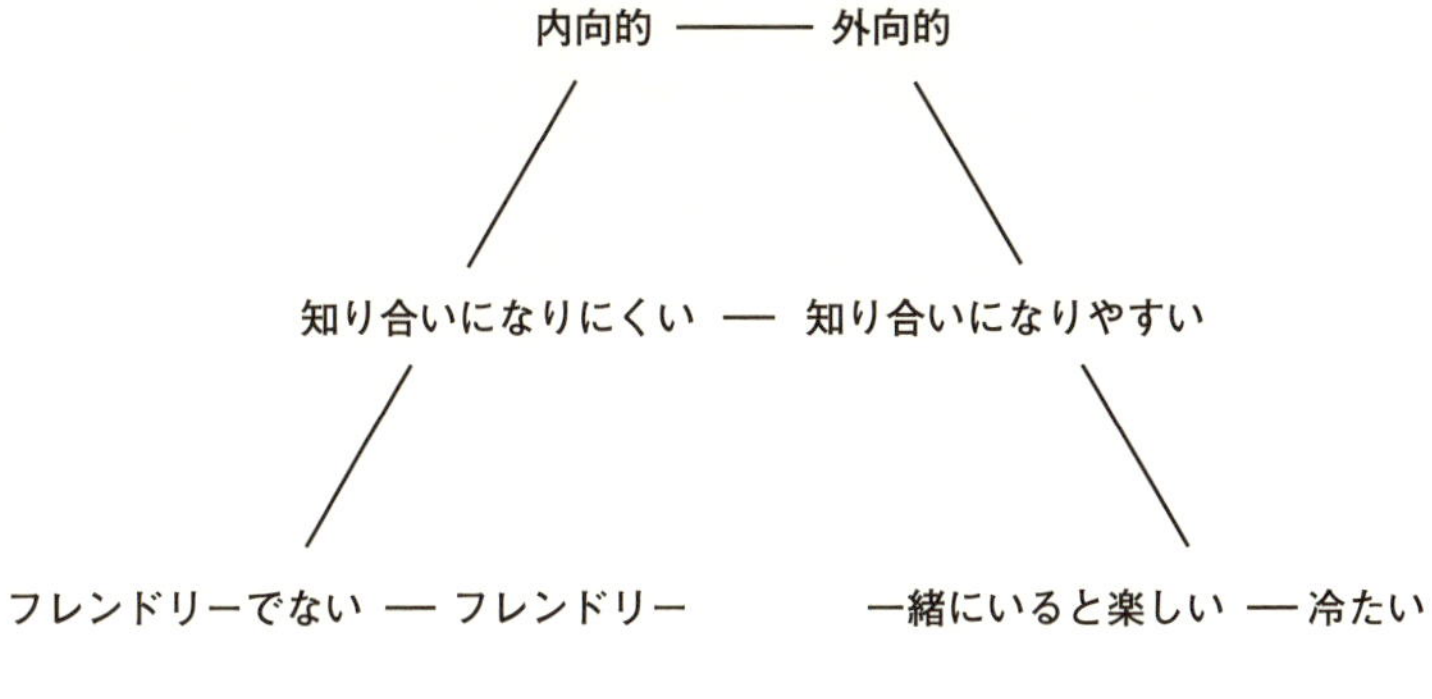

図３　ピラミッディングの例

(social skills training) を行なってもよいだろう。たとえば、その人にとって冷たいことの個人的な意味を見いだすと、クライエントや他の人が冷たい人に対処できそうな、さまざまな見方ができるようにロールプレイを使って援助できる。クライエントが冷たいと他の人が思うことが問題なのであれば、同様の手続きを使うことで、そのクライエントのどのような行動を他の人が冷たいと理解しているのかをうまく特定できる。

ランドフィールドは、私信でクライエントが理解しなおすことを援助するために、この手続きがどのように使われるのか例をあげている。

> たとえば、イヌ恐怖の女性に使ったんですが、その女性にとって、一番怖いイヌは彼女が褒めちぎっていた夫だったんです。この手続きを使うことで、イヌと夫が結びつきました。夫は、彼女に暴力を振るっていたんです。

(5) 含意ジレンマとABCモデル

ヒンクルは、2つのコンストラクト間の不明瞭な関係に触れた際に、「含意ジレンマ (implicative dilemmas)」について説明している (Hinkle, 1965)。ヒンクルがあげた例は、「現実的」対「理想的」と「望ましい」対「望ましくない」という2つのコンストラクト間のものである。その人は、「現実」と「理想」の両方に、自分にとって「望ましい」側面と「望ましくない」側面があると言った。この人物は、「考えを検証する」対「考えを検証しない」と「目標をもたない」対「目標をもつ」という2つの独立したコンストラクトに対して、1つのコンストラクト名を使っていたことが判明した。ヒンクルは、コンストラクト間の含意の不明瞭さは、その人がこうしたコンストラクトをうまく使うことができていないことを意味する、と指摘している。

フィン・チューディ（Finn Tschudi）は、ヒンクルの「含意ジレンマ」という考え方をＡＢＣモデルと称する手続きとして発展させた（Tschudi, 1977）。１９８４年に、チューディとジークリット・ザンツベルク（Sigrid Sandsberg）は、バニスターと筆者が『人間の探究』（Bannister & Fransella, 1971, p.192）のなかで取りあげた、あるクライエントとのセラピーの記録についての分析を発表した。そのクライエントには、旅行恐怖と電話恐怖があった。その男性は、行動療法を1年間受け、そのセラピーはうまくいった。恐怖を感じずに旅行ができ、電話もできるようになった。しかしながら、そのクライエントは喜ぶどころか、完全に落ち込んでいた。セラピーで行なったどのエクササイズも無意味だったと感じていた。旅行で行きたいところはなかったし、電話をかける相手もなかった。そこで、周りの人との関係を築けるように援助することに焦点を当てた心理療法を2年ほど受けた。その後、他の男性とだいたいは表面的なおしゃべりをしたり、さまざまな趣味のサークルに参加し、行きたいところはどこへでも行けるようになり、新しく見つけた友人を訪ねるようにもなった。しかし、今度は、これも意味がないと言い出した。というのは、その男性が本当に望んでいたのは、深く情熱的で激しい、女性との肉体関係だったからである。このクライエントの理解過程のＡＢＣモデルを図４に示す。

コンストラクトを引き出すこの方法によって、セラピストとクライエントが得られる情報は非常に多い。しかしながら、効果のありそうな技法はどれもそうだが、注意して適切なタイミングで使わないといけない。セラピーの最初の数セッションで、これまでずっとどもってきた人に対して、どもることのメリットと流暢に話すことのデメリットについて尋ねることは、どれほどうまくいっても無意味に終わるか、最悪の場合は深く傷つけることになる。実際は、そのうちに、セラピストとクライエントがどもることには、なんらかのメリットがあると気づく場合もあるだろうが、それは別の話である。クライエントがセラピストの提案を受け入れられないという仮説が立てられるならば、それは重視されるべきである。

　このような技法を使うことには、危険性も潜んでいる。それは、こうした技法によって、自分の理解過程の何を把握させることになるのかである。ある人は、自分が物事をそのまま受け取る人だと思うとうれしく感じるかもしれない。たとえば、ラダリングのように自分のシステムを探求するにつれて、結局自分が歩んでいる道は「物事をそのまま受け取る人は、人生に何のコミットもしていない人だ」という考えに行き着く、と思いはじめるかもしれない。その人にとっては、人生にコミットすることがきわめて重要なのである。その人が初めて意識的に気づいた非常に重要な含意ジレンマのなかに、セラピストがうっかり入り込んでしまっているかもしれない。セラピストは、

A：問題

a1　実際の状態
話や旅行ができない

a2　理想の状態
電話も旅行もできる

クライエントは、ここで a1 のデメリットと a2 のメリットについて尋ねられる。

B：変化に向けて

b1　a1 のデメリット
社会生活が閉ざされている

b2　a2 のメリット
新しい社会生活に開かれている

次の質問では、進展を阻害するものを引き出す。クライエントは、実際の状態（a1）のメリットと理想の状態（a2）のデメリットについて尋ねられる。

C：進展を阻害するもの

c1　a1 のメリット
友人がいないことを隠せる

c2　a2 のデメリット
友人がいないことがばれる

ここで問題が、友達がいないことだと定義し直されている。電話や旅行ができないことのメリットは、「真実の恋がないことを隠せる」ということである。その後、問題は「真実の恋がない」ことで、理想の状態は「真実の恋が得られる」ことだと定義し直された。

図４　チューディとザンツベルクの ABC モデル

これがクライエントと探求すべき重要な領域だと考えるのは当然であるが、それはクライエントがその体験を活用し、それを踏まえて前進することができるときのみである。

問題に対して最初になされるべき推移的診断をするにあたって、コンストラクトを引き出すこのような方法で十分な情報を得られることがよくある。しかしながら、「言葉を超える」ことで、クライエントの世界の理解過程について、もっと多くの情報を得る必要が生じる場合もある。そのようなときは、レパートリー・グリッドが役立つ。

2. アセスメントの方法

(1) レパートリー・グリッド

現在では「レパートリー・グリッド法（repertory grid technique）」と呼ばれている分野は、１９５５年以降、急激に拡大していると言っても過言ではない。バニスターは、統合失調症というレッテルを貼られた人の思考障害のプロセスを研究するために、ケリーのレプ・テストの修正版（「エレメント」の順位を使用）を用いた最初の人物である。後に、セラピーの文脈でこのプロセスを研究するためにグリッドを使っている（第６節で取りあげる）。

バーナード・アダムス（Bernard Adams）と筆者は、臨床の文脈でクライエントに対して一連の順位グリッド（ranking grids）を使った報告を初めて行なった（Fransella & Adams, 1966）。そのクライエントは、放火の罪で服役中に、うつの治療を受けていた。治療中の理解過程の変化をチェックすることが目的だった。セラピーは、放火の再犯を防止できるという見解の精神科医が行なっていた。筆者の個人的な目的は、クライエントが自分の人生のさまざまな側面について考えたり、感じたりすることを測定するために、この新しいツールを試してみることであった。

筆者の視点では，その実験は成功だった。グリッドによる測定が，いかに統計的に信頼性のあるものかを表すと同時に，一連のグリッドは，長きにわたる非常に意味のある変化を示した。ところが，その精神科医の視点では，結果は期待していたものではなかった。人は火をつけることで生じる性的興奮のために放火する，と精神科医は考えていた。一連のグリッドの開始時，その放火犯は物に火をつけることと，性的興奮とが関係あるとは知らないことをグリッド上では示していた。精神科医とのセラピーが進展するにつれて，放火犯は明らかにこのことについて深く考えるようになり，自分は絶対に火をつけることで性的な快楽を得るような人間ではなく，「放火犯」でもないという結論に達した。その男性の表現を使えば，まったくの別物であり，悪事をはたらく人を罰していたのであり，放火はむしろ儀式としての浄罪行為であった。

これは，人間が十分に確立された行動をしているとき，社会が見ているようには自分自身をとらえていないことを示す数多くの例の1つである。つまり，肥満の人は自分のことを「肥満の人」とは見ておらず（Fransella & Crisp, 1970），アルコール依存者は「アルコール依存者」とは思っておらず（Hoy, 1973），吃音者は「吃音者」とは思っておらず（Fransella, 1972），薬物依存者は「薬物依存者」とは思っていない（Stojnov, 1990）。その行動が1つの生き方になっている。それは，肥満やアルコール依存などがあるために治療を受けていることを認めているものの，そのような人たちに対するステレオタイプに自分は当てはまらないと考えているようなものである。「飲みすぎかもしれないし，アルコール依存として治療されているかもしれないが，私は『アルコール依存』と呼ばれるような人たちではないし，私は私だ」というようにである。

ヒンクルは，「ラダリング」の手続きと「含意ジレンマ」という考え方を開発したが，それに加えて，「含意グリッド（implications grid）」と，「変化抵抗グリッド（resistance-to-change grid）」も開発した。含意グリッドは、パーソナル・コンストラクトの意味が、それのもつ含意や、それが暗に示すもののなかにある、というヒンクルの理論を検証するために構想された。すでに述べたように、ヒンクルは、あるコンストラクトに含意があればあるほど、それは上位のものになり、変化抵抗も大きくなる、というプロセスを明らかにした。「変化抵抗グリッド」は、この最後の部分を検証するために作られた。ヒンクルが目的としたことは、どれも達成された。それ以降、その人にとってコンストラクトが重要であればあるほど（上位であればあるほど、はしごをよじのぼればのぼるほど）変化抵抗が生じやすくなる、というヒンクルの知見は、複数の研究者の研究成果によって支持されている（たとえば、Fransella, 1972; Button, 1980）。

１９６０年代の半ばに筆者が吃音についての研究をはじめたとき、ヒンクルの含意グリッド法はあまりに複雑すぎるため、ヒンクルの被験者のような大学生以外のほとんどの人には使えないと感じた。そこで、筆者はそれを、一つひとつのコンストラクトのそれぞれの極の含意が探求できるように簡略化した。人が自分自身を位置づけようとするコンストラクトの極が、自分にとって最も意味のある極だというアイデアのエビデンスを得たのはここからである。ほとんどのセラピストにとっては、「ケアしないこと」よりも、「ケアすること」に関係する含意のほうが多いだろう。クライエントの重要なコンストラクトのうち、本人にとってあまり意味のない極に自分自身を位置づけるというエビデンスは推移的診断に役立っている。

長年の間にグリッド法は、時おり、そのルーツであるパーソナル・コンストラクト理論と無関係になることもあった。こうなると問題が生じる。なぜなら、測定ツールにはどれも、従うべき仮定があるからであり、その原点から切り離されると、こうした仮定が忘れ去られてしまう。

これについての詳細とグリッドの他の使い方についての解説は、『レパートリー・グリッド法マニュアル』(Fransella & Bannister, 1977）を参照されたい。

（2）自己描写法

ケリーが考案した他のアセスメント法として，自己描写法（self-characterization）がある。しかし，これはレパートリー・グリッドのように幅広く使われてこなかった。おそらく，それは簡便な分析法がないためである。しかし，多くのパーソナル・コンストラクト療法のセラピストが，それを日ごろから使っていることは明らかである。それはさまざまな点で発展してきた。たとえば，書くことに向いている人に理解しなおすことをうながすための主要技法としても発展してきた（Fransella, 1980）。

シャロン・ジャクソン（Sharon Jackson）とバニスターは，問題を抱える子どもと問題のない子ども用の自己描写法を開発した（Jackson & Bannister, 1985）。そこでは，その子どもがどれほど「優れた心理学者」であるか，という注目すべき所感を得点化する方法が示されている。たとえば，「他者視点」得点というものがある。これは「他の人から見られた自分自身について，子どもが言及する回数」である。ジャクソンは，精神障害をもつ子どもとのグループワークでこれを使用している。

デイビスらは，親向けの「子ども描写法（child characterization sketch）」について書いている（Davis et al., 1989）。これは，どのように母親が自分の子どもを理解しているかを深いところまで引き出し，探求する柔軟な方法である。彼らの関心は，とくに親がどのように知的障害のある子どもを理解しているかを把握することであった（Cunningham & Davis, 1985）。この方法は，身体障害や知的障害，あるいは情緒的問題のない子どもの親を相手にする場合も，じつに簡便に使うことができる。

3．グループ・ワークの発展

ランドフィールドとリバーズは，グループ内の「２人１組のローテーション（rotating dyads）」を使って対人関係を改善する方法について述べている（Landfield & Rivers, 1975）。これは，今日では「対人交流グループ（Interpersonal Transaction Groups：ＩＴグループ）」と呼ばれている。もともとの形では，毎回のグループ・セッションのはじめと終わりに，参加者が各自そのときどのように感じたかを書きとめる。その後，参加者はこの「気分バッジ（mood tag）」を胸につけ部屋のなかを歩きまわる。その間，参加者はおもに２人１組のペアで時間を費やす。ペアには５，６分しかないが，グループ内の全員と交流する機会をもつ。ペアになるとき，話し合うトピックやジャンルが与えられるが，参加者は批判的になることなく，お互いを理解しようと努めなければならない。２回目の「気分バッジ」の実施後，参加者全員が集まり，少なくとも15分のグループ・ディスカッションを行なう。

ニーマイアーが指摘しているように，ＩＴグループの重要な点は，グループの内容ではなく，グループの形式を記述していることである（Neimeyer, 1988）。これが意味するのは，ＩＴグループが多くの目的に合わせて作りかえられることである。ニーマイアーは，ＩＴグループの形式について，他の８つの利点をあげている。

1　短時間での「自己開示」が促進されやすい。
2　「共感」が育まれやすい。
3　「集団凝集性」が高められやすい。
4　全員が同程度に寄与するため「グループへの参加の均等化」が生じる。
5　グループ・ディスカッションのための題材が，参加者全員によって提供されるため，衝突が生じる可能性が低い。
6　関連トピックについての「相互交流に焦点化」するため，時間を最大限活用できる。

7　オープン・グループ（参加者が変動）とクローズド・グループ（参加者がずっと同一）の両方に使用できる。
8　参加者が、支持的で傾聴する役割と、クライエントの役割の両方を体験する。

ニーマイアーは、ＩＴグループの「賢明」な使い方の鍵はその柔軟さにある、という言葉で締めくくっている。また、２人組の場合に役立つディスカッションのトピックや、グループ全体でのディスカッションを促進するための質問も提供している。

ニーマイアーらは、うつやアルコール依存、心的外傷後ストレス障害（ＰＴＳＤ）をはじめとした多くの問題をもつ人たちとともに、ＩＴグループを活用してきた。特筆すべきは、児童虐待の文脈でのＩＴグループの使用である(Harter & Neimeyer, 1995)。ＩＴグループに関する15年に及ぶ研究の評価については、ニーマイアーらの報告（Neimeyer et al., 1995）を参照されたい。

第６節　特定の心理的問題への応用

ここ半世紀ほどの間の大きな発展の1つは、特定の心理的問題へのケリーの理論の応用である。パーソナル・コンストラクトは、中身のない骨組みだと表現されることがあったが、その骨組みに肉付けする試みがなされてきた。非常に多くの研究がなされてきたため、そこから選択するのは難しい。以下を選んだ基準は、第1に、その研究がパーソナル・コンストラクト理論に直接由来する問題の理論に基づいており、第2に、他のセラピストやカウンセラーにとっても有用と思われる方法が開発されていることである。

ここでの例は、障害についての「真理」として示しているつもりはない。むしろ、１９５０年代以降に、ジョージ・ケリーのアイデアを使って行なわれてきたことの例として示している。それらに対する、学術的な評価を知りたい人は、デビッド・ウィンターの著書、『臨床実践におけるパーソナル・コンストラクト心理学』（Winter, 1992）を参照されたい。

1．統合失調症様思考プロセス障害

バニスターは、この問題が「ルーズ」な理解過程という臨床的コンストラクトと結びついているはずだとするケリーの提案を活かした。統合失調症と結びついた思考プロセス障害（thought process disorder）をもっていると診断された人の言葉は、それが極端な場合は理解不能である。そのような人がＢＢＣ放送のブレーンズ・トラストという番組[d]に送った以下の質問を、バニスターは例として使った。

> ギリシア・ローマ戦争のときに、あるダーウィン派の生物学者が、アジア・アフリカ諸国の社会学をギリシア式に学び、社会科学をローマ式に学んで逃亡します。ウォルフェンデンは、国家安全保障会議の議長です。このような木の枝の未来はどうなりますか？　私は、空軍の青ネズミです。
> (Bannister & Fransella, 1986, p.143)

適切な質問ではないことと、詩のような要素があることはさておき、これはほとんどの人にとって理解できないものである。しかしながら、理解しがたいというだけでは、「統合失調症」という診断カテゴリー

［d］英国放送協会の“Brains Trust”というラジオ（１９４０年代）およびテレビ（１９５０年代）のトーク番組。

に入れるのに十分ではない。でなければ，多くの有名な原子物理学者や，数学者，哲学者でさえ，そのなかに含まれてしまうだろう。私たちは，社会の一員として，こうした人々の言葉が，私たちにとってただ理解できないものであり，内輪の用語を知っている人であれば，非常に興味深いものだと認めるだろう。それは，私たちの問題であり，彼らの問題ではない。

思考障害のある統合失調症者の例では，言葉が非常に私的であるため，おそらく世界中の誰も，それを意味づけることはできない。また，そのような人は，他の言葉も使えない。原子物理学者は家に帰ると，誰とでも共有できる，社会性のある言葉にたいてい変えることができるが，統合失調症を患っているとされる思考障害のある人は，そうすることができないだろう。

バニスターはグリッドを使って，思考障害のある統合失調症の思考の「ルーズさ」の程度を「測定」することが可能であり，それほど問題を抱えていない人と区別できることを示した（Bannister, 1962）。この障害を理解するうえでのバニスターの貢献の１つは，このようなコンストラクトが，崩壊点に達するまではルーズでないことを明らかにしたことである。理論上，私たちはパーソナル・コンストラクトの下位システムをもっている。パーソナル・コンストラクト理論は，特性論ではない。ある人は，機械類のこととなると，「タイト」に理解し，非常に整然と話すが，人間の理解となると，ほとんど意味づけられなくなってしまう。統合失調症者も同様である。バニスターとサーモンは，思考障害をもつ人は，人を理解するよりも，物を理解するほうがずっと組織化されている（よりタイトな理解になる）ことを示した（Bannister & Salmon, 1966）。この研究は，その後の足がかりとなった。

バニスターは，コンストラクティヴ・オルタナティヴィズムのアプローチを使って科学的に探究し，次の疑問に行き当たった。もし思考障害のある人が，人間の世界について非常にルーズなコンストラクトをもっているがために，そのコンストラクトを検証し，予測を立てることができないとしたら，どのようにしてそのようになってしまったのか。

バニスターは、一連の実験を行ない、そのようになってしまうのは「妥当性の連続的無効化（serial invalidation）」によるという仮説を検証した（Bannister, 1965）。もしかすると、思考障害のある人は、自分が行なった予期が長年にわたって、ことごとくまちがいであることが証明されてきており、これに対応するために、予測を徐々にあえて明確でないものへと変え続けてきたのかもしれない。バニスターは、いわゆる「普通」の人であっても、写真の人物像を判定するように言われ、その後、その成績があまりよくなかったと言われると、同じようなことが生じることを示した。結論はこうである。

［これが］示唆するのは、思考障害のある人はこれまであまりにもまちがいが多かったということである。自分の理論があまりによく反証されてきたため、理論構築の仕事をやめてしまった科学者と似ている。（Bannister & Fransella, 1986, p.147）

この研究から、別の疑問が出てきた。これが思考障害（thought-disordered：秩序立っていない思考）になる経緯であれば、もう一度その人の理解過程をタイトにし、秩序立った思考（thought-ordered）になるように、どのように援助できるだろうか。そこで、バニスターの次の研究計画は、人間を理解する際に、どのような構造が残っているのかをグリッドを使って見いだすことであった。バニスターは、この残余構造を特定した。そして、統合失調症者が、そのような見方で人を「見る」ようにうながし、その後で、それが妥当であることを示せるような状況を設定した。この結果は、そのようなクライエントにとって、「その旅は、長くて辛いものであったかもしれないが」、もとにもどる１つの方法になった、と締めくくられている（Bannister et al., 1975）。

2. 吃音

まだ１９６０年代の初頭だったが、筆者は、パーソナル・コンストラクト理論を使った吃音の治療の研究をはじめた。これは最終的に１９７２年に出版され、吃音者をどのように援助するかについて、多くの言語聴覚士に影響を与えた。現在、このテーマの本が数冊出版されている（たとえば、Dalton, 1994）。

ここでは、パーソナル・コンストラクト理論が別の文脈でどのように応用できるかを示すために、その研究を若干詳しく述べたい。この研究の目的は、３つに分かれる。筆者は、この新しい理論に対して、個人的には大きな魅力を感じたが、これが吃音のような明らかに行動的なものに対してなんらかの示唆を与えてくれるかどうかを知りたかった。パーソナル・コンストラクト理論によって、吃音者が少しでも流暢に話せるように援助できる、なんらかのセラピーのアプローチにつながるだろうか。ある具体的な行動と理解過程との関連性を示すことができるだろうか。

その過程は、容易ではなかった。自分の髪の毛を引っぱったり、歯ぎしりしたりすることが何度もあった。しかし、ヒンクルが書いたばかりの博士論文（Hinkle, 1965）のなかに研究を進める方法を見つけた。この研究には、それまでに読んでいたものや、それ以降読んできたものよりも、わくわくするようなアイデアがたくさんあった。すでに述べたものもあるが、ヒンクルのアイデアには２つ、筆者にとって何よりも重要なものがあった。１つは、ヒンクルの基本テーマから来ており、パーソナル・コンストラクトというケリーの考え方は、それがもっている「含意」という観点からいっそう明確になり得るというものである。わくわくとは何かを知るには、それが暗に示すものと、わくわくすることによって暗に示されるものがわかる必要がある。ちなみに、ヒンクルはジョージ・ケリーの博士課程の学生であり、大胆にも「ケリー先生、コンストラクトとは何なのかわかりません」と言った。だからこそ、ヒンクルはそれを明確にしようとした。しかし、筆者が一番しっくりきたのは、「選択性の定理」に関するヒンクルの理論である。ヒンクルは「選択性の定理」を次のようにあらためて明確にした。

人は二分法のコンストラクトで、オルタナティヴをみずから選択し、そのコンストラクトをとおして、その人のシステムにとっての含意の総数が増えるような、より大きな可能性を予期する。すなわち、人は常に自分の人生の全体的な意味と意義が拡大すると予期される方向で選択する。逆に言えば、人はカオスへの不安と絶対的な確実性に対する絶望を回避するために選択するのである。(Hinkle, 1965, p.21)

筆者の議論は、次のように展開しはじめた。人は、自分にとって最も意味のあるコンストラクト極をみずから「選択」する。そうであれば、吃音を続けるのはそれが流暢に話すよりも、もっと意味のあるふるまい方だからである。

パーソナル・コンストラクト理論の観点では、「より意味のあること」は、その人が出来事をより予測できることを意味する。とすれば、吃音に対するどのようなセラピーも流暢ではない話し方ではなく、流暢な話し方に焦点を当てるべきである。現在の筆者のセラピーでも、そのような焦点の当て方をしている。流暢なほうが、どもるよりも、もっと意味のあることにする必要があった。もちろん、このアプローチは、短期間で、あるいはケースによっては長い時間をかけても、全員を流暢にすることはできなかった。しかし、多くの人に非常に役立ったという明らかなエビデンスはあった。

個人的に測定に興味があり、ヒンクルが記した「含意グリッド」を使ってみた。ただ、それぞれのコンストラクト極を別々に見る「両極含意グリッド」という独自の修正版を使った。ここから、コンストラクトの対極の意味への筆者の関心がはじまり、これがずっと続いている。セラピーでは、クライエントがやっていることをすることによって、その人がしていないことをセラピストが本当に理解できるならば、そのクライエントがやりたくないと言っていることをやり続ける理由について深い理解が得られている、と筆者は考えている。

両極含意グリッドの結果は、流暢でない話し方が減少するにつれて、流暢であることの意味が増加したことを示した。予測しなかったのは、このような人にとってどもる人であることの意味が減少したことである。これによって、行動と理解過程との関連が明らかとなった。このことは、今では誰もが知っていることかもしれないが、行動主義の手法が支配的であった世界では常識ではなかった。この研究で、パーソナル・コンストラクトの理論と方法が、非常に困難な個人的問題を抱えた人を援助することにうまく応用できることを筆者は知った。パーソナル・コンストラクト療法が大いに役立った人もいるというエビデンスが得られたことを最後に述べておく。

3. 神経性食欲不振症

吃音の研究を終えてすぐ、筆者は同じアイデアを体重に関する障害のある人にも応用した。これは肥満の人にも役に立った。非常に体重超過している人は、肥満を「正常」な体重でいることよりも、ずっと意味のある世界との関わり方だと考えている。

しかしながら、はじめのころに行なった拒食症の若い女性たちとの臨床は、明らかにこのパターンにならなかった。エリック・バトン（Eric Button）がこのアプローチを取りあげ（Button, 1980）、およそ20年かけて、この悩ましい問題の理解を深めることに精力を傾けた（Button, 1993）。神経性食欲不振症と診断された人が同じように理解しているとひとくくりにできない、とバトンが強調したことはまちがっていない。たとえば、拒食症の女子の多くは、他者を理解するにあたって、非常に限られたシステムしかもっていないが、それが全員には当てはまらないことが示されている。「行動や態度のなかには類似点があるものの、その世界観は非常に個人的なものであり、食べ物や体つきのことを気にしないようにするために重要なものである」（Button, 1993, p.211）。

4．うつと自殺

うつを体験している人に対して、パーソナル・コンストラクトの考え方と方法を応用することは、非常に強調されてきた。この中心人物として、ドロシー・ロー（Dorothy Rowe）がいる。うつは、薬物療法が最善の身体的愁訴だとする（医学界にとどまらない）広まった考え方に対して縦横に反論する著作を書いてきた（Rowe, 1978, 1982, 1983）。すでに述べたように、クライエントがうつ気分によって身動きがとれなくなってしまったとき、投薬は重要となることがある。しかし、投薬だけではクライエントが今以上に能動的になるよう理解しなおす援助にはならないだろう。

子どもは、他者と相互作用するための一連のコンストラクトを作り出す、とローは主張している。このシステムは、過度の相互作用をどのようにして未然に防ぐかということと部分的に関係している。この理解過程は、おそらく「自分のなかにとどまる」や「自分の居場所が必要だ」といった言葉で表されるような、自分の周りに築く壁を形成するのに役立つ。彼女は、次のように主張する。

なかには、低い壁を築いたり、特別な割れ目のある壁を築いたりして、簡単に壁の向こう側の他者のところに行ける人もいる。しかし、一方で、よじのぼるには高くて険しい壁を築く人もいる。高すぎる壁を作ってしまうと、不定期刑を科せられた孤独な囚人が感じる苦痛よりも、ずっとひどい苦痛を感じはじめる。(Rowe, 1978, p.30)

ニーマイアーは、パーソナル・コンストラクトの枠組みで、うつに対する大々的な研究を行ない(Neimeyer, 1984, 1985b 参照)、うつの人に関する知識を非常に深めた。また、フランツ・エプティングと共著で「死の恐怖尺度(death threat index)」(Epting & Neimeyer, 1984)を開発した。ローと同様に、彼らは人間の死の理解過程は「それによって人生の目的がどのように理解されるのかを左右するため、コンストラクト・システムの中心となっている」と考えている(Rowe, 1984, p.11)。

ニーマイアーは、死の恐怖尺度に関する文献をまとめて、マニュアルと詳細な採点法を提示している(Neimeyer, 1994)。この尺度は、ホスピスのクライエントの死に対する不安を特定し、自殺企図のあるクライエントや高齢者がどのように死を理解しているかを調べるために使われてきた。

ケリーは、自殺行為について独特な見方をしている。あらゆる物事は、いかに個人が世界に対して意味を付与しているのかという視点からとらえられるべきである。自殺についても同様である。パーソナル・コンストラクト理論では、あらゆる行動は、検証の必要な個人的理解過程に基づく予測を検証するためにデザインされた実験である。これは、自殺行為が何かの妥当性を探るためにデザインされた実験であることを意味する。つまり、自分の人生の検証である。

死とは罪悪感の報いである、とケリーが言っていたことを思い出すかもしれない。罪悪感とは、自分の中核的理解過程から無理に引き離されたという知覚である。中核的な理解過程とは、自分の人生に本質的な意味を付与するものである。そこから引き離されたという知覚が意味するのは、中核的な理解を使って生きるという選択、みずからを理解しなおすことによって中核的な理解と折り合いをつけるという選択、あるいは人間が中核的な理解とともに歩み、人生を終わらせるということが、自分の世界との関わり方を拡張したり、明確にしたりする優れたやり方だと考えるという選択がある、ということである。たとえば、そのような人は「本当の私」とは正反対にふるまっているとか、そのような罪悪感を抱えて生き続けることは「私ではない」人（それは考えられない状況だが）として生きていることだと感じるかもしれない。それに対するオルタナティヴは、他の人がこれまで覚えてくれていたように、今後も覚えていてくれることを期待して、私ではない人物を消し去ることである。

ヒューズとニーマイアーは、独自に開発したパーソナル・コンストラクトモデルを使って、うつの治療を受けながら入院している人の検証をした報告をしている（Hughes & Neimeyer, 1990）。その研究結果からは、自殺企図の最も高いリスクがある人には、断片化と先取り（全か無か）思考を示す理解過程システムがあることが判明している。

ステファンとフォン（Stefan & Von, 1985）は、自殺へのパーソナル・コンストラクトのアプローチを議論し、異なる自殺のタイプを詳しく説明している。そのタイプとは、自殺企図をしてきた人の援助について考える際に有効である、とケリーが示唆したものである。

ステファンとリンダーは、これをさらに進め、そのような人を援助するパーソナル・コンストラクト療法のアプローチの概要をまとめ、次の文で締めくくっている。

本章を執筆するにあたり、筆者らは注目すべき結論に達した。それは、パーソナル・コンストラクト心理学の枠組みで自殺企図の人を治療することをとおして、死に関する陰気な研究を行なっているのではなく、生そのものについて活気に満ちた研究を行なっているということである。（Stefan &

Linder, 1985, p.208)

5．行動療法に対するオルタナティヴ

ウィンターは、行動療法のオルタナティヴとしてのパーソナル・コンストラクト療法について、多くの研究を行ない、幅広く著作を発表してきた。たとえば、そのような行動的アプローチには、社会的スキル訓練があり、トロワーらは、次のステップを組み入れている。「①スキル欠如の同定、②スキルの機能に関する指導、③スキルのロールプレイ、④クライエントによるスキルのリハーサル、⑤クライエントの実行に対するフィードバック、⑥実生活の場での練習」（Trower, Casey, & Dryden, 1988, p.95　内山訳、１９９７、p.１４９）。社会的スキルの個人的な意味には焦点は当てられない。

ウィンターの説明によると、パーソナル・コンストラクト療法では、スキルの個人的な意味を出発点とする。たとえば、「自己主張」のメリットが探求されると、そのようなメリットはクライエントの言葉では、実のところ「望ましくない」ものだということがおそらくわかるだろう。「自己主張」は、たとえば、「周りの人に好かれない」ということを意味しているかもしれない。自己主張の代わりとなるオルタナティヴが見つかる可能性もある。ウィンターは、この考えを検証し、行動療法の社会的スキル訓練で症状が悪化したクライエントを対象に、パーソナル・コンストラクト療法の有効性を示した（Winter, 1988a）。また、性機能不全（Winter, 1988b）や広場恐怖（Winter, 1989）に対する伝統的な行動療法のオルタナティヴとなるパーソナル・コンストラクト療法も発展させた。

6．子どもとのワークの仕方

子どもとのパーソナル・コンストラクト療法については、多くは述べてこなかった。本章で自己描写法の使用を取りあげたときに触れた程度である。

ジャクソンによる問題をもつ子どもとのグループワーク（Jackson, 1992）は、パーソナル・コンストラクト療法を深刻な精神障害の文脈へと拡張する点で興味深いものである。彼女のグループワークは、１９８５年にはじめられ、問題のある子どもと、問題をもっていないと思われる子どもの理解過程を区別する研究プロジェクトの一部となった。

このグループワークの手順としては、子どもが他の子どもと共有するようにうながされる自己描写法を使うことによって、子ども一人ひとりの理解過程を把握するように努めることが求められる。また、子どもは専用のレパートリー・グリッドに回答し、個別やグループで描画を行なう。グループの基本的な狙いは、子どもが自分自身の理解過程を精緻化するようにうながすことである。

病院という環境で、問題のある子どもとグループワークを行なうことは、かなり大きな問題があった。ジャクソンはこう述べている。

> 子どもたちは、グループ・ミーティングがクラス活動だとは理解できず、遊び場という幅広いコンストラクトを試していた。そのため、子どものなかには大がかりな実験をしてしまい、次のようなクレームも報告された。
>
> (a) 病棟にある、目を引く赤いボタンを押して、心肺蘇生チームを呼び出した。
>
> (b) [中略]

（c）近くの誰もいないナースステーションで，どの電話にも書いてある番号をダイヤルし消防署へ電話をかけた。（Jackson, 1992, p.166）

このような挑発的な行動にもかかわらず，セラピー・グループの子どもは，実際，統制群の子どもよりも，自尊感情が高まり，自己の理解過程が精緻化された。とくに興味深いのは，8名からなるセラピー・グループの誰一人として，再び問題を起こしたり，学校から処分を受けたりしなかった，とその親たちがセラピーの1年後に報告したという結果である（ジャクソンとの私信）。

トム・レーヴネット（Tom Ravenette）は，20年以上にわたって教育という文脈で，子どもとのワークを行なってきた。彼の初期の著作には，『読解困難の次元』（Ravenette, 1968）がある。この本を書いて初めて，ケリーの忠告を正しく理解できたと述べている。それは，読解に困難のある子どもについては，「子どもが教師を好きかどうか見きわめよ」というものである。

レーヴネットは，教育現場の心理師のもとに紹介される子どもは，教師がもっている教師自身についてのなんらかの重要なコンストラクトの妥当性を低めようとしているのではないかと考えた。こうした背景があり，「困難（difficulties）」と「問題（problems）」との区別が役に立つことに気づいた。「困難」とは，自己という感覚にとってはおよそ含意がない事柄に関係しており，「問題」とは，おそらく気づかれていないが，教師の中核的コンストラクトにとって重要な含意のあるものである（Ravenette, 1977）。

こうしたことから，レーヴネットは，援助を求めるのは教師であり，紹介した教師こそ最初のクライエントであるという見方をするようになった。たしかに，子どもは困難や問題をもっているかもしれないが，教師が心理師に援助を求めたのであって，子どもではない。

このような文脈では，時間的な制約上，1回のセッションのみであることが多いため，レーヴネットは，幅広い年齢層に使うことができ、クライエント側が理解しなおす可能性を広げる、多くの面接技法を開発した（Ravenette, 1992）。

その面接実践の中心にあるのは、クライエント自身の応答の「対照性（contrast）」、「暗示性（implications）」、「関連性（relevance）」、「重要性（importance）」、「体験過程（experiencing）」の探求をはじめとした、精緻化するような質問である。教師を対象とした面接では、子どもに生じたことを完全に報告してもらうということに大きく依存する、純粋に言語的なアプローチを使っている。これは、教師がもっているコンストラクトに優しく疑問を投げかけ、どのようにして子どもが教師の自己という感覚の妥当性を低めようとしているのかを探求する扉を開く、穏やかな方法だと考えられている。

子どもを対象とした面接では、言語的技法や描画法、ストーリーを用いた投影法を使って、子どもが自分自身と自分がおかれた環境をどのように意味づけているかを探る。言語的技法には、上記の精緻化するような質問に加えて、「あなたは誰？」というような構造化された質問が含まれる。

「あなたは誰？」という質問に対する回答を思い浮かべるために、描画法が用いられることもある。描画は、「自己描写グリッド（self-description grid）」の基礎をなすものである（Ravenette, 1978）。自分の生活上の重要な人が、どのように自分のことを見ていると子どもが考えているかに応じて、これらの描画が順位づけされる。もし子どもがその体験を「利用」できると感じるなら、問題をもった子ども自身の順位をつけてもらってもよい。子どもに、なんらかの視覚的刺激（通常は絵）に対するストーリーを作るようにうながし、その後で面接者に異なるストーリーにして返してもらうことで面接は終了する。ここでの目標は、面接の最中に子どもが発した内容を、つじつまが合うだけでなく、オルタナティヴな結果をともなうストーリーになるような、オルタナティヴな理解へと統合することである。

こうした活動は、「壁に聞いてほしければ、扉に話しかけよ」ということわざを受けて、教師や校長との十分な精緻化した話し合いで締めくくられる。このようなミーティングでは、オルタナティヴな理解と行為レベルでのその含意が話し合われる。

レーヴネットの研究についてのさらなる詳細は、１９８５年、１９８８年、１９９３年の著作を参照されたい。

❖ まとめ

ケリーが与えた影響とは何かを考える方法の一つは、パーソナル・コンストラクト療法のセラピストが行なうように、「仮に、ジョージ・ケリーがいなかったら現在の心理療法はどのようになっていただろうか？」と問うことである。残念ながら、これではうまくいかないように思われる。私たちはみな、社会・文化的文脈のなかで生きている。その文脈とは完全に別の生き方をする人はほとんどいない。たとえば、「コンストラクティヴ・オルタナティヴィズム」を提唱したジョージ・ケリーがいなくとも、どのみち心理療法の文脈で構成主義が生じただろうというのは、推測の域を出ない。そこで、ここでは筆者がケリーの影響だと思えることについて考えをめぐらすことにする。

ジョージ・ケリーという人間は、きわめて複雑な人物であった。ケリーは、プライバシーを強く望んだため、彼の複雑さを作りあげた要素を知る可能性が閉ざされてしまっている。しかし、これは、少なくとも一部の人々から天才と呼ばれる人にとってはあたりまえのことに違いない。この複雑さがなければ、ケリーは、これまでに考え出されなかった、最も複雑で、最も人間的で、最も広範かつ先進的で、そして最も幅広く応用可能な、人間一人ひとりについての理論を世に送り出すことができなかっただろう。ケリーの理解過程のなかに、解決したほうがよい、と私たちが感じるような部分がなかったら、ケリーは果たして他者の問題にそれほど関心をもっただろうか。実際、個人的な問題がない人などほとんどいない。ジョージ・ケリーという人物についての結論は、やはり「できるものなら見つけてごらん」以外にない。

ケリーの著作が与えた影響はどうであろうか。最も注目すべき影響の1つは、まちがいなく心理療法の分野における構成主義の発展である。ケリーは心理療法を自分の理論にうってつけの対象とした。ケリーは、パーソナル・コンストラクト理論の潜在的な有効性を示す例として心理療法に応用した。ライシュラックの言葉を借りると、ケリーは、「明らかに、そして、完全にカント派構成主義者」であった（Rychlak, 1981, p.745）。また、「純粋に心理学的構成主義者」であった。これは、見落としがちなポイントである。ケリーは、そもそも生理心理学者であったが、自分の理論から器質的コンストラクトをすべて除外した。そのようなコンストラクトは、生理学者や神経学者、生物学者のような専門家に任せておきたかった。それにもかかわらず、人間理解につながるかもしれない「生物学的公準」について思索することを厭わなかった。

しかし、ケリーは、私たちの「心理的に航路を切り拓かれる」というプロセスを強調し、私たちが住まう、身体という物理的な文脈にとらわれないようにした。もちろん、うつは、なんらかの生化学的変化に関係しているだろうが、どれが原因で、どれが結果だと断定できるだろうか。仮に、生化学的なバランスの崩れがうつの原因とみなされるのであれば、それを治すには明らかに薬物が必要となり、理解する存在としての個人は二の次になる。統合失調症や吃音、肥満も同様である。脳損傷という診断は、ほとんどの場合、その人にできることは何もないということを暗に意味する。

　パーソナル・コンストラクト理論では、それはナンセンスだと考えられる。その脳損傷を負った人は、自分が理解するままに世界を精いっぱい意味づけているのである。ケリーは、私たちが理解する存在としての人間にのみ焦点を当て、物理・社会的文脈において、その人が自分の人生を再びコントロールできるように援助しようとすることを認めている。一部の人の主張には反するが、パーソナル・コンストラクト療法のセラピストは、クライエントの物理的世界や、社会的世界など、どのような世界でも可能な限り、それをクライエントが改善するのを援助しようとさえするだろう。セラピストは、クライエントの世界を垣間見て、そのクライエントが自分の世界をこれまで以上にコントロールできるように援助するために、限られた能力を駆使しなければならない。

　もちろん、各種認知療法は、ある段階では発展しただろうが、ケリーは確実にそれを推し進めた。これは明らかにケリーの意図ではなかった。実際、多くの認知的アプローチが、今なお非常に行動主義的である。このことは、ケリーがセラピストの仕事に与えた影響の別の側面にも光を当てる。ケリーは、行動的アプローチと精神力動的アプローチに対してさまざまな理由で反対していた。とりわけ重要な理由は、セラピストからクライエントを分け隔てることである。セラピストもまた人間であり、クライエントの何が問題で、クライエントがどのようになるべきかについて、神から与えられた基準などもっていない、とケリーは強調した。

リフレクシヴィティの考え方がケリーの理論の根底にある。セラピストは、クライエント自身の理解過程に気づいているだけでなく、それと同じくらい自分自身の理解過程にも気づいていなければならない。この意味で、セラピストとクライエントは、同一の理論的規則が適用される協力関係（partnership）に組み込まれる。双方に、同じ不安、同じ脅威、同じ罪悪感が生じるかもしれない。セラピストは、クライエントのなかにある、たとえば敵意などの兆候に注意するだけでなく、自分自身のなかにある敵意にも常に注意していなければならない。

最後のポイントは、ケリーは、ケリーが心理療法に限らず、生そのものに適用される哲学と心理学を提供したことである。ケリーが心理療法を理論の焦点として選択したのは、それがその理論の豊かさを示す最善の方法だと考えたからにすぎない。

ケリーの心理療法についての見方は、次のように要約される。

それだけで万能な心理療法になるような、特別な治療関係、特別な感情、特別なやりとりなどはない。また、パーソナル・コンストラクト療法のセラピストが好んで選択する技法の特別な組み合わせなどもない。セラピストとクライエントとの関係や、そこで使われる技法というのは、人間のもつあらゆる関係性と技法の数だけ多様である。生を生きながら体験から予測するという継続的なプロセスのなかで、さまざまな技法を結集し、さまざまな関係性を活用してこそ、心理療法は人間の生に寄与できるのである。（Kelly, 1969k, p.223）

監訳者あとがき

本書の原書が刊行されたのが1995年である。この年、ロバート・ニーマイアーとマイケル・マホーニーが編者となった『心理療法における構成主義』（Neimeyer & Mahoney, 1995）がアメリカ心理学会から出版された。幅広いパースペクティブを収載した、400ページを超えるこの書物は心理療法分野の最高傑作の1つとまで評され、構成主義（constructivism）がこれまで以上に広く注目されはじめる契機となった。これ以降、構成主義に関する書籍や論文が急激に増加していくなかで、ジョージ・ケリーの著作がさらに再評価されていく。

本書の原書は、シリーズ全体をとおして、著名なセラピストの、①人生、②理論への貢献、③実践への貢献、④批判と反論、⑤全般的影響、という5つのパートからなっている。このうちの④と⑤に関しては、1995年以降の発展が目覚ましいため、20年以上経った今日とは事情を異にするところがあることを断っておきたい。また、パーソナル・コンストラクト療法は、他の心理療法の学派とは異なり、他学派から辛辣な批判を受けることも比較的少なく、それに反論しながら発展するという通常ありがちな歴史を歩んできていない。そうした事情から、「批判と反論」（本書第7章）は、非常に書きにくかったのではないかと想像される。

一方、①から③については、この分野の第一人者であるフェイ・フランセラが、ケリーの未公刊の資料に加えて、ケリーとの私信や元学生への調査まで行なって初めて浮き彫りになった、非常に貴重な内容を多く含んでいる。その意味で、この本は20年前だからこそ、またフランセラだからこそ書くことができた労作であり、その歴史的価値がきわめて高いといえよう。

パーソナル・コンストラクト心理学の直近およそ20年の発展は、非常に多岐にわたり、構成主義のテーマのもとで、数多くの著作が発表されている。そのキャッチアップをここでする余裕はないため、本書の内容に沿って、ケリーの人となりとその理論についての監訳者なりの見解、翻訳上の方針と注意点、本書ができあがった経緯について記すことにしたい。

◆◆未来を予見したジョージ・アレクサンダー・ケリー

ジョージ・A・ケリーは、間違いなく天才である。しかも、きわめてユニークな天才である。天才にもいろいろなタイプがあり、才能にも多様な側面がある。学者として重要な才能の1つは、いわゆる「頭のよさ」であり、ケリーの頭のよさが突出していたことは間違いない。

頭のよさについて述べるとき、しばしば「回転速度」のメタファーが用いられる。たとえば、瞬時に気の利いたことを言えば、「頭の回転が速い」と表現される。本書にも、学生との会話など、ケリーの頭の回転の速さを表すエピソードがいくつか紹介されている。

しかし、頭のよさには、回転の速さだけでなく、回転の多さがある。ケリーを「ユニークな天才」と表現したのは、回転速度よりも、むしろこの「回転回数」のほうである。回転速度が、即答性（返答の早さ）や速解性（理解の早さ）を表すとすれば、回転数は、熟考性（思慮の深さ）や先取性（未知の発想と将来の予測）、そして、その結果としての逆説性もしくは独創性（常識を超えた発想）などを表すといえる。

ケリーは、こうした才能が卓越しており、この人物を知れば知るほど、「ひょっとして未来を見てきたのではないか」という馬鹿げた妄想をついついしてしまう。実際、ウォルター・ミシェルらも、ケリーが20年後の心理学の姿を正確に予想していたと驚いており、ケリーの著作が予言書のようだと述べている。

歴史を振り返ってみると、傑出した才能をもった心理学者はけっして少なくないが、ひそかにタイムマシンを開発していたのではないかとまで疑わせる心理学者は、ケリーをおいてほかにはほとんど思いつかない。たとえば、ウィリアム・ジェームズは、19世紀末から20世紀初頭に、今日の心理学分野のトピックを網羅した著作を多く書いているが（たとえば、James, 1890, 1902）、それはあくまで当時の学術的文脈のなかで論じられており、それが結果として今日の心理学につながる道標となったと見るのが妥当であろう。ところが、ケリーの発想は、当時の学術的・社会的文脈のなかで導き出されたとは考えにくい要素を多く含んでいる（付録1参照）。

20世紀の傑出した心理学者１００選を行なった論文（Haggbloom et al., 2002）がある。心理学のジャーナルと教科書での被引用数、心理学者への調査結果、アメリカ心理学会での会長経験や受賞経験などを踏まえて、ランキング化されている。その結果、ジェームズは14位であるが、ケリーは１００位内にランクインすらしていない。その卓越した功績は世界的に評価されているとはいえ、ケリーほどその才能に比して過小評価されてきた心理学者もいないのではないか。

レパートリー・グリッドの開発

同じくこの調査では、チャールズ・オズグッド（Charles E. Osgood, 1916-1991）が40位にランクインしている。一般的な心理学史のテキストでは、１９５７年にオズグッドら（Osgood, Suci, & Tannenbaum, 1957）が両極尺度による意味の測定方法を開発したとされる。心理学徒であれば誰でも知っている意味微分法（ＳＤ法）である。

しかし、ケリーは、５件法の両極尺度を少なく見積もっても１９３６年以前に開発し、臨床場面で実用化していたことがわかっている。書籍として公表したのも1955年である。ちなみに、心理的な態度を科学的に測定するリッカート法（Likert scale）の論文が発表されたのが、1932年である（Likert, 1932）。ケリーの代名詞ともいえるこのレパートリー・グリッドと呼ばれる測定法はSD法の「卵」や「芽生え」などではまったくない。SD法が質問紙法で基本的に量的分析を中心とした法則定立的アプローチだとすれば、レパートリー・グリッドは質問紙法でありながら回答者が気づいていない個人的な意味次元を浮き彫りにする投影法的要素もあり、多変量解析を含めた多様な統計的分析に十分耐える数量的性質を有し、法則定立的な研究にも使える一方で、集団もしくは個人を対象にした質的分析も可能であり、個性記述的アプローチとして使える、きわめて実践的な手法である。心理学では、伝統的に、質問紙法－投影法、量的－質的、法則定立的－個性記述的という対立軸があるが、ケリーが考え出した方法はこれらを弁証法的に統合するものとして理解できる。このような弁証法的性質は、まさしくケリーのパーソナル・コンストラクト心理学のテーマそのものである。

レパートリー・グリッドの具体的な方法については、海外では書籍や論文も数多くあり、非常によく知られている。使用法や分析法の幅も広く、今日では臨床、教育、マーケティングなど多様な分野で活用されている。こうした現状から、原書では、この方法は自明のものとして扱われ、初歩的な解説がなかった。しかし、日本では、論文は少なからずあるものの、この方法に特化した書籍はいまだないため、付録2としてレパートリー・グリッドの簡易版（澤田ら、1990）を一例としてつけた。グリッドの経験がない読者は、これを実際にやってみれば、本書がより深く理解できるであろうし、どれだけ速くかつ多く頭を回転させれば、このような方法が生み出せるのか疑問に感じるのではないだろうか。グリッドのポテンシャルは大きく、ケリーの時代には困難であった複雑な分析も、今日ではコンピュータ技術の進歩にともない、入力や解析のソフトウェアも多く開発され、可能となっている（文献12ページのリスト参照）。

パーソナル・コンストラクトの理論

レパートリー・グリッドは、ケリーの存在を世に知らしめたが、同時に、方法ばかりが注目されてしまい、そのことも、ケリーの理論について十分に理解されなかったり、誤解されたりすることにつながった。グリッドにばかり光が当てられたために、それが基づくパーソナル・コンストラクト理論が方法の陰に隠れてしまったという見方はフランセラもしているが、それよりも、パーソナル・コンストラクトの発想そのものが時代の先を走りすぎていて、理論が十分に理解されなかったところが大きいように思われる。「コンストラクト」が認知の一形態、あるいは認知の別称であるという一般的な理解のされ方が、このことを如実に示している。ケリー自身が、コンストラクトと認知が等置されることを繰り返し否定しているにもかかわらず、そのような見方はしばしば見受けられ、しかも長らく続いている。その理由はいくつか考えられる。1つは、上記の内容と関係するが、ケリーに関しては、レパートリー・グリッドの印象があまりに強く、コンストラクトとグリッドが同一視され、コンストラクトが個人的な意味とイコールであるかのような見方が定着したためである。

もう1つは、「人間は科学者である（man-the-scientist）」というケリーのモデルについての誤解である。ケリーは、誰もが科学者のように仮説を立て、それを検証し、改訂しながら生きていると考えた。このようにして作りあげていく、世界とのかかわり方のパターンを「コンストラクト」と名づけた（Kelly, 1955a）。この仮説検証プロセスが、高度に知的な認知操作だと受け取られることがあるが、ケリーは、言語化できるものだけでなく、前言語的なもの、論理的に考えられたものだけでなく、直感的に感じ取られたもの、人間だけでなく、下等動物、あるいは植物さえも、こうしたプロセスをとおして「生」が方向づけられると考えていた。

卑近な例で言えば、あるレストランに行ったところ、おいしくなかったという判断や、今度は別のレストランにするという意思決定だけでなく、言語化はできずとも乳幼児が1人で立てるようになるプロセス、あるいは、低温度になると無定位運動をするワラジムシ、光が当たるほうに伸びる植物など、すべて有機体と世界とのかかわり方であり、それがコンストラクト・プロセスの核にある。ケリーは「かのように」の哲学の提唱者として知られるハンス・ファイヒンガー（Vaihinger, 1911/1924）に影響を受けているが、彼と同じく、森羅万象の存在さえ、「この世界があたかも実在しているかのようである」という暗黙の仮説からなるコンストラクトだと主張した。

パーソナル・コンストラクトの実践

このようなケリーのアイデアは、「固定役割セラピー」という形で、臨床実践に応用されている。これは、一言で言えば、クライエントの世界とのかかわり方のバリエーションを拡げる技法である。世界とは、たとえば、クライエントの周囲の他者や、あるいは自分自身も含まれる。基本的には、クライエントが、実際の日常生活で、これまでの自分とは異なるオルタナティヴ・アイデンティティを演じ、一定期間終了後、セラピストとクライエントで、その役割を演じることの示唆について話し合うというものである。

ケリーは、1930年代にこの効果を検証する実験をはじめており、その後、多くの臨床場面でこの技法の有効性が示されてきた（Neimeyer et at., 2003）。他者の役割を演じることは、他者視点を学習することでもあるが、その効果は役割を演じているときだけに限定されず、長期にわたって持続することが確認されている（Kipper, 1996）。この技法は、行動療法における行動リハーサルを先取りしたものともみなされる場合もあるが（Kipper, 1996）、むしろ、ケリーはコンストラクトという概念でもって、行動を超えた次元を見据えていたといったほうが正確であろう（菅村、２００７）。重要なのは、この技法が、行動によって認知や感情が変わるということを想定しているのではなく、あたかも他者であるかのようにふるまい、考え、感じることによって、コンストラクトを生成（creation）し、精緻化（elaboration）し、再配置（reconfiguration）するという全人的なプロセスを活性化していることである。

ケリーと今日の心理学

心理学は、その歴史をとおして、認知・行動・感情というトライアングル・モデルで「心」を理解しようとしてきた。心理療法に当てはめると、行動療法では行動を制御し、認知療法などは認知を修正し、人間性心理療法では広義の感情の次元に焦点化することでアプローチしてきた。こうした「心」のモデルは、歴史をとおして推進され、今日の心理学でも、行動、認知、感情の分割はますます強化され、自明のこととなっている。

ケリーは、半世紀以上も前に、この三分割モデルに異議を唱え、そのオルタナティヴとして、「パーソナル・コンストラクト」を提唱した。しかし、現在もなお、この三分割モデルは支配的であり、それゆえに、パーソナル・コンストラクトも、それが認知的か、感情的か、行動的かという分割モデルで捉えられることが多かった。つまり、今日の心理学でさえ、ケリーが提唱したパーソナル・コンストラクト心理学を十分に理解できるほどには発達していない。

たしかに、コンストラクトには、明らかに認知的な要素がある。そのため、ケリーの貢献の一部にすぎないことを踏まえたうえで、「認知心理学の先駆者」や「認知臨床心理学の父」と呼ぶことに異論はない。しかし、ケリーのアイデアの本質は、後に展開される認知心理学、パーソナリティ心理学、認知行動療法、ナラティヴ・アプローチの考え方を、すでに洗練された形で先取りしたものであったと言ったほうが正確であろう。

認知行動療法やナラティヴ・プラクティスの一部について、「認知の修正」や「物語の書き直し」という発想に見るセラピストの特権性や先験的な価値観が問題視されることがある。だが、ケリーが強調したのは、再構成（reconstruct）であり、再理解（reconstruing）であって、正したり直したりすることではない。それは、あくまでオルタナティヴ、すなわち代わりになり得るものを手に入れることであり、世界とのかかわり方、あるいは人生の選択肢を増やすことである。

コンストラクトとは、人間に関して言えば、認知・行動・感情にまたがり、それらが統合されたものである。リアルタイムに組織化される認知・行動・情動の総体といってもよい（菅村、２００２）。有機体のふるまいを方向づけるプロセスを指している。伝統的な心理学の視点に依って立つ限り、ケリーが言わんとしていたことを正しく理解し、評価することは難しい。

ケリーは、パーソナル・コンストラクト理論を指して、「神が人間の目をとおして現実を見るために人間の眼鏡をかける試み」だと話したことがあるようである。これはある意味で傲慢な発言ともとられるだろうし、躁うつ的な研究者特有の一時的な誇大妄想と見ることもできるだろう。牧師の父をもつ敬虔なキリスト教徒であるケリーが、このような発言をしたことは興味深い。

ごく最近になって、人工知能研究が飛躍的に進展した。科学が神の領域に近づいたと言う者もいるほどである。四半世紀以上前に、人工知能の研究チームがケリーの理論を詳細に検証したことがある。それは非常に有益な知見を生み出したが、あと一歩のところで頓挫した。今日の人工知能の進歩は、ディープ・ラーニングによるところが少なくないが、その観点からパーソナル・コンストラクト理論に今一度注目すると、「人間の眼鏡をかけた人工知能」を作れる可能性があるような気がしてならない。ケリーの理論が正当に評価されるのは、もう少し先の未来の話なのかもしれない。

◆◇訳語に関する方針と注意点

ケリーが過小評価されてきたとはいえ、日本でも1970年代ごろから、パーソナル・コンストラクト心理学やレパートリー・グリッドに関する論文が出ている。またパーソナリティや心理療法に関する書籍、心理学の辞典類などでも、ケリーについて言及されることはあるにはあった。そのようななか、2016年になって、ケリーの1955年の代表作の邦訳（第1巻）が刊行されたことは大きい。

ただ、本書の翻訳にあたっては、既刊の論文や書籍を大いに参考にしたものの、それらには直接に倣わないことにした。その最たる理由は、研究者によって訳語のばらつきが非常に大きかったことである。また本書には、ケリーの1955年の著作からの引用文も多いが、『パーソナル・コンストラクトの心理学』（辻平治郎訳、北大路書房）の訳は使用しなかった。その理由は、本書の全章の翻訳とその最初の監訳作業がすでに2011年に終わっていたことが大きく、本書全体の訳語の整合性を優先したためである。

ここでは、パーソナル・コンストラクト心理学を理解するうえで、とくに重要と思われるキーワードに絞って、その訳出の仕方について説明しておきたい。

パーソナル・コンストラクト（personal construct）

「個人的構成概念」や「個人的構成体」と訳されることが多かった。そのほうが、日本語としては、ずっとわかりやすい感があるが、ケリー自身が、コンストラクト（構成）とコンセプト（概念）とを明確に異なるものと論じていたことを考慮して、「構成概念」という訳語は採用しなかった。ケリーにとって、コンセプトとは類似性のみを扱うものであったが、コンストラクトとはシステムに埋め込まれたものであり、他との類似性と、それゆえに生じる他との相違性をも指し示すものであった。「構成体」という訳語は、一度検討したが、英語の“construct”がもつ能動的なニュアンスが伝わりにくく、どちらかと言えば静的な印象が強いため、訳語の候補から外した。

理解する／理解しなおす（construe/reconstrue）

使用頻度だけで言えば、「コンストラクト」を凌ぐ、ケリーの理論を理解する鍵となる用語が“construe”である。語源学的に、“construct”と近縁関係にあるが、ケリーの理論に限らず、日本では「解釈する」と訳されることが一般的である。この単語には、「解釈」という言葉が暗に示すように、認知的処理や、物語のメタファーで示されるような意味理解の含意もあるが、それだけにとどまらないニュアンスをもつ。ケリーを認知行動療法やナラティヴ心理学の先駆者として位置づけるのであれば、「解釈」という訳語でも十分であったであろうが、その訳ではケリーの理論の核心にはなかなかたどり着けない。

たとえば、人間が自分のコンストラクト・システムを“construe”すると書かれている場合は、「解釈」という訳語がわかりやすい。一方で、ケリーは消化器系が“construe”するという表現をし、フランセラも身体を組成する細胞の働きを“construing processes”とみなしている。このような場合、「解釈」という高度に認知的な用語は違和感が大きくなる。辞書的にも、“construe”には「（～の意味）に受け取る」といったより感覚的なニュアンスがある。

パーソナル・コンストラクト心理学では、「解釈（interpret）」という言葉が表すよりも、もっと直感的で非言語的な、有機体の生命活動を含んだ言葉として、意図的に“construe”という単語が使われているようである。実際、ケリーが“construe”と“interpret”を相互互換的に使うことはまれであり、後者はフロイト派のようなセラピストの解釈学的実践を指す場合に使用される。むしろ、ケリーが“construe”と互換的に使っているのは、“understand”である。“under-”は古英語では“inter-”の意であり、“understand”とは本来「(対象との）間に立つ」ことを示し、非認知的・前言語的な意味がある。

こうした点を踏まえて、今回の翻訳では、最終的に“construe”を「理解」と訳した。しっくりきているわけではないが、他には妙案が思いつかなかった。より直感的な認識として「了解（comprehend）」という術語もあるが、そのような側面だけでなく論理的な解釈過程も含まれるため、両方を包含する「理解」という訳語をあてることにした。「解釈」は意識的で事後的であるのに対して、「理解」は非意識的、前言語的、事前的な要素ももつため、本書では、理解を解釈の上位概念と考えた。

この方針に沿えば、“reconstrue”という単語は「再理解する」と訳すべきであるが、そのような日本語がおよそ一般的でないため、基本的に「理解しなおす」と訳した。ただし、前述したように、ここでいう「～なおす」とは、正しいものに修正することではなく、「再び実行する」という中立的な意味合いで使っている。なお、これらと区別するために、文中の“understand”や“grasp”などは、文意を損ねない範囲で「把握する」「捉える」「わかる」「つかむ」といった別の言葉をあてた。

理解過程（construing）

一般的には、動詞である“construe”の名詞形として、たんに「解釈」と訳されるが、本書ではこれを「理解過程」と訳した。なぜ「理解」としたかは前記のとおりである。“-ing”を「過程」と訳したのは、クライエント中心療法やフォーカシングの文脈で、“experiencing”が「体験過程」と訳されることをヒントにした。パーソナル・コンストラクト心理学でも、人間性心理学でも、プロセスと能動性が重視されるからである。

ケリーにとって、理解過程と体験過程は同一のプロセスの必須の要素であり、理解なしには体験できず、体験なしには理解できないという。フランセラが指摘するように、無心で深い瞑想状態にある人でさえ、能動的な理解過程にあると考えられる。パーソナル・コンストラクト理論でいう「理解過程」とは、感じる（feel）ことを包含している。従来、“construing system”も「解釈システム」や「解釈系」などと訳されてきたが、こうした理由から、これも「理解過程システム」と訳出することにした。

その他

「パーソナル・コンストラクト」が、認知、感情、行動にまたがるホリスティックな概念であることを具体的に示すキーワードが、“act”や“role”である。“action”は基本的に「行為」と訳したが、“act”は文脈に応じて、「演技する」「演じる」と訳した。他方、“role”は、幅広いニュアンスを含むように、なるべく「役割」と訳した。そうすることで、「固定役割セラピー」との関連を明確にするという意図もあった。ただ、演劇に近い文脈では、「役割」だと通じにくく、その場合は「役柄」や「役」とした。“role play”は、慣習に従って「ロール・プレイ」とカタカナ表記にしたが、ケリーの理論にあっては、この“role”と“play”は、パーソナル・コンストラクト療法の中核にある重要概念であり、たんなる「ロール・プレイ」ではない。

また、“event”という語も頻出しているが、認識論的な文脈では「事象」と訳し、臨床的、あるいはより一般的な文脈では「出来事」と訳した。多くの邦訳書にあるように、「(ストレスフルな) イベント」といったカタカナ表記は採用しなかった。

カタカナ表記

日本語に置き換えると、重要なニュアンスが抜け落ちたり、他の概念との関連がわかりにくくなったりする場合に限って、カタカナ表記を採用した。コンストラクティヴ・オルタナティヴィズム（constructive alternativism）、コンストラクト・システム（construction system）、コミットメント（commitment）、（レパートリー・グリッドにおける）エレメント（element）など、ケリーが特別な意味合いで使っている用語については、そのままカタカナにしたものもある。とくに、“constructive alternativism”は、「構成的代替主義」や「構成主義的代替論」と訳されることもあるが、パーソナル・コンストラクト理論のキーワードである「コンストラクト」や「オルタナティヴ」との関連性が明確になるようにカタカナ表記を採用した。

◆◈謝　辞

関西大学に着任して間もない2008年、大学院生数名が私を交えて構成主義（constructivism）を勉強する会を定期的にもちたいと相談に来ました。私がアメリカで4年間、構成主義の大家であるマイケル・マホーニーの指導を受けていたこともあって、構成主義の理論や実践を学びたいという目的をもった有志の集まりでした。当初は、マホーニーが編集した『認知行動療法と構成主義心理療法』(Mahoney 1995)や『喪失と悲嘆の心理療法：構成主義からみた意味の探究』（Neimeyer, 2001）などの翻訳書や、未出版の講録などを使っていましたが、構成主義の重要なルーツの1人であるケリーについても本格的に取り上げたいという流れになりました。そのときに輪読することにした「教科書」が本書の原書です。

構成主義研究会のメンバーすべてが本書の翻訳に携わったわけではありませんが、そのときにともに学んだ経験や得た刺激はかけがえのないものです。当時の研究会のメンバーであった、串崎真志先生の研究室の村上祐介さん、樋口隆太郎さん、望月直人さん、中村隆行さん、高橋良徳さん、金恩貞さん、村田観弥さん、酒井隆さん、秀節子さん、白山真知子さん、新宮光江さん、友谷知己先生の研究室の長崎（出口）

由美さん、池見陽先生の研究室の三宅麻希さんと岡村心平さん、松村暢隆先生の研究室の小黒明日香さんに感謝申し上げます。

また、この研究会での翻訳出版を快諾してくださった北大路書房の方々にも深く感謝いたします。とりわけ、2011年に翻訳原稿がほぼ仕上がっていたものの、その後、最終的な訳語の確定に難儀してしまい、長い間、後手になってしまったにもかかわらず、辛抱強くお待ちいただき、また邦題を決める際にも、さまざまな有益なご助言をくださった、若森乾也氏にはあらためてここで御礼申し上げます。

最後になりますが、この分野の多くの先人のおかげで、ケリーの思想の一端を理解し、翻訳を刊行することができました。とくに、個人的にもご教授いただいた故マイケル・マホーニー先生、春木豊先生、根建金男先生、越川房子先生、ロバート・ニーマイアー先生、ケネス・ガーゲン先生、故ジェローム・ブルーナー先生に感謝いたします。また、具体的な個人名をあげることは控えさせていただきますが、これまでジョージ・ケリーの研究を日本に紹介され、実践されてきた研究者の方々一人ひとりに深い謝意を表します。

2016年　夏の千里丘陵にて

菅村　玄二

付録1　ジョージ・A・ケリーの年表

1905 年	米国カンザス州にて生誕。
1926 年	フレンズ大学とパーク大学にて物理学と数学を専攻して学士号取得。
1927 年	労働者の余暇に関する論文で社会学の修士号取得。心理学、スピーチ、演劇を教える仕事をする（〜 1928 年）。
1929 年	交換留学の奨学金を得て、スコットランドのエジンバラ大学で教育学の学士を取得。
1931 年	アイオワ州立大学にて、スピーチと読解困難に関する学位論文を書き、心理学で博士号を取得。カンザス州立大学に着任（〜 1943 年）。地域臨床の必要性から出張クリニックを開始（後の学校臨床のモデルとなった）。
1935 年	診断テスト、ワークブック、治療エクササイズからなるテキストを作成（今日流行っている「プログラム型学習教材」の走りとみられる）。
1936 年	『臨床実践ハンドブック』が完成。この年までに5件法の両極尺度を開発。オズグッドらが両極尺度を発表したのは 1957 年。このハンドブックは、ずいぶん後に作られるアメリカ心理学会の倫理規定に酷似している倫理綱領を含む。
1938 年	合理療法（rational therapy）を開発。なお、エリスが合理療法（論理療法と訳されることも多い）を初めて学会発表したのは 1956 年で、論文にしたのは翌年。
1943 年	米国海軍学校の医学・外科局に駐在。航空心理学やコンピュータ設計の研究に従事。
1945 年	メリーランド大学で勤務。
1946 年	オハイオ州立大学の臨床心理学プログラムの主任として着任（〜 1966 年）。
1955 年	『パーソナル・コンストラクトの心理学』を出版。
1965 年	マサチューセッツ州のブランダイス大学の行動科学分野の研究主任となる。
1967 年	米国オハイオ州にて死去。

中学生向けの簡易版として作成されたものである。
グリッドの入門として、また成人の自己理解の一助としても有用である。

番号	①	②	③	④	⑤	⑥	⑦	⑧	⑨	⑩	⑪	⑫	⑬
性別	男・女	男・女	男・女	男・女	男・女	男・女	男・女	男・女	男・女	男・女	男・女	男・女	男・女
人物	自分	母（または、母のような人）	父（または、父のような人）	兄弟姉妹（または、そのような人）	異性の友人	同性の親しい友人	以前に親しかった同性の友人	あなたを嫌っているように見える人	助けてあげたいと思う人	あまり好きではない人	もっとよく知りたいと思う人	あなたが影響を受けた先生	嫌いだった先生
イニシャル	・	・	・	・	・	・	・	・	・	・	・	・	・
○×△ どちらとも言えない 反対の言葉があてはまる 似ている点で書いた言葉があてはまる													

出典：澤田瑞也・長瀬荘一・村上芳巳・民法紀彦・小花和尚子（1990）．中学生の友人概念に関する一考察：レプテストによる検討　神戸大学教育学部研究集録，**84**，205-217.

付録2　レパートリー・グリッドの見本

回答法

1.
- ①から⑬について、それぞれ該当する具体的人物を1名ずつ思い浮かべ、イニシャル・記号などを記入（後で消してよい）。
- 父がいない場合などは、「父のように思っている人」を思い浮かべる。
- どうしても思い浮かばない場合のみ、×を記入。

※ 同一人物を2回以上使ってはいけない。

2.
- 左端に書かれた3人の人物について、どの2人が、どういう点で似ているのかを考える（1人の場合はスキップ）。
- その2人の番号を「似ている人」の欄に記入。
- 似ている点を言葉で記入。
- 上の言葉と反対の意味の言葉も記入。

※ 同じ言葉が重複してもOK。

3.
- すべての人物を評定する。
- 似ている点で書いた言葉が当てはまる→○
- 反対の言葉が当てはまる→×
- どちらとも言えない→△

4.
- 回答終了後、改めて「似ている点」と「その反対の言葉」を見てみる。
- とくに重要だと思う言葉を3つ選び、それを□（カラーが望ましい）で囲む。

番号	比べる人物3人	似ている人	似ている点＝その反対の言葉（特徴や性格）
1	③(　　　),⑫(　　　),⑬(　　　)	と	＝
2	⑧(　　　),⑨(　　　),⑪(　　　)	と	＝
3	⑤(　　　),⑥(　　　),⑦(　　　)	と	＝
4	②(　　　),③(　　　),④(　　　)	と	＝
5	②(　　　),⑦(　　　),⑫(　　　)	と	＝
6	④(　　　),⑧(　　　),⑬(　　　)	と	＝
7	④(　　　),⑦(　　　),⑩(　　　)	と	＝
8	⑥(　　　),⑦(　　　),⑪(　　　)	と	＝
9	①(　　　),②(　　　),⑩(　　　)	と	＝
10	①(　　　),⑨(　　　),⑪(　　　)	と	＝
11	①(　　　),⑤(　　　),⑥(　　　)	と	＝
12	①(　　　),②(　　　),③(　　　)	と	＝

事項索引

【き】

【く】

【け】

【こ】

【さ】

【し】

【す】

【せ】

【そ】

【た】

【ち】

【つ】

【て】

【と】

【な】

【に】

【の】

【は】

【や】

【ゆ】

【よ】

【ら】

【り】

【る】

【れ】

【ろ】

【A～Z】

文献

ケリーの主要著作リスト

Kelly, G. A. (1959) *The Function of Interpretation in Psychotherapy: I. Interpretation as a way of life; II. Reinterpretation and personal growth; III. Techniques of psychotherapeutic reinterpretation*. London: Centre for Personal Construct Psychology; in conjunction with Wollongong: Personal Construct Group.

Kelly, G. A. (1970) 'A brief introduction to personal construct theory'. In D. Bannister (ed.), *Perspectives in Personal Construct Psychology*. London: Academic Press. Reprinted, 1985, London: Centre for Personal Construct Psychology.

Kelly, G. A. (1970) 'Behaviour is an experiment'. In D. Bannister (ed.), *Perspectives in Personal Construct Psychology*. London: Academic Press. Reprinted, 1985, London: Centre for Personal Construct Psychology.

Kelly, G. A. (1978) 'Confusion and the clock'. In F. Fransella (ed.), *Personal Construct Psychology 1977*. London: Academic Press.

Kelly, G. A. (1980) 'The psychology of optimal man'. In A. W. Landfield and L. M. Leitner (eds.), *Personal Construct Psychology: psychotherapy and personality*. New York: Wiley.

Kelly, G. A. (1991) *The Psychology of Personal Constructs*, (2 volumes). London: Routledge; in association with the Centre for Personal Construct Psychology. First published in 1955.

Maher, B. (ed.) (1969) *Clinical Psychology and Personality: selected papers of George Kelly*. New York: Wiley.

引用・参考文献《原著》

Adams-Webber, J. (1990) 'Personal construct theory and cognitive science', *International Journal of Personal Construct Psychology*, **3**, 415-21.

Adler, A. (1937) 'Psychiatric aspects regarding individual and social disorganization', *American Journal of Sociology*, **42**, 773-80.

Bannister, D. (1959) 'An Application of Personal Construct Theory (Kelly) to Schizoid Thinking'. Unpublished PhD thesis, University of London.

Bannister, D. (1962) 'The nature and measurement of schizophrenic thought disorder', *Journal of Mental Science*, **20**, 104-20.

Bannister, D. (1965) 'The genesis of schizophrenic thought disorder: re-test of the serial invalidation hypothesis', *British Journal of Psychiatry*, **111**, 377-82.

Bannister, D. (1966) 'Psychology as an exercise in paradox', *Bulletin of the British Psychological Society*, **19**(63), 21-6.

Bannister, D. (1977) 'The logic of passion'. In D. Bannister (ed.), *New Perspectives in Personal Construct Theory.* London: Academic Press.

Bannister, D. (1981) 'The psychology of politics and the politics of psychology'. Unpublished talk given at the Centre for Personal Construct Psychology, London.

Bannister, D. (1985) 'Foreword'. In L. Thomas and S. Harri-Augstein, *Self-Organised Learning.* London: Routledge.

Bannister, D., Adams-Webber, J., Penn, W. I. and Radley, A. R. (1975) 'Reversing the process of thought disorder: a serial validation experiment', *British Journal of Social and Clinical Psychology*, **14**, 169-80.

Bannister, D. and Fransella, F. (1966) 'A grid test of schizophrenic thought disorder', *British Journal of Social and Clinical Psychology*, **5**, 95-102.

Bannister, D. and Fransella, F. (1971) *Inquiring Man*. Harmondsworth: Penguin Books.

Bannister, D. and Fransella. F. (1986) *Inquiring Man* (3rd edn). London: Routledge.

Bannister, D. and Mair, J. M. M. (1968) *The Evaluation of Personal Constructs.* London: Academic Press.

Bannister, D. and Salmon, P. (1966) 'Schizophrenic thought disorder: specific or diffuse?', *British Journal of Medical Psychology*, **39**, 215-19.

Barry (1948) 'Kelly on role therapy and theory'. Unpublished raw data.

Bartlett, F. C. (1932) *Remembering: a study in experimental and social psychology.* Cambridge: Cambridge University Press.　宇津木　保・辻　正三（訳）（1983）想起の心理学：実験的社会的心理学における一研究　誠信書房

Beck, A. T., Rush, A. J., Shaw, B. E. and Emery, G. (1979) *The Cognitive Therapy of Depression.* New York: Guilford.　坂野雄二（監訳）　神村栄一・清水里美・前田基成（訳）（1992/2007）うつ病の認知療法　岩崎学術出版社

Bohm, D. (1980) *Wholeness and the Implicate Order*. London: Routledge and Kegan Paul.　井上忠・伊藤笏康・佐野正博（訳）（1986/1996/2005）全体性と内蔵秩序　青土社

Bourland. D. D. and Johnston, P. D. (1991) *To Be or Not: an E-prime anthology.* San Francisco: International Society for General Semantics.

Brumfitt, S. (1985) 'The use of repertory grids with aphasic people'. In N. Beail (ed.), *Repertory Grid Technique and Personal Constructs: applications in clinical and educational settings.* Beckenham: Croom Helm.

Brumfitt, S. and Clarke, P. R. F. (1983) 'An application of psychotherapeutic techniques to the management of aphasia'. In C. Code and D. J. Müller (eds.), *Aphasia Therapy.* London: Edward Arnold.

Bruner, J. S. (1956) 'A cognitive theory of personality', *Contemporary Psychology*, **1**, 355.

Bugental, J. (1976) *The Search for Existential Identity*. New York: Jossey-Bass.

Button, E. (1980) 'Construing and Clinical Outcome in Anorexia Nervosa'. Unpublished PhD thesis, University of London.

Button, E. (1993) *Eating Disorders: personal construct therapy and change*. Chichester: Wiley.

Cleanthous, C. C., Zelhart, P. F., Jackson, T. T. and Markley, R. P. (1982) 'George Kelly's "Rules": a code of conduct for psychologists, circa 1936', *University Forum*, **28**, Fort Hays State University.

Conrad. J. (1906) *The Mirror of the Sea*. London: J. M. Dent and Sons Ltd. 木宮直仁（訳）（1991/1995）海の想い出 平凡社

Cooper, C. (1982) 'The group as an experiment'. Unpublished talk given at the Centre for Personal Construct Psychology, London.

Cummins, P. (1992) 'Reconstruing the experience of sexual abuse', *International Journal of Personal Construct Psychology*, **5**, 355-65.

Cunningham, C. and Davis, H. (1985) *Working with Parents: frameworks for collaboration*. Milton Keynes: Open University Press.

Dalton, P. (1994) *Counselling People with Communication Problems*. London: Sage Publications.

Davis, H., Stroud, A. and Green, L. (1989) 'Child characterization sketch', *International Journal of Personal Construct Psychology*, **2**, 322-37.

Dewey, J. (1933) *How We Think: a restatement of the relation of reflective thinking in the educative process* (2nd edn). Boston: Heath. First published, 1910. 植田清次（訳）（1950）思考の方法 春秋社

Dewey, J. (1938) *Logic: the theory of inquiry*. New York: Holt, Rinehart and Winston.

Durkheim, E. (1933) *The Division of Labor in Society*. New York: Macmillan. 田原音和（訳）(1971) 社会分業論 青木書店

Durkheim, E. (1961) *Elementary Form of the Religious Life*. New York: Macmillan. 古野清人（訳）（1941/1975）宗教生活の原初形態 上巻 岩波書店

Einstein, A. and Infeld, I. (1938) *The Evolution of Physics*. Cambridge: Cambridge University Press. 石原 純（訳）（1950/1963）物理学はいかに創られたか：初期の観念から相対性理論及び量子論への思想の発展 上巻 岩波書店

Ellis, A. (1958) 'Rational psychotherapy', *Journal of General Psychology*, **59**, 35-49.

Ellis. A. (1975) *How to Live with a Neurotic* (2nd edn). North Hollywood: Wilshire Book Co. 国分康孝（監訳）（1984）神経症者とつきあうには：家庭・学校・職場における論理療法 川島書店

Ellis, A. (1976) *Sex and the Liberated Man* (2nd edn). Secaucus, NJ: Lyle Stuart.

Ellis, A. (1977) *Anger: how to live with and without it* (2nd edn). Secaucus, NJ: Citadel Press.

Epting, F. R. and Neimeyer, R. A. (eds.) (1984) *Personal Meanings of Death: applications of personal construct theory to clinical practice.* Baskerville: Hemisphere Publishing Company.

Frank, P. (1947) *Einstein: his life and times*. New York: Alfred A. Knopf. 矢野健太郎（訳）（1951/2005）評伝アインシュタイン 岩波書店

Fransella, F. (1972) *Personal Change and Reconstruction: research on a treatment of stuttering.* London: Academic Press.

Fransella, F. (1980) 'Nature babbling to herself: the self characterisation as a therapeutic tool'. In J. G. J. Bonarius and S. Rosenberg (eds.), *Recent Advances in the Theory and Practice of Personal Construct Psychology.* London: Macmillan.

Fransella, F. (1983) 'What sort of person is the person as scientist?' In J. Adams-Webber and J.

Mancuso (eds.), *Applications of Personal Construct Theory.* London: Academic Press.
Fransella, F. (1984) 'The relationship between Kelly's constructs and Durkheim's representations'. In R. Farr and S. Moscovici (eds.), *Social Representations.* Paris: Maison des sciences de l'Homme; Cambridge: Cambridge University Press.
Fransella, F. (1989) 'What is a construct?' *In Attributes, Beliefs and Constructs in Counselling Psychology* (occasional paper, Counselling Section BPS). Leicester: British Psychological Society, pp. 21-5.
Fransella, F. (1991) 'The construct of resistance in psychotherapy'. In G. Dunnett and L. Leitner (eds.), *Critical Issues in Personal Construct psychotherapy.* New York: Krieger.
Fransella, F. and Adams, B. (1966) 'An illustration of the use of repertory grid technique in a clinical setting', *British Journal of Social and Clinical Psychology*, **5**, 51-62.
Fransella, F. and Bannister, D. (1967) 'A validation of repertory grid technique as a measure', *Acta Psychologica*, **26**, 97-106.
Fransella, F. and Bannister, D. (1977) *A Manual for Repertory Grid Technique*. London: Academic Press.
Fransella, F. and Crisp, A. H. (1970) 'Conceptual organisation and weight change', *Psychosomatics and Psychotherapy*, **18**, 176-85.
Goffman, E. (1968) *Asylums*. London: Penguin.　石黒　毅（訳）（1984）アサイラム：施設被収容者の日常世界　誠信書房
Harré, R. (1982) *The Social Construction of Emotions*. Oxford: Blackwell.
Harré, R. and Lamb, R. (eds.) (1983) *The Encyclopedic Dictionary of Psychology*. Oxford: Blackwell.
Harter, S. L. and Neimeyer, R. A. (1995) 'Long term effects of child sexual abuse: toward a constructivist theory of trauma and its treatment'. In R. A. Neimeyer and G. J. Neimeyer (eds.), *Advances in Personal Construct Psychology* (Volume 3). Greenwich, CN: JAI.
Hinkle, D. N. (1965) 'The Change of Personal Constructs from the Viewpoint of a Theory of Construct Implications'. Unpublished PhD dissertation, Ohio State University.
Hinkle, D. N. (1970) 'The game of personal constructs'. In D. Bannister (ed.), *Perspectives in Personal Construct Theory.* London: Academic Press.
Holland, R. (1970) 'George Kelly: constructive innocent and reluctant existentialist'. In D. Bannister (ed.), *Perspectives in Personal Construct Theory.* London: Academic Press.
Holland, R. (1981) 'From perspectives to reflexivity'. In H. Bonarius, R. Holland and S. Rosenberg (eds.), *Personal Construct Psychology: recent advances in theory and practice.* London: Macmillan.
Hoy, R. M. (1973) 'The meaning of alcoholism for alcoholics: a repertory grid study', *British Journal of Social and Clinical Psychology*, **12**, 98-9.
Hughes, S. L. and Neimeyer, R. A. (1990) 'A cognitive model of suicidal behavior'. In D. Lester (ed.), *Understanding Suicide: the state of the art.* New York: Charles Press.
Jackson, S. (1992) 'A PCT therapy group for adolescents'. In P. Maitland and D. Brennan (eds.), *Personal Construct Theory Deviancy and Social Work.* London: Inner London Probation Service and the Centre for Personal Construct Psychology.
Jackson, S. and Bannister, D. (1985) 'Growing into self', In D. Bannister (ed.), *Issues and*

Approaches in Personal Construct Theory. London: Academic Press.

Jackson, T. T., Zelhart, P. F., Markley, R. P. and Guydish, J. (1982) 'Kelly's polar adjectives: an anticipation of the semantic differential', *University Forum*, **28**. Fort Hays State University.

Jahoda, M. (1988) 'The range of convenience of personal construct psychology: an Outsider's view'. In F. Fransella and L. Thomas (eds.), *Experimenting with Personal Construct Psychology.* London: Routledge.

Jones, H. (1985) 'Creativity and depression: an idiographic study', In F. Epting and A. W. Landfield (eds.), *Anticipating Personal Construct Psychology.* Nebraska: Nebraska University Press.

Kelly, G. A. (1927) 'A plan for socializing Friends University with respect to student participation in school control'. Unpublished manuscript, Kansas University. Copies at the Centre for Personal Construct Psychology, London and the University of Nebraska.

Kelly, G. A. (1930) 'The social inheritance', In P. Stringer and D. Bannister (eds.), *Constructs of Sociality and Individuality*, 1979. London: Academic Press.

Kelly, G. A. (1932) 'Understandable psychology'. Unpublished manuscript. Copies at the Centre for Personal Construct Psychology, London and the University of Nebraska.

Kelly, G. A. (1936) 'Handbook of clinic practice'. Unpublished manuscript, Fort Hays State University.

Kelly, G. A. (1938) 'A method of diagnosing personality in the psychological clinic', *The Psychological Record*, **11**, 95-111.

Kelly, G. A. (1953a) 'A preliminary inquiry leading to a plan for a comprehensive experimental study of the uses of television in teacher education'. Unpublished manuscript. Copies at the Centre for Personal Construct Psychology, London and the University of Nebraska.

Kelly, G. A. (1953b) *A Student's Outline of Graduate Training in Clinical Psychology in the Ohio State University.* Columbus, Ohio: Ohio State University.

Kelly, G. A. (1955a) *The Psychology of Personal Constructs* (2 volumes). New York: Norton. See Kelly (1991)　辻　平治郎（訳）(2016) パーソナル・コンストラクトの心理学：理論とパーソナリティ　北大路書房（邦訳は１巻のみ）

Kelly, G. A. (1955b) 'Television at the classroom door'. Unpublished manuscript. Copies at the Centre for Personal Construct Psychology, London and the University of Nebraska.

Kelly, G. A. (1958) 'Teacher-student relations at the university level'. Unpublished manuscript. Copies at the Centre for Personal Construct Psychology, London and the University of Nebraska.

Kelly, G. A. (1959a) 'Values, knowledge and social control'. Reprinted, 1989, London: Centre for Personal Construct Psychology; Wollongong: Personal Construct Group.

Kelly, G. A. (1959b) *The Function of Interpretation in Psychotherapy: 1. Interpretation as a way of life.* London: Centre for Personal Construct Psychology; Wollongong: Personal Construct Group.

Kelly, G. A. (1961) 'The personal construct point of view'. In N. Faberow and E. Shneidman (eds.), *The Cry for Help*. New York: McGraw-Hill.　大原健士郎・清水　信（訳）(1969) 孤独な魂の叫び：現代の自殺論　誠信書房

Kelly, G. A. (1962) 'Muddles, myths and medicine', *Contemporary Psychology*, **7**, 363-5.

Kelly, G. A. (1963) *The Theory of Personality: the psychology of personal constructs.* New York:

Norton.

Kelly, G. A. (1965) Unpublished letter to Fay Fransella.

Kelly, G. A. (1966) Unpublished interview with Fay Fransella.

Kelly, G. A. (1969a) 'The autobiography of a theory'. In B. Maher (ed.), *Clinical Psychology and Personality: selected papers of George Kelly.* New York: Wiley.

Kelly, G. A. (1969b) 'Sin and psychotherapy'. In B. Maher (ed.), *Clinical Psychology and Personality: selected papers of George Kelly.* New York: Wiley.

Kelly. G. A. (1969c) 'The language of hypothesis: man's psychological instrument'. In B. Maher (ed.), *Clinical Psychology and Personality: selected papers of George Kelly.* New York: Wiley.

Kelly, G. A. (1969d) 'Personal construct theory and the psychotherapeutic interview'. In B. Maher (ed.), *Clinical Psychology and Personality: selected papers of George Kelly.* New York: Wiley.

Kelly, G. A. (1969e) 'Ontological acceleration'. In B. Maher (ed.), *Clinical Psychology and Personality: selected papers of George Kelly.* New York: Wiley.

Kelly, G. A. (1969f) 'The strategy for psychological research'. In B. Maher (ed.), *Clinical Psychology and Personality: selected papers of George Kelly.* New York: Wiley.

Kelly, G. A. (1969g) 'Humanistic methodology in psychological research'. In B. Maher (ed.), *Clinical Psychology and Personality: selected papers of George Kelly.* New York: Wiley.

Kelly, G. A. (1969h) 'Man's construction of his alternatives'. In B. Maher (ed.), *Clinical Psychology and Personality: selected papers of George Kelly.* New York: Wiley.

Kelly, G. A. (1969i) 'A mathematical approach to psychology'. In B. Maher (ed.), *Clinical Psychology and Personality: selected papers of George Kelly.* New York: Wiley.

Kelly, G. A. (1969j) 'Nonparametric factor analysis of personality'. In B. Maher (ed.), *Clinical Psychology and Personality: selected papers of George Kelly.* New York: Wiley.

Kelly. G. A. (1969k) 'The psychotherapeutic relationship'. In B. Maher (ed.), *Clinical Psychology and Personality: selected papers of George Kelly.* New York: Wiley.

Kelly, G. A. (1970a) 'A brief introduction to personal construct theory'. In D. Bannister (ed.), *Perspectives in Personal Construct Theory.* London: Academic Press. Reprinted, 1985, London: Centre for Personal Construct Psychology.

Kelly, G. A. (1970b) 'Behaviour is an experiment'. In D. Bannister (ed.). *Perspectives in Personal Construct Theory.* London: Academic Press. Reprinted, 1985, London: Centre for Personal Construct Psychology.

Kelly, G. A. (1973) 'Fixed role therapy'. In R. M. Jurjevich (ed.), *Direct Psychotherapy: 28 American originals.* Coral Gables: University of Miami Press. Manuscript also at Centre for Personal Construct Psychology, London.

Kelly, G. A. (1977) 'The psychology of the unknown'. In D. Bannister (ed.), *New Perspectives in Personal Construct Theory.* London: Academic Press.

Kelly, G. A. (1978) 'Confusion and the clock'. In F. Fransella (ed.), *Personal Construct Psychology 1977.* London: Academic Press.

Kelly, G. A. (1980) 'The psychology of optimal man'. In A. W. Landfield and L. M. Leitner (eds.), *Personal Construct Psychology: psychotherapy and personality.* Chichester: Wiley.

Kelly, G. A. (1991) *The Psychology of Personal Constructs* (2 volumes). London: Routledge. First

published 1955.
Kelly, G. A. and Conrad, L. (1954) 'Report on classroom television'. Unpublished manuscript. Copies at the Centre for Personal Construct Psychology, London and the University of Nebraska.
Kelly, G. A. and Warnock, W. G. (1935) 'Inductive trigonometry'. Unpublished textbook, workbook, diagnostic tests and remedial exercises in trigonometry. Copy held at the University of Nebraska and part copy at the Centre for Personal Construct Psychology, London.
Korzybski, A. (1933) *Science and Sanity: an introduction to non-Aristotelian systems and general semantics.* Lakeville, CT: Institute of General Semantics.
Laing, R. D. (1967) *The Politics of Experience and the Bird of Paradise*. London: Penguin.　笠原嘉・塚本嘉寿（訳）（1973）経験の政治学　みすず書房
Landfield, A. W. (1971) *Personal Construct Systems in Psychotherapy.* Chicago: Rand McNally.
Landfield, A. W. and Rivers, P. C. (1975) 'An introduction to interpersonal transaction and rotating dyads', *Psychotherapy: Theory, Research and Practice*, **12**, 366-74.
Lister-Ford, C. and Pokorny, M. (1994) 'Individual adult psychotherapy'. In P. Clarkson and M. Pokorny (eds.), *The Handbook of Psychotherapy.* London: Routledge.
Mackay, D. (1975) *Clinical Psychology: theory and therapy.* (Essential Psychology Series). London: Methuen.
MacKinnon. D. W. (1962) 'Nature and nurture of creative talent', *American Psychologist*, **17**, 484-95.
Maher, B. (ed.) (1969) *Clinical Psychology and Personality: selected papers of George Kelly.* New York: Wiley.
Mahoney, M. J. (1988) 'Constructive metatheory: II. Implications for psycho-therapy', *International Journal of Personal Construct Psychology*, **1**, 299-315.
Mahoney, M. J. (1991) *Human Change Processes*. New York: Basic Books.
Mair, J. M. M. (1977) 'Metaphors for living'. In A. W. Landfield (ed.), *Nebraska Symposium on Motivation* (Vol. 24). Lincoln: University of Nebraska Press.
McWilliams, S. (1980) 'The choice corollary and preferred ways of being'. Unpublished manuscript.
McWilliams, S. A. (1988) 'On becoming a personal anarchist', In F. Fransella and L. Thomas (eds.), *Experimenting with Personal Construct Psychology.* London: Routledge.
McWilliams, S. A. (1993) 'I accept, with pleasure, the invitation(al)'. Paper presented at the 10th International Congress on Personal Construct Psychology, Townsville, Australia.
Meichenbaum, D. H. (1977) *Cognitive Behavior Modification*. New York: Plenum.　根建金男（監訳）（1992）認知行動療法：心理療法の新しい展開　同朋舎出版
Mischel, W. (1980) 'George Kelly's appreciation of psychology: a personal tribute'. In M. J. Mahoney (ed.), *Psychotherapy Process: current issues and future directions.* New York: Plenum Press.
Moreno, J. L. (1937) 'Inter-personal therapy and the psychopathology of inter-personal relations', *Sociometry: a Journal of Inter-Personal Relations*, **1**, 9-76.
Moreno, J. L. (1964). *Psychodrama* (Vol. I). Beacon, New York: Beacon House. First published 1946.　増野　肇（監訳）（2006）サイコドラマ：集団精神療法とアクションメソッドの

原点　白揚社
Moscovici, S. (1983) 'Social representation'. In R. Harré and R. Lamb (eds.), *The Encyclopedic Dictionary of Psychology.* Oxford: Blackwell.
Neimeyer, R. A. (1980) 'George Kelly as therapist: a review of his tapes'. In A. W. Landfield and L. M. Leitner (eds.), *Personal Construct Psychology: psychotherapy and personality.* New York: Wiley.
Neimeyer, R. A. (1984) 'Toward a personal construct conceptualization of depression and suicide'. In F. R. Epting and R. A. Neimeyer (eds.), *Personal Meanings of Death: applications of personal construct theory to clinical practice.* New York: Hemisphere/McGraw-Hill.
Neimeyer, R. A. (1985a) *The Development of Personal Construct Psychology.* Lincoln: University of Nebraska Press.
Neimeyer, R. A. (1985b) 'Personal constructs in depression: research and clinical implications'. In E. Button (ed.), *Personal Construct Theory and Mental Health.* London: Croom Helm.
Neimeyer, R. A. (1988) 'Clinical guidelines for conducting interpersonal transaction groups', *International Journal of Personal Construct Psychology*, **1**, 181-90.
Neimeyer, R. A. (1994) 'The threat index and related methods'. In R. A. Neimeyer (ed.), *Death Anxiety Handbook: research, instrumentation and application.* New York: Taylor and Francis.
Neimeyer, R. A., Brooks, D. L. and Baker, K. D. (1995) 'Personal epistemologies and personal relationships: consensual validation and impression formation in the acquaintance process'. In B. Walker and D. Kelekin-Fishman (eds.), *The Construction of Group Realities.* Malabar, Florida: Krieger.
Neimeyer, R. A. and Mahoney, M. J. (eds.) (1995) *Constructivism in Psychotherapy.* Washington: American Psychological Association.
Novak, J. M. (1983) 'Personal construct theory and other perceptual pedagogies'. In J. Adams-Webber and J. C. Mancuso (eds.), *Applications of Personal Construct Theory.* Toronto: Academic Press.
Oliver, D. and Landfield, A. W. (1962) 'Reflexivity: an unfaced issue of psychology', *Journal of Individual Psychology*, **18**, 114-24.
Osgood, C. E., Suci, G. J. and Tannenbaum, P. M. (1957) *The Measurement of Meaning.* Chicago: University of Illinois Press.
Peck, D. and Whitlow, D. (1975) *Approaches to Personality Theory* (Essential Psychology Series). London: Methuen.
Piaget, J. (1954) *The Construction of Reality in the Child.* New York: Basic Books. First published 1937.
Procter, H. and Parry, G. (1978) 'Constraint and freedom: the social origin of personal constructs'. In F. Fransella (ed.), *Personal Construct Psychology 1977*. London: Academic Press.
Raskin, J. and Epting, F. R. (1993) 'Personal construct theory and the argument against mental illness', *International Journal of Personal Construct Psychology*, **6**, 351-69.
Ravenette, T. A. (1968) *Dimensions of Reading Difficulties*. Oxford: Pergamon Press.
Ravenette, T. A. (1977) 'Personal construct theory: an approach to the psychological investigation of children'. In D. Bannister (ed.), *New Perspectives in Personal Construct Theory.* London:

Academic Press.
Ravenette, T. A. (1978) ‘Children’s self description grid: theme and variations’ (abstract). In F. Fransella (ed.), *Personal Construct Psychology 1977*. London: Academic Press.
Ravenette, T. A. (1985) ‘PCP and the professional who works with children’. Occasional paper, Centre for Personal Construct Psychology, London.
Ravenette, T. A. (1988) ‘Personal construct psychology in the practice of an educational psychologist’. In G. Dunnett (ed.), *Working with People*. London: Routledge.
Ravenette, T. A. (1992) ‘One-off case study’. In P. Maitland and D. Brennan (eds.), *Personal Construct Theory Deviancy and Social Work*. London: Inner London Probation Service/Centre for Personal Construct Psychology.
Ravenette, T. A. (1993) ‘Transcending the obvious and illuminating the ordinary: PCP and consultation in the practice of an educational psychologist’. In L. Leitner and G. Dunnett (eds.), *Critical Issues in Personal Construct Psychotherapy*. Malabar, Florida: Krieger.
Rogers, C. R. (1951) *Client-Centred Therapy: its current practice, implications and theory*. Boston: Houghton Mifflin.　保坂　亨・諸富祥彦・末武康弘（訳）（2005）ロジャーズ主要著作集　クライアント中心療法　岩崎学術出版
Rogers, C. R. (1956) ‘Intellectualized psychotherapy’, *Contemporary Psychology*, **1**, 357-8.
Rogers, C. R. (1959) ‘A theory of therapy, personality, and interpersonal relationships as developed in the client centered framework’. In S. Koch (ed.), *Psychology: a study of a science* (Vol. 3). New York: McGraw-Hill.
Rogers, C. R. (1961) *On Becoming a Person*. Boston: Houghton Mifflin.　保坂　亨・諸富祥彦・末武康弘（訳）（2005）ロジャーズ主要著作集　ロジャーズが語る自己実現の道　岩崎学術出版
Rosenhan, D. (1984) ‘On being sane in insane places’. In P. Watzlawick (ed.), *Invented Reality: how do we know what we believe we know? Contributions to Constructivism*. New York: Norton.
Rowe, D. (1978) *The Experience of Depression*. Chichester: Wiley.
Rowe, D. (1982) *The Construction of Life and Death*. Chichester: Wiley.
Rowe, D. (1983) Depression: the way out of the prison. London: Routledge.
Rowe, D. (1984) ‘Constructing life and death’. In F. R. Epting and R. A. Neimeyer (eds.), *Personal Meanings of Death: applications of personal construct theory to clinical practice*. Baskerville: Hemisphere Publishing Company.
Rychlak, J. F. (1968) *A Philosophy of Science for Personality Theory*. Boston: Houghton Mifflin.
Rychlak, J. F. (1977) *The Psychology of Rigorous Humanism*. New York: Wiley.
Rychlak, J. F. (1978) ‘Dialectical features of Kellyian theorizing’ (abstract). In F. Fransella (ed.), *Personal Construct Psychology 1977*. London: Academic Press.
Rychlak, J. F. (1981) *Introduction to Personality and Psychotherapy* (2nd edn). New York: Houghton Mifflin.
Shaw, M. L. (1980) *On Becoming a Personal Scientist*. London: Academic Press.
Simonton, O. K. and Creighton, J. (1978) *Getting Well Again*. New York: Bantam.　近藤　裕（監訳）笠原敏雄・河野友信（訳）（1982）ガンのセルフ・コントロール：サイモントン療法の理論と実際　創元社

Soffer, J. (1990) 'George Kelly versus the existentialists: theoretical and therapeutic implications'. *International Journal of Personal Construct Psychology*, **3**, 357-76.

Stefan, C. and Linder, H. B. (1985) 'Suicide, an experience of chaos or fatalism: perspectives from personal construct theory'. In D. Bannister (ed.), *Issues and Approaches in Personal Construct Theory*. London: Academic Press.

Stefan, C. and Von, J. (1985) 'Suicide'. In E. Button (ed.), *Personal Construct Theory and Mental Health*. Beckenham: Croom Helm.

Stewart, A. E. and Barry, J. R. (1991) 'Origins of George Kelly's constructivism in the work of Korzybski and Moreno', *International Journal of Personal Construct Psychology*, **4**, 121-36.

Stojnov, D. (1990) 'Construing HIV positivity amongst heroin addicts'. In P. Maitland and D. Brennan (eds.), *Personal Construct Theory Deviancy and Social Work*. London: Inner London Probation Service/Centre for Personal Construct Psychology.

Szasz, T. (1960) 'The myth of mental illness', *American Psychologist*, **15**, 113-18.

Szasz, T. (1961) *The Myth of Mental Illness: foundations of a theory of personal conduct*. London: Hoeber. 河合　洋・野口昌也・畑　俊治・高瀬守一朗・佐藤一守・尾崎　新（訳）（1982）精神医学の神話　岩崎学術出版

Szasz, T. (1969) 'The crime of commitment', *Psychology Today*, **2**, 55-7.

Szasz, T. (1970) *Idiology and Insanity: essays on the psychiatric dehumanization of man*. Garden City, New York: Doubleday Anchor.

Tajfel, H., Jaspars, M. F. J. and Fraser, C. (eds.) (1984) *The Social Dimension*. New York: Harper and Row.

Thomas, L. F. and Harri-Augstein, E. S. (1985) *Self-Organised Learning: foundations of a conversational science for psychology*. London: Routledge.

Trower, P., Casey, A, and Dryden, W. (1988) *Cognitive-Behavioural Counselling in Action*. London: Sage Publications. 内山喜久雄（監訳）（1997）実践認知行動カウンセリング：最新の援助技法ガイドブック　川島書店

Tschudi, F. (1977) 'Loaded and honest questions'. In D. Bannister (ed.), *New Perspectives in Personal Construct Theory*. London: Academic Press.

Tschudi, F. and Sandsberg, S. (1984) 'On the advantages of symptoms: exploring the client's construing', *Scandinavian Journal of Psychology*, **25**, 69-77.

Vaihinger, H. (1924) *The Philosophy of 'As If': a system of the theoretical, practical and religious fictions of mankind* (translated by C. K. Ogden). London: Routledge and Kegan Paul.

Vasco, A. B. (1994) 'Correlates of constructivism among Portuguese therapists', *Journal of Constructivist Pyschology*, **7**, 1-16.

Vaughan, C. M. and Pfenninger, D. T. (1994) 'Kelly and the concept of developmental stages', *Journal of Constructivist Psychology*, **7**, 177-90.

Walker, B. M. (1992) 'Values and Kelly's theory: becoming a good scientist', *International Journal of Personal Construct Psychology*, **5**, 259-69.

Warren, W. G. (1989) 'Personal construct theory and general trends in contemporary philosophy', *International Journal of Personal Construct Psychology*, **2**, 287-300.

Warren, W. G. (1990) 'Is personal construct psychology a cognitive psychology?', *International*

Journal of Personal Construct Psychology, **3**, 393-414.

Warren, W. G. (1991) 'Rising up from down under: a response to Adams-Webber on cognitive psychology and personal construct theory', *International Journal of Personal Construct Psychology*, **4**, 43-9.

Watson, J. B. (1913) 'Psychology as the behaviorist sees it', *Psychological Review*, **20**, 158-77.

Watzlawick, P. (1984) 'Part 2: Effect or cause?' In P. Watzlawick (ed.), *Invented Reality: how do we know what we believe we know?* New York: Norton.

Webb, A. (1993) 'Cross-cultural issues', *Counselling News*, **9**.

Winter, D. A. (1988a) 'Constructions in social skills training'. In F. Fransella and L. Thomas (eds.). *Experimenting with Personal Construct Psychology.* London: Routledge.

Winter, D. A. (1988b) 'Reconstructing an erection and elaborating ejaculation: personal construct theory perspectives on sex therapy', *International Journal of Personal Construct Psychology*, **1**, 81-99.

Winter, D. A. (1989) 'An alternative construction of agoraphobia'. In K. Gournay (ed.), *Agoraphobia: current perspectives on theory and treatment.* London: Routledge.

Winter, D. A. (1992) *Personal Construct Psychology in Clinical Practice: theory, research and applications.* London: Routledge.

引用・参考文献《監訳者あとがき》

Haggbloom, S. J., Warnick, R., Warnick, J. E., Jones, V. K., Yarbrough, G. L., Russell, T. M., ... & Monte, E. (2002) The 100 most eminent psychologists of the 20th century. *Review of General Psychology*, **6**(2), 139-152.

James, W. (1890) *The principles of psychology*. New York: Henry Holt & Co.

James, W. (1902) *The varieties of religious experience: A study in human nature*. London: Longmans, Green & Co.

Kelly, G. A. (1955) *The psychology of personal constructs: A theory of personality* (Vols. 1-2). New York: Norton.　辻　平治郎（訳）（2016）パーソナル・コンストラクトの心理学：第１巻　理論とパーソナリティ　北大路書房

Kipper, D. A. (1996) The emergence of role playing as a form of psychotherapy. *Journal of Group Psychotherapy, Psychodrama & Sociometry*, **49**, 99-119.

Mahoney, M. J. (Ed.). (1995) *Cognitive and constructive psychotherapies: Theory, research, and practice*. New York: Springer.　根建金男・菅村玄二・勝倉りえこ（監訳）（2008）認知行動療法と構成主義心理療法：理論，研究そして実践　金剛出版

Neimeyer, R. A. (2001) The language of loss: Grief therapy as a process of meaning reconstruction. In R. A. Neimeyer (Ed.), *Meaning reconstruction and the experience of loss*. Washington, DC: American Psychological Association.　富田拓郎・菊池安希子（監訳）（2007）喪失と悲嘆の心理療法：構成主義からみた意味の探究　金剛出版

Neimeyer, R. A., & Mahoney, M. J. (Eds.). (1995) *Constructivism in psychotherapy*. Washington, DC: American Psychological Association.

Neimeyer, R. A., Ray, L., Hardison, H., Raina, K., & Krantz, J. (2003) Fixed role in a fishbowl: Consultation-based fixed role therapy as a pedagogical technique. *Journal of Constructivist Psychology*, **16**, 249-271.

Osgood, C. E., Suci, G., & Tannenbaum, P. (1957) *The measurement of meaning*. Urbana, IL: University of Illinois Press.

澤田瑞也・長瀬荘一・村上芳巳・民法紀彦・小花和尚子（1990）中学生の友人概念に関する一考察：レプテストによる検討　神戸大学教育学部研究集録, **84**, 205-217.

菅村玄二（2002）クライエント中心療法における変化のプロセスの再考：構成主義の立場から　理論心理学研究, **4**, 1-12.

菅村玄二（2007）単純系から複雑系の心理療法へ：精神分析, 認知行動療法, クライエント中心療法, そして構成主義心理療法　三輪敬之・鈴木　平（編）身体性・コミュニケーション・こころ（pp. 1-75）早稲田大学複雑系高等学術研究所（編）複雑系叢書第2巻　共立出版

Vaihinger, H. (1924) *The philosophy of "as if": A system of the theoretical, practical and religious fictions of mankind*. New York: Harcourt Brace. (Original work published 1911)

❖ レパートリー・グリッドの分析ツール

- *Idiogrid: Idiographic Analysis with Repertory Grids* (http://www.idiogrid.com)
- *OpenRepGrid* (http://openrepgrid.org)
- *Repertory Grid Tool: RGT* (http://repertorygridtool.com)
- *Repertory Grid Software*: GridSuite (http://www.gridsuite.de)

※各国で多く作られているため、一部のみ列挙した。

ユング（Jung, C. G.）　198

【K】

カント（Kant, I.）　81
ケリー，グレイディス（Kelly, Gladys）　viii, ix, 3, 7
クライン（Klein, M.）　191
コージブスキー（Korzybski, A.）　83, 90

【L】

レイン（Laing, R. D.）　118
ランドフィールド（Landfield, A.）　ix, 7, 35, 39, 42, 44, 263, 270
ライプニッツ（Leibniz, G. W.）　81

【M】

マッハ（Mach, E.）　90
マー（Maher, B.）　ix, 19, 46, 64
マホーニー（Mahoney, M. J.）　240, 241, 256, 257, 291, 303
メアー（Mair, M.）　25
ミード（Mead, G. H.）　163
マイケンバウム（Meichenbaum, D. H.）　251
ミシェル（Mischel, W.）　219, 247, 250
モレノ（Moreno, J. L.）　31, 178, 179, 182, 192
マレー（Murray, H.）　213

【N】

ニーマイアー（Neimeyer, R.）　169, 183, 271, 272, 280, 281, 291, 303
ナイサー（Neisser, U.）　v
ニュートン（Newton, I.）　91, 92, 107
ノバック（Novak, J.）　109

【O】

オズグッド（Osgood, C.）　17, 293

【P】

パブロフ（Pavlov, I.）　78
ペリー（Perry, W.）　ix, 6, 23, 47
ピアジェ（Piaget, J.）　236, 239

【R】

ラスキン（Raskin, J.）　119
レーヴネット（Ravenette, T.）　284
ロジャーズ（Rogers, C. R.）　117, 211, 253
ローゼンハン（Rosenhan, D.）　121
ロッター（Rotter, J.）　47, 61, 254
ロー（Rowe, D.）　279
ライシュラック（Rychlak, J. F.）　86, 218, 254

【S】

サーモン（Salmon, P.）　ix
ショウ（Shaw, M.）　259
スキナー（Skinner, B. F.）　78
シュトゥンプ（Stumph, C.）　95
サズ（Szasz, T.）　118

【T】

タイフェル（Tajfel, H.）　227
ソーマン（Thorman, C.）　ix, 230
チューディ（Tschudi, F.）　265

【V】

ファイヒンガー（Vaihinger, H.）　81, 296

【W】

ウォーカー（Walker, B.）　111, 149
ウォーレン（Warren, B.）　80
ウォーレン（Warren, N.）　7
ウォーレン（Warren, W. G.）　219, 221
ワトソン（Watson, J. B.）　112
ワツラウィック（Watzlawick, P.）　120
ウィンター（Winter, D. A.）　251, 273, 282

人名索引

【A】

アダムス（Adams, B.）　267
アダムス＝ウェバー（Adams-Webber, J.）　221
アドラー（Adler, A.）　81
オルポート（Allport, G.）　213
アナクシマンドロス（Anaximandros）　106
アリストテレス（Aristotle）　79, 105, 106, 220

【B】

バニスター（Bannister, D.）　3, 21, 43, 113, 114, 168, 170, 217, 226, 261, 265, 267, 270, 274, 275
バリー（Barry, J. R.）　179
バートレット（Bartlett, F.）　239
ベック（Beck, A. T.）　251
ボーム（Bohm, D.）　92
ブレンターノ（Brentano, F. C. H. H.）　95, 238
ブルーナー（Bruner, J.）　78, 211
ブーゲンタル（Bugental, J.）　vi, 252
バトン（Button, E.）　278

【C】

ケイヴァ（Cava, E.）　ix, 49, 246
クーパー（Cooper, C.）　191
クロムウェル（Cromwell, R.）　viii, 32, 34, 38, 48, 52, 61, 245

【D】

デカルト（Descartes, R.）　99
デューイ（Dewey, J.）　109, 163
ドライデン（Dryden, W.）　iii, viii, 282
デュルケム（Durkheim, É.）　227

【E】

アインシュタイン（Einstein, A.）　91
エリス（Ellis, A.）　84, 251
エプティング（Epting, F.）　ix, 63, 119, 280
エバンス（Evans, R.）　ix

【F】

フランセラ（Fransella, F.）　vi, 291
フロイト（Freud, S.）　33, 43, 78, 198, 215, 216

【G】

ゴッフマン（Goffman, E.）　118
ゴールデン（Golden, P.）　12

【H】

ハーレ（Harré, R.）　214, 215
ヘーゲル（Hegel, G. W. F.）　106
ハイデガー（Heidegger, M.）　96
ヘルバルト（Herbart, J. F.）　76, 163
ヒンクル（Hinkle, D.）　23, 163, 261, 264, 268, 276, 277
ホーランド（Holland, R.）　231
フッサール（Husserl, E. G. A.）　95, 96

【J】

ジャクソン（Jackson, S.）　283
ヤホダ（Jahoda, M.）　219, 225
ジェームス（James, W.）　109, 293

三宅　麻希（みやけ・まき）　第5章・第6章・第7章（第5節〜第7節）
四天王寺大学人文社会学部社会学科（専任講師）。関西大学大学院文学研究科博士後期課程修了。博士（文学）。スクールカウンセラー，企業の嘱託カウンセラー等を経て，2012年より現職。大学での学生相談，精神科クリニックでのカウンセリングなどの臨床活動のほか，フォーカシングを用いたワークショップを児童や社会人を対象として行なっている。おもな著作は『フォーカシング指向アートセラピー』（誠信書房，2009年，共監訳），『アート表現のこころ』（誠信書房，2012年，共著），『傾聴・心理臨床学アップデートとフォーカシング：感じる・話す・聴くの基本』（ナカニシヤ出版，2016年，共著）。

望月　直人（もちづき・なおと）　第7章（第1節〜第4節）
大阪大学キャンパスライフ支援センター（特任准教授）。関西大学大学院文学研究科博士後期課程単位取得後満期退学。浜松医科大学子どものこころの発達研究センター特任助教を経て，2013年10月より現職。子どもと保護者への臨床実践を通して，発達障害児者や社会的養護の子どもへの支援の研究をしている。大学では障害のある大学生の支援を実践しつつ，包括的な障害学生支援の研究もしている。おもな著作は『反社会的行動のリスクをもつ発達障害児者へのアセスメント』（金子書房，2014年，分担執筆），『すすめステップアップグループ』（NPOアスペ・エルデの会，2012年，共著）。

小黒　明日香（おぐろ・あすか）　第8章（第1節〜第5節［共訳］，第6節5.〜6.，第7節）
関西大学大学院心理学研究科博士課程後期課程在学中。横浜市中部地域療育センター児童指導員。高等学校での不登校支援に関する研究を経て，現在は特別支援教育の分野で，児童・生徒が自分の特性を活かして学べ，教職員が自分の特性を活かしながら教えることができる環境や具体的な方法について研究と実践をしている。おもな論文は「学習に困難のある生徒の個別学習支援とMI・LSを用いた振り返り」（実践障害児教育，2014年）。

高橋　良徳（たかはし・よしのり）　第8章（第1節〜第5節［共訳］）
社会福祉法人「ゼノ」少年牧場・「ゼノ」こばと園（心理担当職）。関西大学大学院心理学研究科修士課程修了。マインドフルネス瞑想の研究を行なった後，療育施設にて未就学児の療育に携わっている。

金　恩貞（きむ・うんじょん／Kim Eun Jeong）　第8章（第1節1.〜4.）
株式会社SUNGSHINAUTOTEC（代表理事）。関西大学大学院文学研究科博士課程後期課程退学。セルフヘルプ・グループやサポート・グループなどグループケアの予防的な意義を研究した後，現在は現場で経営心理学を実践している。おもな論文は「韓国における子育て不安とセルフヘルプ・グループ」（千里山文学論集，2010年）。

訳者一覧

長崎　由美（ながさき・ゆみ）　第1章
関西大学大学院文学研究科博士後期課程修了。博士（文学）。フランスのマスメディアを題材に，科学技術に関する知識が，どのように一般大衆に向けて伝達されているのか，認知言語学的なアプローチから研究している。おもな論文は「マスメディアの科学ディスコースを通した数の認識：メタファー的思考に着目して」（第13回日本語用論学会大会発表論集，2012年）。

中村　隆行（なかむら・たかゆき）　第2章
本門法華宗上行寺（副住職）。関西大学大学院心理学研究科博士課程後期課程単位取得後満期退学。在学中に行なった幸福感の研究を活かして，1人でも多くの人が幸せを感じられる地域づくりを試みている。おもな著作は『親密な関係のダークサイド』（北大路書房，2008年，共訳）。

樋口　隆太郎（ひぐち・りゅうたろう）　第3章
関西大学大学院心理学研究科博士後期課程退学。大阪産業大学非常勤講師，大阪市阿倍野区心理相談員，四日市医師会看護専門学校非常勤講師を経て，2014年から葛城市子ども・若者サポートセンターの適応指導教室指導員。悲嘆からの適応を主とする死生学的研究やネガティビティのアップサイドについて研究する傍ら，適応指導教室で，不登校の児童生徒の教育相談業務に従事している。おもな論文は「見捨てられ不安がポジティブバイアスに与える影響」（心理学叢誌，2015年）。

村上　祐介（むらかみ・ゆうすけ）　第4章
プール学院大学教育学部教育学科（講師），関西大学（非常勤講師）。関西大学大学院心理学研究科心理学専攻博士課程後期課程修了。博士（心理学）。鳴門教育大学予防教育科学センター研究員を経て，2016年から現職。子どもや青年のスピリチュアリティ，身心修養法をはじめとするホリスティック／インテグラルな教育の研究と実践を行なっている。おもな著作は『スピリチュアリティ教育への科学的アプローチ：大きな問い・コンパッション・超越性』（NPO ratik，2016年）。

監訳者紹介

菅村　玄二
（すがむら・げんじ）

関西大学文学部准教授。早稲田大学大学院で修士(人間科学)を取得後，渡米。ノーステキサス大学やセイブルック大学院で，構成主義の泰斗である故マイケル・J・マホーニー博士らに心理学における身体性の問題とその臨床応用を学ぶ。帰国後，早大大学院で博士（文学）を取得。関西大学文学部助教を経て 2010 年より現職。

邦語のおもな著作としては，『身体心理学』（川島書店，2002 年），『身体性・コミュニケーション・こころ』(共立出版，2007 年)，『エマージェンス人間科学』(北大路書房，2007 年)，『ナラティヴと心理療法』（金剛出版，2008 年)，『ロジャーズ』（日本評論社，2015 年)，『マインドフルネス：基礎と実践』（日本評論社，2016 年)，『新版　身体心理学』(川島書店，2016 年）などの分担執筆，共著の『カウンセリングのエチュード：反射・共感・構成主義』（遠見書房，2010 年)，『認知行動療法と構成主義心理療法』（金剛出版，2008 年)，『マインドフルネス瞑想ガイド』（北大路書房，2013 年）などの翻訳がある。

原著者紹介

フェイ・フランセラ
(Fay Fransella)

1925 年 10 月 1 日にイギリスに生まれる。戦後の混乱のなか，1947 年に作業療法士として仕事をはじめる。その後，University College London で心理学を学び，Institute of Psychiatry London で臨床心理士としての訓練を受け，そのまま大学に残り，教鞭を執る。この時期にパーソナル・コンストラクト理論に出会い，博士号を取得している。

1971 年には，“*Inquiring Man: Theory of Personal Constructs*”（Routledge）を出版し，翌年には吃音の治療の研究をまとめた“*Personal Change and Reconstruction*”（Academic Press）を出版。1977 年には，パーソナル・コンストラクト心理学の国際会議をオックスフォードで開催し，それ以降，1 年おきに続けられている。

1980 年には，University of London の医学部に上級講師として赴き，臨床心理学分野の名誉教授に選出される栄誉も受ける。1981 年には，ジョージ・ケリーの理論と実践を普及させることを目的としたパーソナル・コンストラクト心理学センターを設立し，会長を務める。2001 年からは，ハートフォードシャー大学の客員教授になり，80 歳の誕生日を迎えた 2006 年には，パーソナル・コンストラクト心理学への生涯の貢献を称える賞も受賞している。

他の代表的な著書としては，“*Personal Construct Counselling in Action*”（Sage），“*International Handbook of Personal Construct Psychology*”（John Wiley & Sons, 2000），“*A Manual for Repertory Grid Technique* (2nd ed.)”（John Wiley & Sons, 2004），“*The Essential Practitioners' Handbook of Personal Construct Psychology*”（John Wiley & Sons, 2005）などがある。

2011 年 1 月 14 日逝去。

参照資料：Centre for Personal Construct Psychology (2011) The founder of the Centre for Personal Construct Psychology. Retrieved from http://www.centrepcp.co.uk/founder.htm

認知臨床心理学《にんちりんしょうしんりがく》の父《ちち》　ジョージ・ケリーを読《よ》む

— パーソナル・コンストラクト理論への招待 —

2017年2月10日　初版第1刷印刷
2017年2月20日　初版第1刷発行

著　者　フェイ・フランセラ
監訳者　菅　村　玄　二

発行所　㈱北大路書房
〒603-8303　京都市北区紫野十二坊町12-8
電話　(075) 431-0361㈹
FAX　(075) 431-9393
振替　01050-4-2083

印刷・製本／㈱太洋社
検印省略　落丁・乱丁本はお取り替えいたします。
ISBN978-4-7628-2956-7 C1011　Printed in Japan

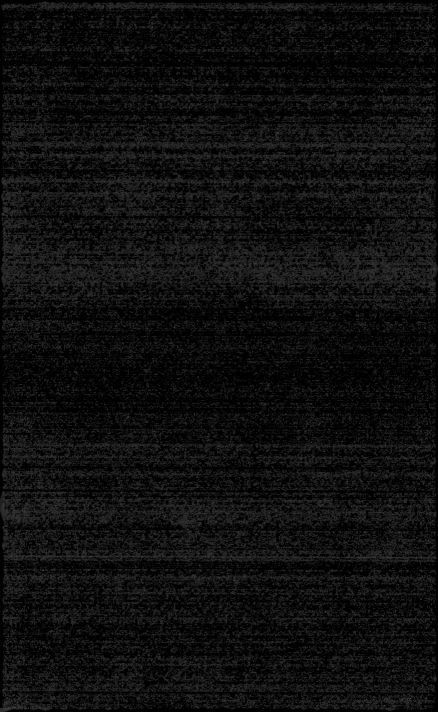